KB269436

우리는 모두 원더랜드에 가본 적이 있다

현실과 환상이 만나는 일본 애니메이션

나탈리 비팅거 지음
이수진 옮김

크럭

들어가며

나탈리 비팅거 NATHALIE BITTINGER

《드래곤볼》,《나루토》,《원피스》 등 세계로 뻗어나가는 일본 애니메이션은 모두에게 놀라움을 안겨주고 있다. 미국이 세계 문화를 지배하는 가운데 일본 애니메이션도 훌륭한 세계화를 이루었다. 프랑스에서는 특히 팬데믹 시기 동안 넷플릭스에서 다양한 작품을 접할 수 있게 되면서 클럽 도로시[1] 세대를 파고들었다. 애니메이션 영화를 만들 수 있는 이야기가 가득한 일본 만화의 명성도 눈부시다. 그동안은 신문에 연재되는 카툰이 익숙했다면, 오늘날 새로운 세대는 오른쪽에서 왼쪽 방향으로 읽는 방식이나 일본 이야기를 다루는 소재까지 긱(geek)들의 취향을 받아들이고 있다. 일부 열성 팬들에게만 한정된 하위문화였던 일본 만화는 명성을 떨치며 종이책뿐만 아니라 게임, TV 애니메이션 시리즈, 영화 등의 2차 창작물로 모든 매체를 통해 퍼져 나갔다.

이러한 유행을 넘어 일본 애니메이션은《그렌다이저》,《들장미 소녀 캔디》,《세인트 세이야》 등 어린이의 오후 시간을 사로잡았던 1980년대 만화보다 점점 더 다양하고 복잡하며 파란만장한 이야기를 담고 있다. 프랑스 문화 매거진 『텔레라마(Télérama)』와 당시 되세브르 지역 하원 의원이었던 세골렌 루아얄은《북두의 권》을 보고 폭력적인 포르노그래피라며 비난하기도 했다. 말하는 동물이 나오고 파스텔 톤 색감으로 가득한 월트 디즈니의 조화로운 이야기를 보고 자란 어린이들에게 해로운 영향을 줄 것이라 평가한 것이다. 아이들의 순수한 영혼을 타락시킬 무지한 작품이라고도 덧붙였다.《북두의 권》을 비판했던 이들은 모든 주제를 아우르는 예술로서의 창의성을 인식하지 못했다. 일본은 어린이를 위한 애니메이션뿐만 아니라 어른을 위해서도 실험적이며 때로는 공격적인 다양한 미학을 통해 훌륭한 애니메이션을 제작한다. 오토모 가쓰히로 감독의《아키라》부터 신카이 마코토 감독의《너의 이름은.》에 이르기까지 독창적인 작품들이 연이어 만들어졌다. 스튜디오 지브리의 명작은 말할 것도 없다. 이러한 작품들은 서양 문화권에서 일본 애니메이션 영화가 인정받을 수 있도록 이끈 전환점이 되었다.

애니메이션은 실사 영화의 물리적 한계를 뛰어넘어 서로 다른 이야기를 한 데 엮고 상상력을 통해 우리가 알던 모든 것을 무너뜨린다. 눈으로 보는 즐거움을 주면서도 현실에 있는 여러 계층의 이야기를 다루는 인간 경험의 실험실이자 영혼의 만화경이다. 시적인 연출과 화려한 그래픽은 날카로운 시선으로 사회의 결함을 포착하고 보이지 않는 감정을 구체화한다. 오시이 마모루 감독의《공각기동대》와 같이 미래를 그리는 디스토피아 장르의 종말론적 분위기에서 미야자키 하야오가 그려낸 환상의 세계, 그리고 다카하타 이사오 감독과 그로부터 영감을 얻은 이들의 애절한 사실주의에 이르기까지 일본 애니메이션의 창의성은 한계가 없다. 현실의 변화와 감정의 미묘한 차이를 알아내기 위해 여러 가지 서사가 서로 섞인다. 성장 서사가 많은 일본 애니메이션은 때로 시청자를 거울 반대편으로 데려다 놓는다. 그곳은 사회, 정치 또는 환경에 얽힌 갈등을 더욱 잘 들여다볼 수 있는 원더랜드다. 거울은 미래주의적이거나 시적이거나 사실주의적으로 연출하면서 현실을 왜곡한다. 동시에 하나의 선이나 움직임을 통해 자연을 신성화하기를 잊지 않는다. 감정의 흐름에 따르면서도 현실을 성찰하는 일본 애니메이션의 풍부한 주제, 이야기의 힘, 다채로운 미학을 살펴보며 그 드넓은 세계를 여행해 보자.

---

1. 1987년부터 1997년까지 프랑스 TV 채널 TF1에서 방영된 어린이 프로그램

목차

들어가며 5

Ⅰ. 지옥의 묵시록 10

전쟁터로 간 일본 애니메이션 12
역사의 고통 14
검은 비 16
공중 무덤 19
전쟁놀이 20
대량 살상 무기 23
종말 이후의 세계 24
우주 전쟁 27
　　"내 링은 길거리다" 29

미래는 없다 32
죽음의 입맞춤 34
저항을 향한 레이스 37
잃어버린 아이들의 도시 38
소돔과 고모라 41
음모론 42
미스터 로봇 45
　　할리우드로 간 메카와 괴수 47

고스트 인 더 쉘 50
인간적인, 너무나 인간적인 52
인간과 기계의 융합 54
다윈의 악몽 57
　　실사화의 빛과 그림자 59
인셉션 62
보건 패스 65
아바타 전쟁 66

Ⅱ. 거울 반대편의 세계 68

계속해서 살아남기 70
라스트 사무라이 72
천사의 도약 75
삶의 고아들 76
지상 최대의 쇼 79
보물과 모험 80
웃음은 인간의 본질 83
울적한 반항 84
    프랑스와 일본의 교류 86

꿈의 색깔 90
이야기의 끝 92
동물 농장 95
아브라카다브라 96
비밀 통로 99
환상의 세계와 타락한 신 100
엄지 동자의 조약돌 102
    호기심의 방 104

성역으로서의 자연 108
상상의 정령들 110
신과 요괴의 쇠퇴 113
기괴한 행렬 115
맑음 소녀와 바람의 여신 117
천 년의 마법 118
민간 전승의 신전 121
타임머신 122

III. 삶, 바로 지금 124

일본의 변화 126
과거와 현대의 대립 129
도시적인, 너무나 도시적인 130
도쿄 소나타 132
대지의 저주받은 사람들 134
현혹 137
　작은 열도, 거대한 스튜디오 139

난폭한 아이들 143
'부모'라는 격투기 145
"나는 가정을 증오한다!" 147
목소리 찾기 149
질풍노도의 시기 151
감정 교육 153

마음의 수확 155
거대한 우주와 하찮고 작은 것들 157
24fps 159
　지브리의 축음기 160
마음의 기상학 165
라멘의 맛 167
달의 저편 169

"나는 타자다" 171
마법사의 예술가적 면모 173
마법의 붓 175
플라톤의 동굴 177
　끝없이 이어지는 애니메이션 179

월광 183
영원한 찰나 185

찾아보기 186

01
지옥의 묵시록
10
우리는 모두 원더랜드에 가본 적이 있다

갈기갈기 찢긴 시체, 불타는 사막의 지옥으로 변해버린 지구, 무너진 미래 도시, 불꽃을 터트리며 폭발하는 인간과 로봇… 일본 애니메이션은 아포칼립스를 꿈꾸는 게 틀림없다. 만화가들은 이처럼 심오한 존재론적 불안을 똑바로 바라보고 날카로운 펜을 들어 수많은 형태로 구현했다.

일본의 역사를 생각하면 이는 전혀 놀랍지 않다. 일본은 지진이 끊임없이 일어난다. 1945년 8월에는 일본의 항복을 이끌어 내기 위해 미국이 히로시마와 나가사키에 원자폭탄을 투하하기도 했다. 2011년 쓰나미 직후 발생한 후쿠시마 원전 폭발은 일본 국민에게 또다시 경각심을 일깨웠다. 일본 열도는 언제든 문명을 파괴할 수 있는 재앙의 존재를 너무나도 잘 알고 있다. 늘 죽음을 기억하는 것이다.

11

일본 애니메이션은 파괴적이고 환각을 불러일으키며 나아가 허무주의에 가깝다. 그런 가운데 계속해서 강조하는 것이 바로 죽음이다. 일본 애니메이션에서는 종종 인간이 만든 바이러스나 가상 세계가 인간을 공격한다. 또는 기술이나 독재가 심어주는 환상으로 영혼을 잃어버릴 위기에 처하기도 한다. 그렇지 않으면 전쟁을 끝없이 반복하거나 자연재해가 계속해서 일어난다. 어떤 방식으로든 벼랑 끝에 선 인류를 끊임없이 탐구하고 있다.

《아키라》, 오토모 가쓰히로

전쟁터로 간 일본 애니메이션

전쟁은 일본 애니메이션의 핵심 주제다. 개인의 야망부터 지리·정치적 상황까지 복잡한 이해관계가 얽혀 있는 전쟁은 여러 장르에 걸쳐 그림자를 드리운다. 역사를 재구성한 작품은 물론이고 영웅 판타지, 판타지, 포스트 아포칼립스를 지나 메카물 또는 괴수물에 이르기까지 다양하다. 전쟁은 인류를 구하기 위해 스스로 희생할 준비가 된 주인공이 사투를 벌이게 만드는 중요한 이야기 장치다. 오토모 가쓰히로가 감독을 맡은 《아키라(1988)》속 카네다의 빨간 오토바이 또한 전쟁을 상징한다. 언제나 새로운 폭군, 파벌, 군대가 등장하는 일본 만화는 종종 애니메이션 영화로 각색되기도 한다.

잔혹하고 부조리한 전쟁은 자기 파괴적인 폭력이라며 격렬하게 비난받는다. 20세기 후반에 만화 예술 혁명을 일으킨 일본 만화가와 애니메이션 감독들은 전쟁과 함께 성장한 아이들이었다. 이들은 매우 어려서부터 일본 제국주의가 미친 영향을 받고 자란 '전흔세대'다. 미국의 포탄 수천 개가 떨어지는 것을 봤고 시체들 사이를 걸어 다녀야 했다. 이 세대의 대표적인 인물로 1985년에 창립된 스튜디오 지브리의 소유주 미야자키 하야오와 다카하타 이사오가 있다. 1945년 당시 미야자키 하야오는 고작 네 살이었다. 같은 시기 열 살이었던 다카하타 이사오는 다친 여동생과 함께 쏟아지는 포탄 속을 달려야 했다. 포탄은 그가 살던 집을 포함해 오카야마 지역 전체를 파괴했지만, 다행히 며칠 뒤 부모님과 다시 만났다. 덕분에 당시의 광기를 시적으로 표현한 작품 《반딧불이의 묘(1988)》를 만들 수 있었다. 이 작품의 주인공처럼 그대로 부모님을 잃었다면 그의 작품을 볼 수 없었을지도 모른다. 디즈니에서 영감을 받아 첫 작품 《백사전(1958)》을 만든 도에이 동화에서 다카하타 이사오는 혁신을 불러왔다. 그때까지 단순한 내용을 담아 만들었던 어린이 애니메이션 영화의 틀을 깨트리고 실사 영화처럼 사실적으로 연출한 것이다. 거기에는 고타베 요이치와 미야자키 하야오의 도움이 있었다. 다카하타 이사오는 《태양의 왕자 호루스의 대모험(1968)》에서 마을을 침략한 악마에 맞서는 투쟁을 그려냈다. 힐다 등 매력적인 등장인물들과 함께 위험에 처한 공동체를 둘러싸고 풀어가는 이야기는 베트남 전쟁에 대한 은유로 여겨지기도 한다.

'전흔세대'의 애니메이션 감독들은 종말에 가까운 장면들을 생생히 보고 겪었다. 그들이 겪은 종말은 사실적이거나 환상적인 표현을 뒤집어쓰고 작품 속에 도사리고 있다. 확고한 평화주의자가 된 이들은 직접 겪은 충격적인 경험을 강렬한 작품으로 묘사했고, 가해자인 일본이 전쟁을 겪으며 마주한 운명에 의문을 제기한다. 어떤 감독들은 일본 제국주의가 일으킨 참상을 탐구했다. 그 참상은 1946년 일본을 점령한 미국에 의해 '전쟁을 영원히 포기할 것'을 약속하는 헌법 개정이 공포되기 전까지 이어진 것이다. 이름 없이 죽어간 이들에게 가상의 무덤을 만들어 준 감독도 있다. 또 미래에 펼쳐질 전쟁의 모습을 추측하며 새로운 기술이 얼마나 쉽게 재앙과 참사를 불러올 수 있는지 강조했다. 이 감독들의 작품은 원자폭탄 투하 속에서 전 국민이 느꼈던 극한 공포를 절대 잊어서는 안 된다고 말한다. 쉽게 상상하기 어려운, 방사능에 피폭된 참상을 보여주기 위해서는 그래픽을 자유롭게 표현할 수 있는 애니메이션 영화가 필요했다. 그렇게 작품 속 전쟁은 절정에 달했고 인류는 절망에 빠졌다.

《반딧불이의 묘》, 다카하타 이사오

역사의 고통

이처럼 일본 애니메이션은 제2차 세계대전의 비극과 자국의 역사를 정면으로 마주했다. 1988년 4월 16일, 스튜디오 지브리는《이웃집 토토로》와《반딧불이의 묘》를 연달아 상영했다. 한 상영관에서는 미야자키 하야오가 숲의 정령에 생명을 불어넣었다. 커다랗고 귀여운 토토로와 고양이 버스는 1950년대 일본의 녹음이 우거진 숲속으로 두 자매를 이끈다. 반면에 다른 상영관에서는 다카하타 이사오가 애니메이션 업계에 파란을 일으켰다. 두 명의 전쟁고아가 굶주림 끝에 사망하는 모습을 보여준 것이다. 네 살의 세츠코와 그 오빠인 세이타는 모두의 무관심 속에 숨을 거둔다. 세츠코는 그들에게 집이 되어준 방공호에서, 세이타는 기차역에서 떠돌이 개처럼 죽음을 맞이한다. 남매의 어머니는 1945년 6월 5일 고베 대공습 당시 사망한 것으로 나온다. 하나의 영화관 안에서 극과 극의 분위기가 조성된 것이다. 가족이 함께 영화관 나들이를 계획하며 기대했던 것과 매우 다른 주말이 되어버렸다.

노사카 아키유키의 반(半)자전적 소설(1967)을 각색한 다카하타 이사오는 집단 비극을 애니메이션의 중심 소재로 가져왔다. 그는 세밀한 그림으로 폐허가 된 풍경, 벌레가 파먹고 썩어가는 시체들, 영양실조로 야위어가는 사람들처럼 전 세계가 겪은 재앙의 결과를 보여준다. 그리고 이렇게 말했다. "애니메이션 영화라는 이유로 참상을 숨기는 데에 급급해서는 안 됩니다. 관객이 아무리 어려도 말이죠.(포지티브, 1996년 7-8월 호)" 관객이 전쟁의 참상에서 눈을 돌려서는 안 된다는 것이다. 1980년대 중반 다카하타 이사오는 전쟁의 참상이 점차 대중의 기억에서 잊히고 있다고 느꼈다. 그는 젊은 세대가 일본의 첫 장편 애니메이션 영화《모모타로: 바다의 신병(1945)》속에 담긴 프로파간다를 알아차리지 못할 것으로 생각했다. 이 작품은 세오 미쓰요 감독이 일본 해군성의 지시에 따라 만든 작품으로, 소실되었다가 1983년에 재발견되었다. 어린이 애니메이션의 형식으로 에도시대(1603~1868) 분위기를 버젓이 담아냈다. 해군의 모습을 한 어린 남자아이 모모타로는 도깨비를 물리치고 마을 사람들을 구해내며 용맹함을 상징하는 영웅이 되었다. 그러던 1945년 모모타로는 동물 부대를 이끄는 너그러운 대장이 된다. 더불어 '백인 해적'이 침략한 태평양의 섬을 해방하는 데 성공한다. 일본의 영광을 기리는 이 애니메이션 영화는 아이러니하게도 일본이 전쟁에서 패배한 후 황폐해졌을 때 개봉했다.

그로부터 40년이 지난 뒤 제작된《반딧불이의 묘》는 전쟁 피해자들을 기리고자 한 작품이다. 세이타와 세츠코의 곁에 이따금 불그스름한 유령들이 따라다니는 이유가 여기에 있다. 과거와 현대 사이의 틈에 속하는 유령들은 관객을 그들의 차원 속으로 데려다 놓는다. 이것이 핵심이다. 바로 애니메이션을 통해 무덤 저편의 기억을 되살리는 것이다. 그리고 마지막에 다시 현대로 돌아온 관객은 고층 빌딩들의 모습을 보게 된다.《반딧불이의 묘》에서 잔인할 정도로 사실적인 연출은 아이들 앞에 펼쳐진 고난의 길을 강조한다. 하지만 신맛 나는 사탕이 주는 즐거움, 몇 달의 굶주림 끝에 먹는 밥 한 그릇의 맛, 구멍 난 우산 너머로 반짝이는 빛 등 폐허 속에서 조금씩 피어나는 기적 같은 순간들이 그 앞을 밝힌다. 이야기 속 반딧불이는 밤을 비추는 희망의 상징이다. 반딧불이가 내는 희미한 빛이 공포와 아름다움을 모두 어우르는 애니메이션의 시적인 힘을 떠오르게 한다.

20세기의 트라우마로 남은 제2차 세계대전은 일본 애니메이션에 어두운 그림자를 드리웠다. 애니메이션은 어느 정도 양식화되어 있기에 역설적으로 더욱 더 사실에 가깝게 표현할 수 있다. 이는 거리두기와 몰입 사이의 섬세한 균형을 이루어 준다. 그리고 그 선봉에는 다카하타 이사오가 있다.

《반딧불이의 묘》, 다카하타 이사오

《모모타로: 바다의 신병》, 세오 미쓰요

15

오늘날 과거를 파헤치는 작품들은 잊지 않기 위해 투쟁하는 내용을 담고 있다. 얽히고설킨 크고 작은 이야기들을 내밀하게 들여다본 전기 형태의 연대기다.

니시쿠보 미즈호 감독의 《은하철도의 꿈(2014)》은 상상력에 대해 다룬다. 상상력은 전쟁이라는 갑작스러운 재앙의 충격을 완화해 준다. 지금도 러시아와 일본이 영유권을 두고 다투고 있는 곳이 있다. 바로 쿠릴 열도다. 1945년 9월, 쿠릴 열도는 소련군의 침략으로 몸살을 앓게 된다. 그곳에 살던 두 형제는 이 전쟁으로 어린 시절의 낙원을 잃었다. 이야기는 형제가 소련군에게 집을 빼앗기고 강제 이송되면서 본격적으로 시작된다. 둘은 수용소로 끌려간 아버지를 만나기 위해 눈보라를 헤치며 긴 여정을 떠난다. 하지만 결국 저체온증으로 동생 칸타가 형 준페이의 품에 안겨 눈을 감는다. 《반딧불이의 묘》가 떠오르는 장면이다. 그러나 동화 같은 탈출 장면은 아이들에게 희망을 심어준다. 이야기가 진행되면서 아이들은 미야자와 겐지의 소설 『은하철도의 밤(1934)』의 은하계로 점점 빠져든다. 앞날을 알 수 없는 세상에서 광활한 은하계는 마음속 나침반이 되어준다. 이따금 현실의 냉혹한 배경을 대신하기도 한다. 50년 만에 고향 섬으로 돌아온 준페이가 바라본 것처럼 죽은 이들은 별이 되어 그들의 빛으로 살아남은 사람을 감싸고 있다.

가타부치 스나오 감독의 《이 세상의 한구석에(2016)》는 그림을 사랑하는 몽상가 스즈가 히로시마에서 군항 구레에 이르기까지 일상을 차분하게 그리고 있다. 전쟁이라는 암울한 현실도 스즈의 몽상을 따라 섬세한 시선으로 새롭게 그려낸다. 이 부분은 《은하철도의 꿈》과 비슷하다. 폭탄으로 조카와 자신의 한쪽 팔을 잃을 때, 암전된 화면에서 새처럼 표현된 희미한 형태의 미사일이 정신없이 스쳐간다. 이후 깨어난 스즈는 물감으로 그린 꽃밭 속에 있는 어린 여자아이를 상상한다. 무엇보다도 감독은 생략을 통해 히로시마에 투하된 '완전히 새로운 종류의

폭탄'을 매우 조심스럽게 표현한다. 하늘로 기이하게 솟아오르는 커다란 구름과 얼굴이 녹아내린 채 죽은 사람의 그림자만 보여줄 뿐이다.

상상조차 할 수 없는 이러한 야만스러운 일이 다시 발생하지 않도록 어떤 애니메이션은 충격적인 이미지를 사용하기도 한다. 애니메이션이 가진 유연성 덕분에 작품 속에서 폭발, 화염, 고통으로 비틀린 사람들의 모습을 묘사할 수 있다. 이는 때로 보는 이들에게 공포를 자아낸다. 기노시타 렌조 감독의 단편 애니메이션 《피카돈(1978)》은 1945년 8월 6일 아침 재앙이 닥치기 직전, 각자 일상생활을 보내는 평온한 모습을 담아냈다. 원자폭탄이 투하되자 화면은 정지하고 배경은 흑백으로 변한다. 원자폭탄에 휩쓸린 사람들은 인간의 형태를 잃고 녹아내려 해골과 튀어나온 눈만 남는다. 마사키 모리 감독의 《맨발의 겐(1983)》에 나타난 기존 양식의 파괴도 놀랍다. 이 작품은 정치색이 강하게 드러난 나카자와 게이지의 자전 만화를 각색한 것이다. 나카자와 게이지는 히로시마 원폭 생존자다. 히로시마 원폭 생존자는 '피폭자'라고도 불리며 당시 극심한 차별을 당했다. 전쟁 중 살아남기란 고된 일이었다. 하지만 둥그런 생김새의 장난꾸러기 남자아이 겐은 가족의 사랑으로 고난을 이겨낸다. 겐의 외모는 만화의 아버지라 불리는 데즈카 오사무의 스타일과 비슷하기도 하다. 그러나 이 작품 역시 재앙의 순간이 닥치자 강렬한 빛과 울부짖는 소리, 검게 타버린 살갗들이 난무한다. 사람들은 좀비처럼 변하고 도시는 폐허가 된다. 지옥 불 같은 버섯구름은 길목에 놓인 모든 것을 파괴하고 방사능 입자로 이루어진 검은 비를 뿌린다.

원자폭탄으로 신체가 액체처럼 녹아내리는 이미지는 수많은 작품에서 불쑥불쑥 등장한다. 클럽 도로시 세대에게 폭력적이라는 이유로 뭇매를 맞았던 《북두의 권(1984)》에도 그런 장면이 나온다. '실제로 표현할 수 없는 것'을 보여주기 위해서는 주로 공포, 좀비, 사이버펑크 등의 장르 영화에서 빌려온 과격한 이미지가 필요할 때도 있다.

지옥의 묵시록
18
우리는 모두 원더랜드에 가본 적이 있다

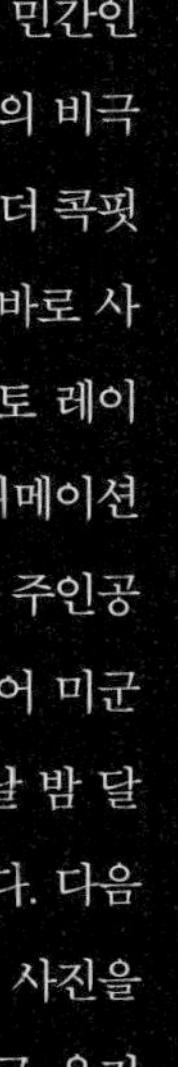

공중 무덤

전쟁이 벌어지는 동안 수많은 전투기 조종사가 투하한 폭탄은 민간인을 무차별적으로 덮쳤다. 이 '죽음의 천사'인 조종사들과 그들의 비극적 운명을 다룬 애니메이션도 있다. 3부로 구성된 애니메이션《더 콕핏(1993)》2부에서는 그중 가장 끔찍한 운명을 다룬다. 그것은 바로 사무라이의 희생정신을 계승한 자살특공대 가미카제다. 마쓰모토 레이지의 만화『전장 만화 시리즈』에서 영감을 받아 제작된 이 애니메이션은 국가라는 이름 아래 철저히 소멸하는 자아를 그리고 있다. 주인공인 일본의 젊은 대원은 자신의 전투기 '오우카'와 한 몸이 되어 미군 선박에 충돌해 바스러질 운명이다. 그는 임무에 뛰어들기 전날 밤 달빛 아래서 한 여성 고토[2] 연주자와 잠깐의 휴식 시간을 가진다. 다음 날 주인공이 죽고 적군인 미군 장교가 그의 유품에서 여성의 사진을 발견한다. 장교도 폭발로 바스러지기 전 이렇게 외친다. "미쳤군, 우리는 모두 미쳤어!"

《더 콕핏》은 기술의 역설을 드러내는 질문을 던진다. 하늘을 날고 싶었던 이들에게 세상이 그들의 꿈을 전쟁에 이용한다고 어떻게 설명할 수 있을까? 이 불편한 질문은 미야자키 하야오 감독이 만든《바람이 분다(2013)》의 주요 내용이기도 하다. 이 작품은 일본의 전투기 설계자였던 실존 인물 호리코시 지로의 이야기를 바탕으로 만들었다. 그는 자신이 상상할 수 있는 가장 완벽한 비행기를 설계하는 데 평생을 바쳤다. 하지만 유감스럽게도 지금 그의 이름은 진주만 공습 당시 가미카제 공격에 사용된 제로센 전투기 설계자로 더 많이 알려져 있다. 폴 발레리의 시구 "바람이 분다…… 살아야겠다!"에서 제목을 따온 이 애니메이션 영화는 창조와 파괴 사이 양립할 수 없는 대립을 상징한다. 정점에 달한 인간의 창의력은 살상 기계를 만들어 냈다. 꿈속에서 지로는 정찰기 Ca.309 기블리를 설계한 이탈리아 항공 기술자 조반니 바티스타 카프로니와 대화를 나눈다. 스튜디오 지브리의 이름이 바로 여기서 유래했다. 청년 지로는 자신이 가진 기술이 불러일으킨 끔찍한 재앙의 결과를 보고 절망에 빠졌다. 그런 그에게 카프로니는 "비행기는 아름다운 꿈인 동시에 저주받은 꿈이지." 라고 말한다. 푸른 하늘을 날아오르는 이 강철로 된 새들은 세상에 종말을 가져다주기도 한다.

미야자키 하야오 감독이 이러한 주제를 다루게 된 데는 개인적인 사연이 있다. 그의 아버지는 제로센의 방향타를 만들어 공급하던 공장을 운영했다. 감독은 "어렸을 때 저는 아버지가 전쟁을 통해 돈을 벌었다는 사실이 정말 싫었습니다." 라며 고백했다. 역설적으로 이러한 점이 비행기를 향한 열정에 불을 지폈고 작품 속에서 비행기의 모습을 다양

하게 그려낼 수 있었다. 프랑스의 SF 소설가 쥘 베른이나 삽화가 알베르 로비다에게서 영감을 얻은 미야자키 하야오는《천공의 성 라퓨타(1986)》에 나오는 공중전함 골리앗부터《하울의 움직이는 성(2004)》의 거대한 폭격기에 이르기까지 '상상 속 살상 기계의 발명'을 거듭했다.《상상 속 살상 기계의 발명》[3]이라는 제목으로 단편 애니메이션도 만들었다. 또한 그는 1930년대 일본, 독일, 이탈리아 비행기를 실사에 가깝게 재현하는 데도 탁월한 솜씨를 보였다.

미야자키 하야오가 그린 푸른 하늘은 두 번이나 공중 무덤으로 바뀌었다.《붉은 돼지(1992)》는 기묘한 역사·신화적 우화다. 이 작품의 주인공은 말하는 돼지이며 새빨간 비행정을 타고 다닌다. 1929년 파시즘이 장악한 이탈리아가 배경이지만 어느 정도 일본화된 유럽으로 보인다. 마르코는 인간의 어리석음에 환멸을 느끼며 아드리아해 상공을 비행한다. 그리고 그가 제1차 세계대전 당시 겪은 초자연적인 사건을 회상한다. 끔찍한 공중전에서 홀로 살아남은 마르코는 구름이 자욱한 하늘을 헤매고 있다. 전투에서 목숨을 잃은 동료들의 전투기가 먼지구름처럼 하늘로 떠오른다. 그 후 주인공은 추악한 돼지 포르코로 살아간다. 수많은 비행기가 은하수처럼 줄지어 나는 모습은 아주 인상적이다. 이 이미지는《바람이 분다》의 마지막에도 다시 등장한다.

죽음을 연상시키는 비행기들이 하늘을 검게 물들이고 경보음이 울려 퍼진다. 사람들은 포탄을 피하려고 피난처를 찾아 달린다. 인간이 하늘을 날기 위해 만든 발명품은 이제 온 사방에 죽음을 퍼트리고 무고한 사람들을 짓밟게 되었다.

2. 일본의 전통 현악기. 한국의 가야금과 흡사
3. 원제《空想の機械達の中の破壊の発明(2002)》

전쟁놀이

전쟁광들은 끝이 보이지 않는 부조리한 싸움을 너무나도 좋아한다. 오토모 가쓰히로 감독의 옴니버스 애니메이션 영화《메모리즈(1995)》의 마지막 에피소드인 〈대포도시〉는 이 병적인 열광을 비판하고 있다. 이 애니메이션 영화에 나오는 군국주의 도시는 대포를 숭배한다. 이웃 도시에 쉬지 않고 쏘아대는 대포는 가정, 관제탑, 공장에 이르기까지 모든 장소에서 언제나 숭배의 대상이 된다. 숨 막히는 밀실에서 창백한 낯빛을 한 좀비 같은 노동자들이 일을 하는 동안 헬멧을 쓴 초등학생들은 경건하게 신성한 포격을 기다린다. 포격부대 사령관을 꿈꾸는 아이는 포탄을 장전하는 단순 노동자인 아버지에게 그들이 누구와 싸우는지 묻는다. 아버지는 "어른이 되면 알게 될 거야."라고 대답한다. 인간 유전자에는 전쟁을 향한 흥미가 뿌리 깊게 새겨져 있다. 침실을 장식한 대포 시계는 언제나 같은 전쟁이 끝없이 이어질 것을 의미한다.

오시이 마모루 감독이 만든《스카이 크롤러(2008)》역시 끝나지 않는 전쟁을 그리고 있다. "우리의 전쟁이 결코 끝나지 않는 게임인 이상 규칙이 필요하지. 예를 들면, 절대 이길 수 없는 적의 존재처럼 말이야." 태평양전쟁과 같은 끔찍한 전쟁이 종식되고 오랜 시간이 흐른 미래에 소년병들이 하늘에서 숨 막히는 전투를 벌인다. 기억과 감정을 잃은 '키르도레(Kildren)'들은 더는 성장하지 않는다. 이들은 평화를 위해 전쟁 쇼를 벌이는 다국적 기업 아래에서 일하며 언제든 대체할 수 있다. 기업들은 전쟁의 이미지를 새로운 서커스 게임처럼 소비하도록 유도해 사회를 둔감하게 만든다. 하지만 이 애니메이션 영화는 침묵, 반복되는 전투, 이해관계의 부재를 통해 무기력한 문명과 모든 규제에서 벗어난 신자유주의를 드러내고 있어 반전(反戰) 영화로 볼 수 있다. 오토모 가쓰히로 감독의《스팀보이(2004)》또한 그렇다. 부유한 오하라 재단은 인류를 위해 과학에 투자한다고 주장하지만, 사실은 조금의 망설임도 없이 상품의 시연을 위해 영국과 작은 전쟁을 일으킨다. 상품을 더 많이 팔기 위해서다.

권력에 목마른 정치인과 군인, 허영심으로 전쟁을 벌이는 마법사, 탐욕스러운 기업 등 너무나도 많은 이들이 자신의 지배권을 굳건히 하기 위해 전쟁을 벌인다. 인류의 재앙인 전쟁은《붉은 돼지》의 마르코를 돼지로 변하게 만들고《하울의 움직이는 성》의 하울을 죽어가는 괴물 새로 변하게 만든 저주와 같다. 이 저주는 미야자키 하야오의 환상적인 애니메이션 영화에 나오는 모든 장소에 흔적을 남긴다. 왕실 마법사 설리만은 심심풀이로, 또한 자신에게 저항하는 이들을 벌주기 위해 왕국을 쑥대밭으로 만든다. 움직이는 마법의 성은 다양한 장소로 연결되는데 때 묻지 않은 자연으로 데려다주기도 하고 피로 물든 도시로 데려다주기도 한다. 전쟁의 검은 하늘이 점점 늘어나자 괴물로 변신한 하울이 전선으로 나서지만, 그의 평화로운 피난처도 얼마 못 가 오염되고 만다. 저주에 걸려 열여덟 살 여자아이에서 주름이 자글자글한 할머니로 변해버린 소피는 마침내 하울에게 심장을 돌려준다. 감사의 입맞춤으로 이웃 나라 왕자였던 허수아비의 저주도 풀어준다. 주인공들의 사랑으로 모든 위기를 이겨내고 설리만은 더 이상 마음대로 지배할 수 없게 된다. 그러자 마치 전쟁이라는 놀이에서 흥미를 잃어버린 듯 전쟁을 끝낸다. 하지만 중독과 같은 전쟁은 계속될 것이다. 전쟁은 어린 시절, 도시, 인류, 우주까지 모든 것을 파괴한다.

우리는 모두 원더랜드에 가본 적이 있다

대량 살상 무기

애니메이터들은 살상력이 높은 무기를 그려낸다. 거대한 대포, 초음속 전투기, 인체와 결합된 기관총, 사이보그, 컴퓨터 바이러스 등 기술의 발전은 우리에게 최첨단 살상 무기를 제공한다. 자멸을 향하는 애니메이션 속 사회는 타의 추종을 불허하는 독창성을 보여준다. 이들은 인간이 실제로 발명한 기술에서 영감을 얻어 살상 능력을 조금씩 향상했을 뿐이다.

모든 무기에는 저마다 어울리는 전쟁 유형이 있다. 1차 산업 혁명 시대를 배경으로 하는 스팀펑크 장르는 증기, 철, 석탄을 연료로 사용하는 레트로 퓨처리즘[4] 기계들로 가득하다. 1866년 만국박람회가 열리던 영국 런던을 배경으로 하는 오토모 가쓰히로 감독의 《스팀보이》 속 발명가 가족은 거대한 스팀성을 하늘로 띄우기 위해 온 에너지를 쏟는다. 그러나 자신들이 발명한 무한 증기 에너지원인 스팀볼을 사이에 두고 대립한다. 증기 폭발 사고로 기계 인간이 된 아버지는 자신의 연구를 후원하는 재단을 맹목적으로 섬기며 군사적인 목적을 위해 일한다. 금속 기계, 증기 장치, 증기 병사들이 곳곳에 등장한다. 하지만 "위험이 있는 곳에 구원도 자란다."라는 독일 시인 횔덜린의 시구처럼 스팀보이는 직접 제작한 비행 엔진 위에 앉아 런던이 파괴되는 것을 막기 위해 고군분투한다. 엔딩 크레디트에서는 기술의 발전이 가져온 발명품과 그것이 잘못 사용된 참혹한 예를 번갈아 보여준다. 에펠탑, 전구, 기관차에서 철조망과 소총으로 가득한 제1차 세계대전 참호가 화면에 등장한다.

옴니버스 애니메이션 영화 《로봇 카니발(1987)》에는 시대의 흐름에 따른 무기가 등장한다. 오토모 가쓰히로의 작품이 오프닝과 엔딩을 맡았다. 조지 밀러 감독의 영화 《매드 맥스(1979)》를 떠올리게 하는 원시적인 사막에서 스팀펑크풍의 이동식 요새가 마을을 향해 거침없이 나아간다. 엔딩에서 이 요새는 자멸하며 반짝이는 공을 유물로 남긴다. 이를 한 남자가 발견하는데 그 속에서 춤추는 로봇이 튀어나와 가족을 홀린다. 그러다 폭탄이 터지면서 숨겨져 있던 위험이 드러난다. 오토모

가쓰히로의 오프닝과 엔딩 사이에는 다양한 감독이 만든 작품들이 펼쳐진다. 가장 무해한 로봇부터 가장 파괴적인 로봇에 이르기까지 각양각색의 미래형 로봇들이 등장한다.

일본의 SF 애니메이션에서 로봇은 가장 상징성 있는 요소다. 첨단 기술에 대한 일본인들의 열정을 고려한다면, 로봇이 애니메이션의 주류가 되어 어린이 장난감만큼이나 수익성이 높은 멀티미디어 상품 시장을 점령한 것은 전혀 놀랍지 않다. SF와 영웅 판타지가 결합된 메카물은 1960년대 《철인 28호(1963~1965)》와 함께 등장했다. 그 이후로는 《마징가 Z(1972~1973)》나 《그렌다이저(1975~1977)》와 같이 악의 무리에 맞서는 슈퍼 히어로가 조종하는 '슈퍼 로봇' 작품들이 주를 이루었다. 《기동전사 건담(1979~1980)》과 《초시공 요새 마크로스(1982~1983)》 시리즈와 같은 '리얼 로봇' 작품들은 로봇을 현실적으로 표현하며 어른들을 위한 이야기를 다루었다. 이러한 두 경향을 조합한 작품이 《신세기 에반게리온(1995~1996)》이다. 이 작품은 자신의 선택이 초래할 끔찍한 결과를 알고 있는 어린 파일럿들의 우울과 심리 갈등을 그린다. 도덕적 딜레마와 내적 갈등에도 불구하고 이들은 인류를 구하기 위해 로봇처럼 생긴 생체 전투 병기와 자신을 계속해서 동기화해야만 한다. 이 어린 파일럿들이 인류를 위협하는 강력한 생명체들과 맞설 수 있는 최후의 방어선이기 때문이다.

일본을 멸망시킬 수도 있었던 원자폭탄을 비롯해 사이버펑크 디스토피아 장르는 다양한 무기를 만들어 냈다. 인류를 말살시킬 수 있는 세균, 돌연변이, 바이러스와 같은 것들이다. 유전자 실험, 나노 기술, 인공두뇌학 전쟁은 여전히 판도라의 상자를 열고자 하는 사람들에게 새롭고 비정상적인 영역을 제공해 준다. 무기는 적뿐만 아니라 인류의 문명자체를 위협하기 위해 계속해서 살상 능력이 높아지고 있다.

4. Retro Futurism, 복고미래주의. 1960년대 이전의 대중들이 미래 사회나 문화를 상상했던 모습을 현재의 관점으로 재해석하는 창작 예술의 경향

마침내 그렇게나 두려워하던 종말이 일어나고야 말았다. 수많은 지역이 지도에서 완전히 사라졌다. 극소수 생존자들은 또다시 재앙이 되풀이될까 봐 두려움에 떨고 있다. 일본 애니메이션의 대다수가 이러한 어두운 분위기의 도입부로 시작한다.

미야자키 하야오 감독의 《미래소년 코난(1978)》도 예외가 아니다. 2008년 초자력무기를 사용한 끔찍한 전쟁이 일어나 지구의 자전축이 뒤틀리고, 대륙들은 대부분 바다에 잠긴다. 대기권 밖으로 벗어나려고 시도했던 소수의 생존자는 해일로부터 기적적으로 살아남아 '홀로 남은 섬'에 불시착하게 된다. 또한 《바람계곡의 나우시카(1984)》는 재앙이 일어난 지 천 년이 지난 세계에서 새로운 메시아로 거듭나는 여성의 이야기를 그리고 있다. 산업 문명의 발전으로 탄생한 거대 병기 거신병은 '불의 7일'이라 불리는 전쟁에서 문명을 철저히 파괴했다. 이제 지구는 독을 내뿜는 곰팡이로 이루어진 숲, '부해'가 점점 확산하면서 조금씩 오염되고 있다. 부해를 통과하기 위해서는 방독면을 착용해야만 한다. 나우시카가 이끄는 바람계곡의 주민들은 부해에서 생겨난 유독한 곰팡이의 습격을 받는다. 또한 공격하면 눈이 붉게 물드는 두꺼운 껍질을 가진 거대 곤충 오무도 있다. 하지만 그중에서도 가장 악한 것은 같은 실수를 반복하는 인간이다. 토르메키아 군인들은 부해를 불태우기 위해 새로운 종말을 불러올지도 모를 거신병을 되살리고자 한다.

인간은 잠시도 멈추지 않고 생태계를 혼란에 빠트린다. 요시우라 야스히로 감독의 《거꾸로 된 파테마(2013)》에서는 실험의 실패로 수많은 생명이 하늘로 올라가 버린다. 그 이후로 모든 것이 거꾸로 뒤집혀 지구의 절반은 중력이 반대로 작용하는 세계에서 살게 된다. 지하 세계에 몸을 숨긴 '거꾸로 된 사람들'은 그들의 눈에는 머리가 바닥을 향하고 있는 것처럼 보이는 박쥐 인간에게 습격당한다. 박쥐 인간의 정체는 지상 세계에서 온 치안 경찰이었다. 전체주의 사회를 유지하고 있는 지상 세계의 주민들은 하늘을 올려다보는 것이 금지되어 있다. 유토피아를 그려낸 《천공의 성 라퓨타》는 미야자키 하야오의 애니메이션을 관통하는 주제를 다룬다. 탐욕에 취해 기술의 도움을 받은 인간들은 자연의 균형을 깨트리고 스스로 인류의 파멸을 불러올 씨앗을 뿌리게 된다. 이것이 전설로 내려온 하늘 위의 섬 라퓨타의 운명이다. 라퓨타는 조녀선 스위프트의 소설 『걸리버 여행기(1726)』에서 영감을 받았다. 라퓨타는 세계를 지배할 수 있는 진보한 문명을 가졌지만, 결국 주민들은 섬을 버려두고 지상으로 떠난다. 그로부터 700년이 흐르고 미래의 새

로운 독재자가 라퓨타의 군사력을 노린다. 파괴로 치닫는 끔찍한 악순환의 고리가 다시 시작될 위기에 처한 것이다.

오시이 마모루 감독의 《천사의 알(1985)》은 성찰의 수준을 형이상학적 차원으로 끌어올린다. 성경의 대홍수 신화를 변형시킨 이 작품은 몰락한 세계의 잔해 속에 남은 금발 여자아이의 우울한 방황을 그리고 있다. 여자아이는 새의 화석에서 발견한 알 하나를 절박하게 지켜내다가 손에 붕대를 감고 십자가를 든 수수께끼의 남자와 만난다. 버려진 중세 도시에서 이들은 물고기의 그림자를 쫓는 어부들을 지켜본다. 낯선 남자는 결국 그 안에 무엇이 들었는지 확인하기 위해 알을 깨트린다. 이 기묘한 작품은 눈알 형태의, 거대한 기계가 하늘에서 내려오면서 시작하고 다시 하늘로 떠오르면서 끝난다. 그곳에 있는 수많은 석상은 고대 인류가 변한 것으로 보인다.

과거, 현재, 미래를 넘나들며 종말 이후의 세계를 그리는 포스트 아포칼립스 작품들은 관객에게 모든 문명은 결국 사라지게 된다는 사실을 일깨워준다. 이는 프랑스의 시인 폴 발레리가 제1차 세계대전 이후에 지적했던 것과 일맥상통한다. 지구는 이미 다섯 차례에 걸쳐 대멸종을 경험했다. 그래서 이스터 섬이나 피라미드의 미스터리부터 핵무기의 위협에 이르기까지 인류의 종말에 대한 예언은 오랜 역사 속에 단단히 뿌리를 내리고 있다. 그 충격으로 말미암아 잠깐이나마 인간들의 의식을 일깨우고자 한다.

종말 이후의 세계

《천사의 알》, 오시이 마모루

《신세기 에반게리온》, 안노 히데아키

《진격의 거인: 홍련의 화살》, 아라키 데쓰로

세상에 존재하는 어떤 공간도 어둠의 세력이 가진 패권 욕구를 충족할 만큼은 넓지 않다. 1960~1970년대 우주 정복 시기에는 은하계 간 전쟁을 내용으로 한 애니메이션이 넘쳐났다. 《기동전사 건담》에서 인간은 인공적인 환경을 조성해 놓은 우주식민지로 이주한다. 우주세기 0079년 독립을 요구하는 지온 공국과 지구 연방 정부 사이에 격렬한 전쟁이 일어난다. 아무로 레이와 샤아 아즈나블의 대립은 우주 전체에 지정학적인 교훈을 전한다.

멸종이 꼭 인류에게만 일어나는 것은 아니다. 일본 애니메이션은 인간과 그 근원적인 이면을 대립시켜 진화론을 되풀이하기를 즐긴다. 여기서 인간의 근원적인 이면이란 《초시공요새 마크로스》와 《드래곤볼 Z (1989~1996)》에 등장하는 외계 생명체, 《베르세르크(1997~1998)》의 악마, 《천공의 에스카플로네(1996)》에서 인류를 위협하는 드래곤 등이 있다. 인간이 아닌 생명체들에 맞서는 우주 전쟁은 가상 세계의 인큐베이터와 같다. 《신세기 에반게리온》에서는 세컨드 임팩트[5]로부터 15년이 지난 2015년, 사도들이 지상에 내려온다. 세컨드 임팩트라는 끔찍한 폭발은 남극에서 발견된 날개를 가진 빛의 거인 '아담'을 조사하던 중 일어난 것이다. 이후 제3신동경시는 마음대로 건물을 집어넣을 수 있는 방어 요새로 건설되었다. 군사 조직 네르프는 서드 임팩트를 막기 위해 자체적으로 생체 전투 병기 '에바'를 개발한다. 《진격의 거인 (2013~2023)》은 정체불명의 거인들이 등장하며 혼돈의 힘과 우주의 조화 사이 신화적인 전쟁을 그린다. 이 거인들은 인간을 땅콩처럼 먹어 치운다. 그로 인해 생존자들은 견고하게 쌓은 방벽 안으로 숨어야 했으며, 벽을 넘어가는 것은 금지되었다. 주인공인 엘런 예거는 스스로 거인이 되면서 약육강식의 전쟁에서 패를 뒤섞어 버린다.

인간과 비인간의 대립은 때로 형벌과 구원의 순환으로 나타난다. 미야자키 하야오 감독의 《모노노케 히메(1997)》에서 숲의 신들은 자연을 파괴하는 인간에게 분노한다. 일본의 민족종교인 신토 사상을 바탕으로 만들어진 이 작품은 근대화로 자연의 균형이 위태로워진 중세 일본을 배경으로 하고 있다. 분노한 일부 신들은 흉측한 촉수로 뒤덮인 재앙신으로 전락한다. 멧돼지신이었던 나고는 재앙신으로 변해 주인공 아시타카에게 저주를 옮기고 아시타카는 마을을 떠나게 된다. 그의 여

정은 철을 만드는 타타라 마을로 이어진다. 타타라 마을은 에보시라는 여성이 다스리고 있었다. 그곳에서 아시타카는 들개신 모로에게 길러진 산을 만난다. 산의 얼굴은 핏자국으로 물들어 있다. 신 중에서 가장 강력한 사슴신은 밤이 되면 투명한 푸른빛 몸과 인간에 가까운 형태의 데이다라봇치로 변한다. 사슴신은 자신이 지나가는 자리마다 생명을 살아나게도 할 수도, 죽게 할 수도 있다. 홍수와 같이 쏟아지는 사슴신의 분노는 모든 것을 파괴하는 검은 액체를 방출한다. 인간에게 잘려서 빼앗긴 사슴신의 머리를 주인공이 돌려주자 비로소 땅 위에 생명이 되살아난다. 스기야마 게이이치 감독의 《은발의 아기토(2006)》에는 이보다 훨씬 공격적인 숲의 정령들이 등장한다. '드루이드'들이 중립 도시 인간에게 주어지는 물을 관리하고, 숲은 누군가 자신들의 성역 안에 침입하면 용처럼 포효하며 주저 없이 인간을 공격한다. 숲을 제거하려는 군사 도시와 격렬하게 맞서 싸우며 스스로를 보호한다.

이러한 관점에서 일본 애니메이션은 매번 새로운 전사를 내세우는 전쟁 예술처럼 보일 수도 있다. 고대의 신화, 중세의 배경, 현재 혹은 미래의 논쟁을 활용하면서 애니메이션은 일본과 서양의 요소들을 뒤섞어 인간의 원초적 공포를 덧씌운 생명체들을 만들어 낸다.

"내 링은 길거리다"

스기이 기사부로 감독의《스트리트 파이터 2 극장판(1994)》은 비디오 게임 역사상 가장 인기 있는 격투 게임 중 하나를 애니메이션 영화로 각색한 작품이다. 지난 세기말에 연기가 자욱한 선술집, 오락실, 그리고 슈퍼 패미컴에서 인기를 끌었던 게임이다. 일본의 게임 제작사 캡콤이 1991년에 만든 '스트리트 파이터 2: 더 월드 워리어'는 수많은 매체를 통해 15개 정도의 후속작과 스핀오프 작품을 낳았다. 1992년 미국의 미드웨이 스튜디오가 만든 매우 폭력적인 경쟁작 '모탈 컴뱃'과 함께 장르의 시초가 된 작품이다.《백사전(1958)》으로 데뷔해 그로부터 20년이 지난 뒤《은하철도의 밤(1985)》을 연출했던 스기이 기사부로 감독이 이 게임의 애니메이션 영화를 제작했다. 일본 애니메이션을 성공에 이르게 만들었던 수많은 요소를 조합해 오락적인 작품을 만들어 냈다.

캡콤사의 아이콘으로 떠오른 이 게임은 각색을 통해 새로운 국면을 맞이하게 된다. 예를 들면 금발의 스포츠형 머리가 특징인 매우 강력한 미 공군 소령 가일이 인터폴이 보낸 파란 치파오를 입은 중국 격투가 춘리와 협력한다. 게임이 제시한 '이야기'의 시초처럼 모든 주인공은 인도, 히말라야, 라스베이거스 등 세계 전역으로 내던져진다. 이들은 국제범죄 조직이 꾸민 음모와 화려한 무술 싸움이 뒤섞인 복잡한 이야기 속으로 끌려 들어간다. 그리고 여기엔 SF 요소도 조금 흩뿌려져 있다. 비밀 범죄조직인 샤돌루의 총수 베가는 감시용 사이보그와 정신 조종을 통해 스트리트 파이터들의 뇌를 개조하고 테러리스트들로 바꿔버린다. 베가는 명성과 전투력이 국경을 초월한 주인공 류를 완전히 조종하고 싶어 한다. 이를 위해 류와 함께 수년간 유도를 배워 절친한 켄을 세뇌한다. 이 장면은 회상으로 짤막하게 지나간다. 관객은 조이스틱이나 컨트롤러로 캐릭터들을 조작했을 때를 떠올리며 즐거워하고, 각 캐릭터가 비범한 능력을 발현하는 순간을 기대한다. 초음속 팔을 휘두르는 에드워드 혼다의 스모 기술에 맞서 요가 수행자 달심이 공중으로 떠오르며 순간 이동하는 장면부터 '야수' 블랑카가 켄타우로스 프

《스트리트 파이터 2 극장판》, 스기이 기사부로

《스트리트 파이터 2 극장판》, 스기이 기사부로

로 레슬러 장기에프를 감전시키는 장면, 투우사 기술을 사용하는 발로그의 발톱 공격에 춘리가 라이트닝 킥으로 맞서는 장면까지. 류와 켄이 클라이맥스에서 베가를 완전히 제압하기 위해 에너지를 모아서 발사하는 '파동권'도 빼놓을 수 없다. 이들의 움직임과 특별한 기술들은 게임의 줄거리와 잘 어우러지며 애니메이션을 통해 관객들이 손끝으로 경험했던 주인공과 재회하는 기회를 제공한다.

같은 시기 미국 영화감독 스티븐 E. 드 수자가 연출한 실사 영화 《스트리트 파이터(1994)》는 모든 면에서 정반대였다. 30년 전부터 영화업계는 일본의 비디오게임 대작들을 영화화하려고 노력해 왔다. 실망스러웠던 밥 호스킨스가 출연한 《슈퍼마리오(1993)》부터 시작해

《스트리트 파이터 2 극장판》, 스기이 기사부로

《스트리트 파이터》, 스티븐 E. 드 수자

폴 W. S. 앤더슨이 감독을 맡은 《레지던트 이블(2002~2016)》 시리즈를 지나 제임스 웡 감독이 만든 《드래곤볼 에볼루션(2009)》에 이르기까지 수많은 실사 영화가 제작되었다. 그중에서도 《스트리트 파이터(1994)》는 끔찍한 취향으로 뒤덮인 기괴한 영화의 기준과 같은 작품이 되었다. 스티븐 E. 드 수자 감독은 존 맥티어넌 감독의 영화 《다이하드(1988)》에서 시나리오를 맡았다. 그러나 이 영화에서는 아이디어부터 초라했고 촬영장에서의 불운까지 겹쳤다. 그는 자기 작품이 《스타워즈》와 《007》 시리즈, 전쟁 영화의 교차점이 될 거라 기대했다. 하지만 이러한 작품들과 전 세계 다양한 장소의 길거리에서 대규모 격투를 벌이는 비디오게임이 무슨 관련이 있는지 의문이다. 또한 캐릭터들의 묘사는 또 어떤가? 무도 정신을 가졌던 류와 켄은 평범한 깡패들처럼 묘사되었고 악당 마이크 바이슨(원작 베가)의 부하인 발로그(원작 바이슨)는 기자인 춘리 밑에서 일하는 카메라맨으로 바뀌었으며 혼다는 하와이 출신 스모선수가 되었다. 캐스팅은 말할 것도 없다. 일부 배우들은 게임 속 등장인물과 조금도 닮지 않았다. 예를 들어 춘리 역은 백인 가수 카일리 미노그가 맡았다. 한 마디로 영화가 원작의 캐릭터를 공공연히 조롱한 것이다. 영화의 대실패는 촬영 때부터 예상되는 결과였다. 장 클로드 반담은 마약에 빠져 촬영장에 드문드문 모습을 드러냈다. 새빨간 유니폼을 휘두른 악당 마이크 바이슨 역으로 캐스팅된 라울 훌리아는 위암으로 투병 중이었고 그래서 시나리오를 뜯어고치다시피 해야 했다. 라울 훌리아는 영화가 개봉하고 얼마 후 세상을 떠났다. 작품은 뜻밖에도 당초 제작비의 3배에 가까운 수익을 내며 상업적으로 성공했지만, 원작 팬이었던 관객들은 감상 후 악평을 쏟아냈다. 이 영화는 코카인의 늪에 빠진 장 클로드 반담에게는 종말의 시작이었고, 스티븐 E. 드 수자 감독의 마지막 작품이 되었다. 그는 그 이후로 영화감독 일에서 물러났다. 영화 《스트리트 파이터》는 작품을 위해 싸운 격투가들을 링 위에서 아예 벗어나게 만듦으로써 그들을 집어삼켜 버렸다. 만화와 게임을 영화화하겠다고 가볍게 다루는 것은 결코 좋은 방식이 될 수 없다. 이것이 바로 엉터리 작품의 전형이 되어버린 이 난해한 영화가 남긴 교훈이다.

《스트리트 파이터》, 스티븐 E. 드 수자

미래는 없다

애니메이션 영화 업계에 하나의 폭탄이 터졌다. 바로 오토모 가쓰히로가 1982년부터 1990년까지 6권에 걸쳐 만화책을 발표하고 1988년에 애니메이션 영화로 제작한 《아키라》다. 다카하타 이사오 감독의 《반딧불이의 묘》가 개봉한 지 3개월 뒤 막이 오른 이 작품은 국제무대에 일본 애니메이션 영화라는 폭탄 한 방을 날렸다. 하지만 시한폭탄이나 마찬가지였다. 극장 흥행에는 실패했고 비디오를 통해 전설적인 작품이 되었기 때문이다. 당시로서는 보기 드문 프레임 레이트였던 24fps[6]로 100억 원대(약 10억 엔)의 막대한 예산이 들었다. 망막에 지속적인 잔상을 남기면서 오토모 가쓰히로는 모든 그래픽 표준을 담아냈다. 그는 이 작품을 통해 과학을 양심 없이 이용하는 인간의 파괴 성향에 대한 정치적 내용을 이야기했다. 파괴적인 능력을 주입받은 아키라는 유리처럼 날카롭고 매우 폭력적인 힘을 발휘한다. 소름 끼치도록 아이러니하며 괴상한 영화는 계속해서 변형되는 인체와 산산조각 나는 배경을 통해 일종의 황홀경을 자아낸다. 영화는 미래를 향한 허무주의 관점을 정열적으로 새겨놓았다.

"모든 시대는 그다음 시대를 꿈꾼다." 프랑스 역사학자 쥘 미슐레가 남긴 이 명언은 린 타로 감독의 애니메이션 영화 《메트로폴리스(2001)》에서 강조된다. 전쟁 이후에 등장한 새로운 세대는 일본 애니메이션을 미래주의적이고 어두운 작품으로 바꾸기 시작했다. 어른들을 위한 작품을 만든 것이다. 오토모 가쓰히로나 《공각기동대(1995)》의 감독을 맡은 오시이 마모루는 일본의 재건과 경제적 부흥뿐만 아니라 1960년대의 격렬한 사회적 갈등도 겪었다. 이 감독들은 데즈카 오사무의 영향을 받지 않았다. 《우주소년 아톰(1963~1966)》을 만든 데즈카 오사무는 디즈니의 영향을 받은 무시 프로덕션 스튜디오의 창립자이자 일본 만화 및 애니메이션의 아버지로 불린다. 오토모 가쓰히로와 오시이 마모루는 그보다 『메탈 위를랑』[7]부터 만화가 뫼비우스[8]의 작품에 이르는 유럽 만화와 대중문화에 많은 영향을 받았다. 윌리엄 깁슨부터 필립 K. 딕을 지나 리들리 스콧의 《블레이드 러너(1982)》에 이르는 사이버펑크 디스토피아에도 많은 관심을 가졌다. 사이버펑크 장르의 시초라고 할 수 있는 깁슨의 소설 『뉴로맨서(1984)』의 뒤를 이어 사이버펑크 장르는 공격적이고 펑키한 미학과 과도하게 발달한 인공두뇌학을 뒤섞어놓았다. 부패한 기관과 인간의 손에 맡겨진 전능한 기술은 아무런 사회적 보호 장치가 없는 독재적이고 폭력적인 세상을 만들었다. 이는 일본이 그리는 죽음의 미래다.

《아키라》는 1988년에 개봉했다. 공교롭게도 데즈카 오사무와 쇼와 시대(1926~1989)의 막을 내린 일본의 천황 히로히토가 사망하기 1년 전이었다. 1990년대 일본 애니메이션은 일본과 세계 상황을 바탕으로 어두운 미래를 주로 그렸다. 일본 애니메이션이 최악의 상황을 예상하고 재앙 시나리오를 그려냈던 것은 아마도 온 지구를 뒤흔들 갈등을 예견했기 때문인지도 모른다. 인간성을 상실한 건축물, 사회 통제의 강화, 상식과 도덕을 벗어난 기술, 세계적으로 확산한 테러리즘, 바이러스 및 핵의 위협, 탐욕적인 자유주의를 앞세운 다국적 기업들의 전능함 등이 바로 그것이다.

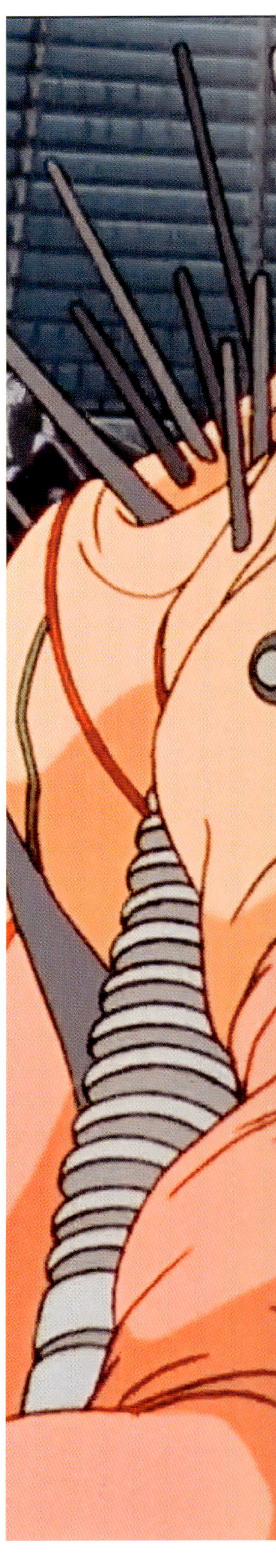

6. 프레임 레이트. 1초당 보여주는 이미지 장면의 수
7. Métal Hurlant. 울부짖는 메탈. 주로 SF와 호러 만화가 게재된 프랑스의 만화 앤솔러지
8. 뫼비우스라는 필명으로 잘 알려진 프랑스 만화가. 본명 장 앙리 가스통 지로

《아키라》, 오토모 가쓰히로

죽음의 입맞춤

인간을 망가뜨리는 기술의 초현대성과 함께 사이버펑크 디스토피아는 인간의 파괴 충동을 들여다보게 하는 돋보기와 같다. 이 종말론적 장르는 최후를 맞은 세계의 모습을 의도적으로 전시한다. 임박한 종말에 대한 상상은 불꽃놀이와 같이 절정에 달한 연출로 전환된다.

《아키라》는 예리한 그림체로 멸망한 폐허 위에 재건된 2019년 네오 도쿄의 타락한 모습을 상상했다. 1988년 제3차 세계대전이 발발해 도쿄가 의문의 핵폭발로 파괴된다. 그 이후 28번 벙커에 갇힌 초능력자 아키라는 위협적인 존재 또는 새로운 메시아로 여겨진다. 참고로 28번 벙커인 이유는《철인 28호》를 오마주한 것이다. 그리고 31년 뒤 가상의 일본은 정부와 군대 모두가 스스럼없이 비이성적인 행위를 할 준비가 되어 있는 과학 실험의 장이 된다. 도시는 마약으로 곪아가고 교육 시스템은 교정시설의 형태를 띠게 된다. 이 지옥 같은 도시에서 실험 대상 청소년인 테츠오와 유전자 변형으로 노인 같은 외모를 가지게 된 아이들은 마지막으로 모든 것을 파괴하려고 한다. 세계 종말에 대한 최후의 환상은 제2차 세계대전의 종식으로 일본의 무의식적 기억 속에 낙인처럼 남았다. 오토모 가쓰히로는 불안하고 비인간적이지만 정화된 파괴와의 양면적인 관계를 연출했다. 고통스러운 인체의 변형은 작열로 나타냈다. 엄청난 고통과 분노를 느낀 테츠오는 물체에 들러붙고, 금속과 융합하고, 주변의 모든 에너지를 흡수해 결국 몸의 일부가 기계와 일체화되어 끔찍한 모습으로 바뀌게 된다. 부패한 도시를 산산조각 내는 장면은 자극적인 효과를 자아낸다. 폭탄이 터지면서 인간들이 좀비처럼 살아가던 어두운 대도시를 불꽃놀이처럼 환하게 비춘다. 이는 세상의 종말을 기념하는 죽음의 무도이며 종말은 부활의 가능성을 한편에 열어둔다.

그로부터 13년이 흐른 뒤 린 타로 감독은 다양한 작품으로부터 받은 영향을 바탕으로 SF와 애니메이션을 연결 지었다. 그의 작품인《메트로폴리스》는 데즈카 오사무의 만화를 각색한 것이다. 시작은 데즈카 오사무의《우주소년 아톰》이었다.《메트로폴리스》의 주인공 켄이치는 일본 최초의 TV 애니메이션 시리즈인《우주소년 아톰》의 아톰에서 심장

과 영혼이 더해진 모습을 떠올리게 한다. 또한 1927년 개봉한 독일 표현주의 감독인 프리츠 랑의 수작《메트로폴리스》에 대한 오마주이기도 하다. 각본은《아키라》를 제작한 오토모 가쓰히로 감독이 맡았다. 이 같은 부조화는 관객에게 또 다른 숨 막히는 도시의 모습을 보여준다. 도시는 인간과 로봇으로 나뉜 국민을 억압하는 사악한 독재자의 손아귀에 놓여 있다. 레드 공은 세계를 지배하기 위해 죽은 딸을 닮은 안드로이드 티마를 마음대로 조종한다.

《메트로폴리스》에서 최후의 비기는 완벽한 인간의 모습을 한 안드로이드 소녀의 머릿속에 감춰져 있다. 자신의 본성과 존재 이유를 알지 못하는 티마는 악행이 만들어 낸 무고한 결실이다. 켄이치를 만나면서 티마는 점점 인간적으로 변하고 사랑과 연민을 느낄 수 있게 된다. 티마는 자신이 세계를 지배하기 위해 인공적으로 만들어진 존재라는 것을 깨닫고 거대한 분노를 느낀다. 그 후 티마의 감정과 기억은 사라지고 완전한 소멸 시스템을 작동하는 기계에 지나지 않게 된다. 인상적인 마지막 장면에서 세계 종말의 천사가 대학살을 시작하고 이때 흘러나오는 재즈 음악 〈I Can't Stop Loving You〉가 영상과 극단적인 대조를 이룬다. 죽음의 입맞춤은 최후의 공격을 시작하지만, 새들이 잔해에 몰려들고 몇몇 생존자들은 희망의 씨앗을 뿌린다.

《로봇 카니발》, 오토모 가쓰히로

《미궁 이야기 – 달리는 남자》, 가와지리 요시아키

저항을 향한 레이스

"세라믹 트윈 로터의 양륜 구동이라니!" 초음속으로 부드럽게 나아가는 《아키라》속 카네다 쇼타로의 빨간 오토바이는 대중문화의 상징이 되었다. 스티븐 스필버그 감독은 이를 《레디 플레이어 원(2018)》속에 등장시키기도 했다. 빨간 오토바이는 《아키라》에서 폭주족의 저항을 대표한다. 사회에서 소외되고 권태에 빠져 경범죄를 저지르는 청소년들은 부패한 정부와 폭력적인 사회에 저항한다. 기계와 한 몸이 된 테츠오와 친구들은 자신들과 단절된 사회에 저항하기 위해 아스팔트 도로 위를 전속력으로 달린다. 악몽 같은 도시는 가죽 재킷을 입고 타투를 새기거나 광대 마스크를 낀 폭주족들이 서로 대적하는 놀이터로 변한다. 복수전부터 열띤 추격전까지 일삼으며 이들은 도시를 초토화한다. 질서에 따르지 않는 이들은 엔진 폭음과 함께 누구에게도 침범당할 수 없는 자유를 주장하고 있다. 자신들이 내는 속도감, 삶과 죽음의 충동에 도취한 채 말이다.

또 다른 아포칼립스 작품인 야스히코 요시카즈 감독의 《비너스 전기 (1989)》에서도 정부에 저항하는 젊은 오토바이 선수들을 그리고 있다. 물과 대기가 생겨난 금성은 칙칙한 산업 지역이 된다. 모든 탐욕의 중심이 된 금성은 계속되는 폭력으로 혼란스럽다. 이러한 혼란 속에서 방황하는 젊은이들은 무엇이든 할 수 있는 오토바이 경주에 전력을 다해 임한다. 2089년 이슈탈이 아프로디아가 차지했던 수도를 침공했을 때 주인공 히로가 가장 먼저 한 일은 오래된 경기장 근처에 있는 탱크를 부수는 것이었다. 각성한 안티히어로의 전형인 히로는 부패한 정부 기관을 불신했지만 어쩔 수 없이 지저분한 권력 전쟁에 참전하게 된다. 캐논을 장착한 히로의 오토바이는 전장에서 눈부시게 활약한다. 그러나 신도 믿지 않고 충성심도 없는 히로는 기회가 되자 미련 없이 길을 떠난다.

연이은 감각 충돌이 일어나는 고이케 다케시의 《레드라인(2010)》은 아포칼립스 SF 장르와 신념도 법도 존재하지 않는 레이싱 경기를 섞어놓은 작품이다. 우주에서 가장 유명한 이 레이싱 경기는 뛰어난 선수들이 가속 장치를 사용해 엄청난 속도로 달리며 경쟁을 펼친다. 기계와 몸이 융합된 선수나 초능력을 사용하는 아름다운 선수에 맞서는 주인공 JP는 엘비스 프레슬리를 떠올리게 하는 리젠트 헤어스타일을 하고 있다. 또한 엔진을 개조한 구식 차량으로 아무런 무기도 없이 경기에 참여하는 스타일리시한 아웃사이더다. 작품 속 디스토피아 미래에는 거칠게 묘사된 인간, 동물, 기계의 하이브리드 종족들이 넘친다. 여기서 그치지 않고 작품 속에서 불법적으로 유지되는 행성 로보월드의 군사들은 삼점분쇄포와 고대 병기인 거대 괴물로 선수들을 말살하려 한다. 소음과 광기가 넘치는 이 영화는 표준을 벗어난 스피드를 보여줌으로써 영상, 시점, 인체를 왜곡하는 움직임과 속도를 예찬한다. 이는 애니메이션의 본질이다.

어떤 선수는 죽음의 경주에 뛰어들기도 한다. 이는 가장 순수한 상태의 허무주의를 표현한다. 총 3부로 구성된 《미궁 이야기(1987)》중 피학적인 단편 〈달리는 남자〉는 죽음의 서커스에서 한 번도 진 적이 없는 챔피언 잭의 마지막 경주를 그리고 있다. 가와지리 요시아키 감독은 핏줄이 터진 두 눈과 고통으로 일그러진 얼굴을 유심히 들여다본다. 극에 달한 스트레스로 그의 몸과 신경계는 더는 레이싱 카의 속도를 견뎌낼 수 없다. 미쳐버린 잭이 결국 속도를 견디지 못하고 소멸하며 게임은 종료된다. 결승선을 통과한 뒤에도 홀로 달려 나가던 그의 차량은 앞서 목숨을 잃은 경쟁자의 유령에게로 잭을 데려간다. 마지막 장면에서 잭의 자멸은 최면을 거는 듯한 음악과 우주 공간에서 황홀한 곡선을 그리는 불꽃으로 정점에 달하는 아이러니의 극치를 보여준다.

이처럼 애니메이션 속 차량들은 최후의 핏빛 울음소리와 저항의 몸부림을 통해 시간과 공간을 뛰어넘는다.

잃어버린 아이들의 도시

고도 경제 성장(1955~1973) 시기 동안 일본의 도시는 급격한 변화를 겪었다. 과밀해진 인구를 수용하기 위해 닭장 같은 공공임대주택 단지들이 지어졌다. 아시아 도시들의 모습을 왜곡해 반영한 디스토피아 장르 애니메이션은 대부분 강렬한 네온사인과 광고를 위한 홀로그램으로 빛나는 고층 건물들이 이루는 네트워크를 보여주곤 한다. 오시이 마모루 감독의 《공각기동대》에서 가공되지 않은 콘크리트 덩어리와 투명한 유리 타워 사이 그 어디쯤에 있는 하이브리드 도시는 상상의 건축물이 세워진 홍콩을 떠올리게 한다. 불안하고 비인간적이며 사방으로 뻗어나간 미래의 거대도시 건축물은 정치적 허상을 반영하고 있다. 또한 사람들의 정신을 오염시키고 소외시킨다.

종말 직전'이나 종말 이후의 도시들은 주로 어떤 방식으로 묘사될까? 두 가지 경향이 존재한다. 바로 《매드 맥스》와 《블레이드 러너》다. 하나는 태양이 사라지고 잔해만이 남은 세계로, 신념도 법도 없는 부족이 권력을 장악한다. 1984~1987년 TV 애니메이션 시리즈와 1986년 아시다 토요오의 애니메이션 영화로 제작된 《북두의 권》이 여기에 속한다. 핵전쟁 이후 불타버린 땅에서 반쯤 무너지고 군데군데 포탄 구멍으로 엉망이 된 건물 몇 채가 가까스로 서 있다. 오토바이를 탄 무리가 얼마 없는 자원을 약탈하기 위해 생존자들을 학살하며, 세계의 주인이 되려는 자들이 전투를 벌인다. 다른 하나는 일부 권력자들이 다스리는 끔찍한 거대도시의 세계다. 린 타로 감독의 《메트로폴리스》는 사회가 분리된 수직 계층 구조를 기반으로 한다. 레드 공은 하늘에 닿을 듯 높은 빌딩의 꼭대기에서 계층 간 투쟁으로 붉게 물들어가는 도시를 내려다본다. 반면 소비를 부추기는 놀이공원처럼 구성된 도시의 낮은 곳에는 평범한 사람들이 거주하고 있다. 지상의 1구역은 배정된 구역을 마음대로 벗어난 로봇들을 처형하는 곳이기도 하다. 독재자가 다스리는 세계에서 로봇들은 노예 계층에 속하며 노동을 위해 지하에 갇혀 사는 차별 대상이다. 지하의 2구역에는 원자력 발전소가 있으며 그 아래의 3구역에는 도시에서 나온 모든 쓰레기가 모여 있다. 티마가 설계되었던 연구소가 폭발한 뒤 켄이치와 티마가 다다른 곳도 바로 이곳이다. 둘의 여정은 빛을 향해 올라가려는 시도다.

서로 대척점에 있는 두 가지 현실이 충돌하는 영화도 많다. 서양에 성공적으로 수출된 1세대 애니메이션 영화 중에는 두 편의 오리지널 비디오 애니메이션[9]을 만든 디스토피아 장르 《총몽(1993)》 시리즈가 있다. 이 작품은 이후 로버트 로드리게스 감독이 《알리타: 배틀 엔젤(2019)》이라는 제목으로 실사 영화를 제작하기도 했다. 운석 충돌 이후 인류는 둘로 분열된다. 하나는 하늘에 떠 있는 엘리트 계층의 도시이고 다른 하나는 그곳에서 버리는 쓰레기가 쌓여 있는 지상이다. 거대한 쓰레기장이 된 지상에는 사이보그와 강화 인간, 범죄자와 현상금 사냥꾼들이 인정사정없는 전쟁을 벌이고 있다. 제3차 세계대전 이후의 세계를 그린 아라마키 신지 감독의 《애플시드(2004)》 역시 분열한 인류의 모습을 담아냈다. 이는 1988년 발매한 OVA를 각색한 애니메이션 영화다. 폐허가 된 지상에서는 생존자들이 살인 로봇의 공격을 받아 전투를 계속하고 있다. 뛰어난 전투원인 주인공 듀난 너츠는 폐허에서 구출되어 인공생명체 '바이오로이드'와 인간들이 서로 평화롭게 공존하고 있는 유토피아 도시 올림포스에 다다른다. 바이오로이드는 인류의 평화를 위해 인간의 유전자를 바탕으로 탄생한 복제인간이다. 식물로 뒤덮인 유리 건물들이 세워진 최첨단 미래 도시 올림포스는 슈퍼컴퓨터 '가이아'에 의해 통제되고 있었다. 자식을 낳지 못하고 모든 악의 근원인 감정을 거의 느끼지 못하는 바이오로이드와 마찬가지로 도시 자제가 비인간적이다. 인간과 바이오로이드 간에 일어난 새로운 전쟁으로 아름다운 도시의 질서는 무너지고 유토피아는 디스토피아로 뒤바뀐다. 오래된 과거의 낙인이 되살아나 원로원을 무너뜨리고 원시의 혼돈을 다시 주입한다.

결국 이 모든 악의 건축물은 인간을 흉내 내는 존재들과 뒤섞여 넘쳐나는 인간을 통제하기 위해 지어진 것으로 보인다.

9. OVA, TV 방송이나 영화 상영 없이 곧바로 비디오로 출시한 애니메이션 영화

《메트로폴리스》, 린 타로

《로봇 카니발 – 프랑켄의 톱니바퀴》, 모리모토 고지

《기동경찰 패트레이버》, 오시이 마모루

인간들은 권력을 강화하기 위해 항상 많은 계획을 세운다. 인간들의 이러한 노력은 삶과 죽음의 근본적인 경계를 무너뜨리려는 미쳐버린 과학자의 열망에 불을 지핀다. 옴니버스 애니메이션 영화《로봇 카니발》중 모리모토 고지 감독의 〈프랑켄의 톱니바퀴〉는 소설 『프랑켄슈타인(1818)』을 재해석한 작품이다. 스스로 제어하지 못하는 일을 벌이는 전형적인 괴짜 과학자가 지구본을 들고 있다. 그는 인류의 운명이 자기 손에 달려 있다고 생각한다. 과학자는 번개를 통해 자신의 모든 몸짓을 따라 하는 거대한 로봇에 생명력을 부여한다. 하지만 실수로 넘어진 과학자는 그를 따라 바닥으로 넘어진 로봇에 깔려 사망하고 큰 폭발이 일어난다. 순리에서의 이탈은 그것을 일으킨 장본인을 닮게 마련이며, 그에 따른 파괴적인 충동이 일어나는 것은 자연스러운 결과다.

인간, 기계, 컴퓨터 프로그램의 융합에 호의적이며 새로운 시작을 꿈꾸는 뛰어난 과학자들은 환상을 품은 군인, 정치인, 다국적 기업 등의 유혹에 잘 속아 넘어간다. 이 절대적인 무기를 통제할 능력이 없는 이들은 결국 한계가 없는 힘을 끌어낸 탓에 모두를 곤경에 처하게 만든다. 이처럼 애니메이션은 파괴의 신화를 공공연히 드러낸다. 성경을 즐겨 인용했던 오시이 마모루 감독은 종말 이후의 세계를 그린 시적 작품《천사의 알》속에 성경 구절들을 잔뜩 녹여냈다. 한편《천공의 성 라퓨타》에서는 신을 자처한 인간의 오만을 날카롭게 비판한다. 무스카는 미야자키 하야오 감독의 작품에서 보기 드문 빌런 중 하나다. 황홀경에 빠져 미쳐버린 무스카는 스스로 라퓨타의 왕이라 선언한다. "성경의 소돔과 고모라를 멸망시킨 하늘의 불이다. 라마야나[10]에 나오는 인드라의 화살이지. 전 세계가 라퓨타 앞에 다시 머리 숙일 것이다." 비행석으로 로봇 병사를 깨운 무스카는 제 입맛에 맞게 휘두를 수 있는 권력을 증명하고자 한다. 하지만 그의 결말은 결국 파멸이었다.

린 타로 감독의《메트로폴리스》와 오시이 마모루 감독의《기동경찰 패트레이버(1989)》역시 성경 인용이 가득하다. 구약 성경 속 신에 맞선 대가로 분노한 신의 벼락을 맞은 교만한 바빌로니아와 바벨탑이 바로 그것이다. 파시스트 세력인 마르두크당의 지원을 받는 레드 공은 자신의 '딸' 티마를 지구라트 꼭대기의 왕좌에 올려놓고자 한다. 작품에 등장하는 이름들은 모두 바빌로니아 신화에서 따온 것이다. 자신이 인간

에게 차별당한 수많은 로봇과 마찬가지라는 것을 알게 된 티마는 의지를 벗어난 능력으로 하찮은 인간을 말살해 복수하려 한다. 통제 불능의 안드로이드를 만든 부패한 과학자를 체포하기 위해 온 일본 탐정이 말한다. "바벨탑처럼 신의 분노가 떨어졌어!"

한편 1999년 일본을 배경으로 한《기동경찰 패트레이버》에서 여호와라고 불리는 똑똑하지만 미쳐버린 과학자가 신의 형벌을 되풀이하려고 한다. 바빌론 프로젝트를 통해 바이러스를 심어 도쿄를 파괴하려고 한 것이다. 바빌론 프로젝트는 원래 대규모 간척 사업으로 인구 과밀 문제를 해결하기 위해 시작되었다. 지구에서 북극과 남극이 사라지면서 해수면이 위협적으로 상승하고 일본 열도가 침몰할 것이라는 실제적인 공포가 다시 살아난다. 도쿄는 이제 산업 발전을 위한 건설 로봇이나 치안 유지를 위한 경찰 로봇, 즉 '패트레이버'가 일하는 거대한 공사 현장에 지나지 않게 된다. 바로 이곳에서 호바 에이이치라는 인물이 레이버의 운영 체제에 바이러스를 심은 뒤 스스로 목숨을 끊는다. 이는 오작동을 불러일으켜 로봇들을 해방하고 아무것도 모르는 주인에게 등을 돌리게 만든다. 아포칼립스를 그리는 것은 스스로 만들어 낸 악마 때문에 문명이 멸망하는 모습을 지켜보는 관객들에게 경종을 울리는 것과 같다.

41

음모론

타락한 군 장교, 정치인, 기업인의 압력에 의해 과학과 기술은 정상 궤도에서 벗어난다. 그리고 순리에서 벗어난 과학과 기술은 모두가 전쟁을 벌이게 만든다. 미디어 프랜차이즈[11]를 향한 대중의 기대에 부응하기 위해《기동경찰 패트레이버》시리즈의 첫 번째 극장판은 시민의 안전을 보장해야 할 로봇들의 폭주를 전통적인 방식으로 다루었다. 오시이 마모루가 다시 감독을 맡은《기동경찰 패트레이버 2(1993)》에서는 자신의 관점을 더욱 명확하게 드러낸다. 그는 자신의 정치적 견해를 한층 더 반영해 전작과는 다른 방향으로 나아간다. 감독은 전쟁이 일어나는 동안에는 거의 모두가 더러운 일에 연루된다는 사실을 보여주고자 했다. 또한 평화는 시체 위에 세워지는 환영에 불과하며 수면 아래에 잠들어 있는 갈등을 완전히 가리지 못한다는 사실을 자조적으로 나타낸다. 이는 지휘관 츠게 유키히토의 복잡한 음모를 통해 보여주고자 한 것과 같다. 동남아시아에서 유엔 평화 유지군으로 활동하면서 대학살을 목격했던 츠게는 일본에 테러 공격을 계획한다. 조작된 영상으로 인해 미국과의 관계는 일촉즉발의 긴장이 감돌게 된다. 하지만 내부에서 벌어진 음모이기에 쉽게 파악이 되지 않는다. 마트료시카처럼 겹겹이 베일에 싸인 이 계획에 부패한 군인, 정보기관 요원, 공무원들이 연루되면서 결국 시스템 전체가 타락한다. 공포에 사로잡힌 겨울의 도쿄는 탱크와 헬리콥터로 둘러싸인다. 계엄령이 내려진 도시는 내전의 발발을 앞두고 있다. 츠게의 동기는 불확실하기만 하다. 헌법에 명시해 전쟁을 포기한 일본의 안보 불안을 조명하고자 한 것일까? 가상의 쿠데타로 일본의 제국주의를 되살리고자 한 것일까? 아니면 오히려 반대로 잿더미 속에서 언제든 되살아날 준비가 되어 있는 전체주의를 비난하고자 한 것일까? 오시이 마모루가 전하고자 하는 메시지는 불분명하다. 하지만 이 작품은 나치의 동맹국이었던 일본이 핵폭탄으로 파괴되고 미국에 패배한 역사에 대해 냉철한 성찰을 유도한다.

이는《인랑(1999)》에서도 되풀이된다. 감독은 오키우라 히로유키가 맡았지만, 원작『견랑전설』의 작가 오시이 마모루가 각본을 썼다. 제2차 세계대전이 끝나고 나치 독일에게 점령당한 지 10년이 지난 후 일본은 내부의 적들과 지속적인 전쟁을 벌여왔다. 일본은 테러를 일삼는 '섹트'와 같은 반정부세력들과 저마다 패권 다툼을 위해 투쟁하는 다양한 국가 치안기구들의 표적이 되고 있다. 이러한 치안기구들은 경쟁자를 무너뜨리기 위해 정교한 음모를 꾸미며 그 과정에서 일반 시민들을 괴롭히는 일도 서슴지 않는다. 작품이 그리고 있는 대체 역사 속의 일본은 철학자 토머스 홉스가 말했던 "인간은 다른 인간에게 늑대다."라는 이념을 그대로 보여준다. 또한 이 작품은 동화『빨간 모자』를 불쾌하게 변형한 것이기도 하다. 빨간 모자 이야기는 어두운 시적 분위기의 원천인 동시에 작품 전체에 낱알처럼 흩뿌려져 있다. 수도권 경찰 치안기구 '수도경'의 비밀 첩보부대 '인랑'의 요원인 후세 카즈키는 테러리스트들에게 폭탄을 전달하다가 자폭하는 빨간 두건단 소녀를 향해 방아쇠를 당기는 데에 실패한 뒤로 더러운 음모에 말려들게 된다. 사방에서 다가오는 음모들은 폭력이라는 끝없는 악의 고리 속에 그를 가둔다. "결국 늑대는 빨간 모자를 잡아먹었습니다."

두 작품 속에서 오시이 마모루 감독은 음모론의 본질을 묘사하기 위해 영화적 메타포를 활용한다. 바로 시나리오, 배우, 감독, 뭐든 쉽게 믿는 관객들이다. 서로를 향해 대립하는 이 헛된 이야기들은 사회와 정치 체제가 결국 스스로 무너져 내릴 것이라는 메시지를 전한다.

11. 지적 재산권이 있는 원작 작품을 영화, 텔레비전, 소설, 비디오게임 등의 다른 매체로 확장하는 상업 전략

43

《기동경찰 패트레이버 2》, 오시이 마모루

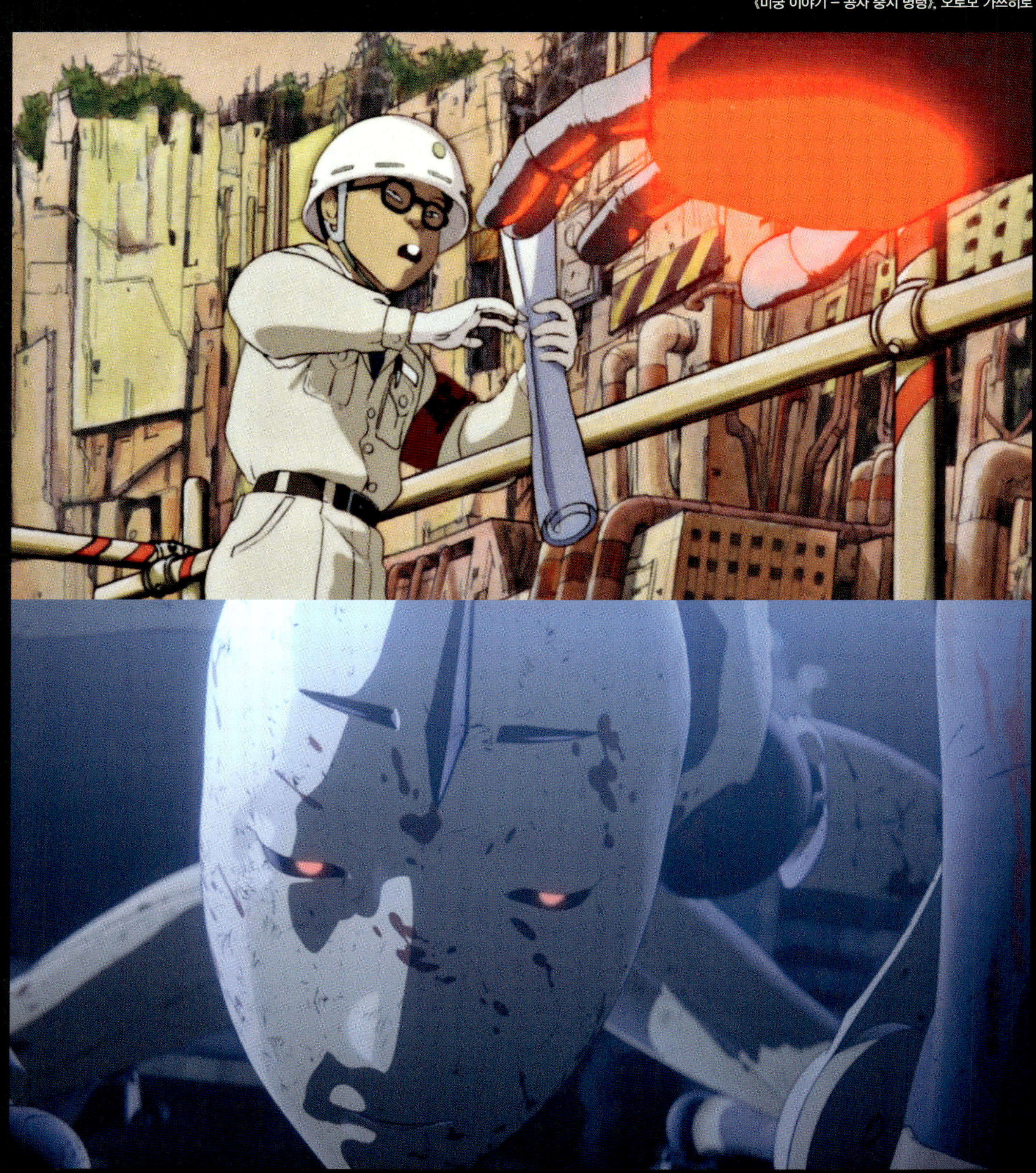

《미궁 이야기 – 공사 중지 명령》, 오토모 가쓰히로

《블레임!》, 세시타 히로유키

...SF 장르 속에서 정점에 달한 기술들은 그것을 개발한 인간을 파멸로 이끈다. 《아키라》에서 유전자 실험은 끔찍한 결과를 초래하고, 《공각기동대》에서 인공지능이 스스로를 해방하며, 《메트로폴리스》에서 안드로이드는 창조자의 품을 벗어나고, 《에르고 프록시(2006)》 시리즈에서 감염된 인공지능 로봇들이 인간을 죽인다. 이 고장난 존재들은 그것을 만든 광기를 반영하고 있다. 인간은 결국 자신이 저지른 죄에 의해 처벌받는 것이다.

메카물의 시초라고 할 수 있는 와타나베 요네히코 감독의 《철인 28호》에 나오는 군인 로봇은 제2차 세계대전 당시 일본의 승리를 위해 만들어졌다. 전쟁 직후 완성된 군인 로봇은 원격으로 조종되어 모두가 이들을 가동할 수 있는 원격조종 리모컨을 호시탐탐 노린다. 그리고 대개 이 도구는 악당의 손아귀에 들어가고 거대 로봇은 사회에 해를 끼치고 만다.

전쟁은 가장 위험한 발명품들을 탄생시켰지만, 과도한 경제 성장을 이루어 내기도 했다. 옴니버스 애니메이션 영화 《미궁 이야기》 속 오토모 가쓰히로 감독의 〈공사 중지 명령〉은 이러한 부조리를 비판하고 있다. 한 샐러리맨이 쿠데타가 일어난 외딴 정글에 파견된다. 그에게 주어진 임무는 기업의 입장에서는 골칫덩어리가 된 늪지대의 도시 건설 프로젝트를 중지하는 것이다. 문제는 공사 진행을 방해하는 모든 이들을 제거하도록 설계된 로봇들이 공사장을 지휘하고 있다는 사실이다. 붙잡혀 무력해진 샐러리맨은 공사 지휘관이 속도를 높이다 못해 과열되는 모습을 지켜볼 수밖에 없다. 이제 단 하나의 희망만이 남았다. 중앙 컴퓨터를 정지시키는 것이다. 하지만 공사 지역에 새로운 쿠데타가 일어나면서 기업은 공사 중지 명령을 철회한다. 지금까지와 달리 공사는 빠르게 재개되어야 한다. 그러나 중앙 컴퓨터 시스템으로 연결된 거대한 케이블 연결망을 타고 돌진하는 샐러리맨은 그 명령을 듣지 못한다.

OVA 시리즈 《버블검 크라이시스(1987~1991)》도 대지진으로 파괴된 도쿄의 재건을 가속화하기 위해 도입된 바이오메카닉의 통제권 상실을 다루었다. 다국적 기업 게놈이 대량으로 생산한 인간형 안드로이드 '부머'는 그들을 억압하는 이들에 대한 복수를 시작한다. 세시타 히로유키 감독의 《블레임!(2017)》에서는 소수의 생존자가 로봇 '건설자'와 '세인프가드'를 피해 몸을 숨긴다. 원래 인간들은 로봇들을 통제할 수

미스터 로봇

있었지만 바이러스에 감염된 로봇이 권력을 차지했다. 로봇들은 쉬지 않고 무질서하게 개발되는 도시에서 인간을 불법침입자로 간주해 말살하려 한다. 이보다 더 심각한 것은 새로운 세대들이 더 이상 선조들이 만든 시스템이 어떻게 작동하는지 기억하지 못한다는 사실이다.

오만에 의해 눈이 먼 일부 사람들은 기괴하고 비인간적인 혁신마저도 모든 문제를 해결할 수 있다고 믿는다. 애니메이션 속에서 윤리는 거의 항상 기술에 자리를 빼앗긴다. 오토모 가쓰히로가 각본을 맡은 기타쿠보 히로유키 감독의 《노인 Z(1991)》는 서늘한 블랙코미디 작품이다. 인류의 고령화에 대응하기 위해 후생성은 노인을 처음부터 끝까지 돌볼 수 있는 정보화된 간병 로봇을 도입한다. 하지만 그것이 군사 기관에 의해 조종되고 있는 줄은 차마 알지 못한다. 첫 번째 실험 대상으로 한 할아버지가 선정되어 영구적으로 침대처럼 생긴 간병 로봇의 전자부품과 연결된다. 그의 전 간병인은 이러한 비인간적인 행태에 저항한다. 노인들로 구성된 비범한 일당에 의해 해킹된 간병 로봇이 폭주하면서 할아버지를 광란의 질주로 이끈다. 이 과정에서 로봇은 마주치는 모든 것을 흡수하는 굶주린 짐승처럼 변하고 결국에는 파괴된다.

인간을 위한 단순한 도구로 여겨지던 기술의 끔찍한 변이는 사이버펑크 디스토피아 장르에서 빠지지 않고 등장하는 소재다. 자석처럼 모든 것을 끌어당기도록 변이된 로봇은 손에 닿는 모든 것을 파괴한다. 그리고 에너지, 물체, 인체, 영혼을 모조리 삼켜버린다.

《기동경찰 패트레이버》, 오시이 마모루

할리우드로 간 메카와 괴수

2013년 여름, 마블과 DC코믹스 실사 영화가 시즌제 블록버스터 시장에 검은 그림자를 온통 뒤덮으며 할리우드에 커다란 파도를 몰고 왔을 때 영화관에 UFO 하나가 출몰했다. 바로 기예르모 델 토로 감독의 《퍼시픽 림》이다. 개봉 당시는 《분노의 질주(2001~)》와 같은 미디어 프랜차이즈의 끝나지 않는 시리즈물, 저마다 앞다투어 내놓는 리부트와 월트 디즈에 인수된 이후 《스타워즈》 시리즈 같은 스핀오프 등 1980년대 성공작을 재개봉하며 영화 산업을 단기적 고리에 가두고 있었다. 이러한 시대에 기예르모 델 토로 감독의 영화는 그 흐름을 단칼에 자르는 뜻밖의 구원자처럼 등장했다. 그는 《헬보이(2004)》의 상업적 성공과 칸 영화제 후보작으로 선정된 《판의 미로: 오필리아와 세 개의 열쇠(2006)》의 비평적 성공이라는 후광을 등에 업고 《셰이프 오브 워터: 사랑의 모양(2017)》으로 오스카 4관왕까지 거머쥐었다. 감독은 인간에 의해 조종되는 거대 로봇 예거와 지구의 심해에서 튀어나온 괴물들 사이의 최종 전투를 다룬 각본을 쓰고 이를 제작하기 위해 2억 달러의 예산을 투자했다. 이는 일본 문화에서 자주 등장하는 메카와 괴수의 대립이다.

엄청난 괴짜인 기예르모 델 토로 감독은 청소년 때부터 귀신과 괴물 이야기에 매력을 느꼈다. 그는 할리우드라는 요새에 일본 장르를 퍼트린 최초의 감독은 아니다. 오시이 마모루 감독의 《기동경찰 패트레이버(1989)》 1편이 탄생하기 2년 전, 스티븐 스필버그 감독의 조언에 따라 미국에 진출한 네덜란드 감독 파울 페르후번은 《로보캅(1987)》으로 새로운 유형의 경찰을 선보였다. 이 경찰은 일본의 이미지를 기반으로 해서 만들어진 미래형 로봇으로 갱단의 폭력에 짓밟힌 디트로이트 도시를 보호하는 임무를 맡고 있다. 이야기의 유래에 관해 각본가 에드워드 노이메이어는 이렇게 언급했다(토르소, 제12호, 2015). "소라야마 하지메의 그림부터 메카 문화에 이르기까지 일본 문화에는 기계에 관한 무언가가 있다. (중략) ED-209(관절로 연결된 팔과 머리를 대신해 로켓 발사대가 달린 거대 로봇)는 일본의 장난감에서 영감을 받아 만들어졌다. 일본인들은 만화를 통해 오늘날의 SF 장르에 거대한 영향을 미쳤고 로봇을 매우 강조한다. 실제로 인간의 형태를 한 로봇을 만드는 것도 일본 미학의 일부인 것 같다." 하지만 《로보캅》은 이러한 장르의 원형은 아니다. 그 역시 그보다 1년 일찍 개봉한 제임스 카메론 감독의 《에이리언 2(1986)》의 뒤를 따르고 있기 때문이다. 리들리 스콧 감독의 《에이리언(1979)》의 속편으로 만들어진 이 영화는 마지막 장면에서 여러 각도로 촬영된 에이리언 제노모프의 여왕과 로봇 갑옷을 갖추어 입은 시고니 위버의 웅장한 전투를 보여준다. 일대일 전투는 서양 SF 영화에

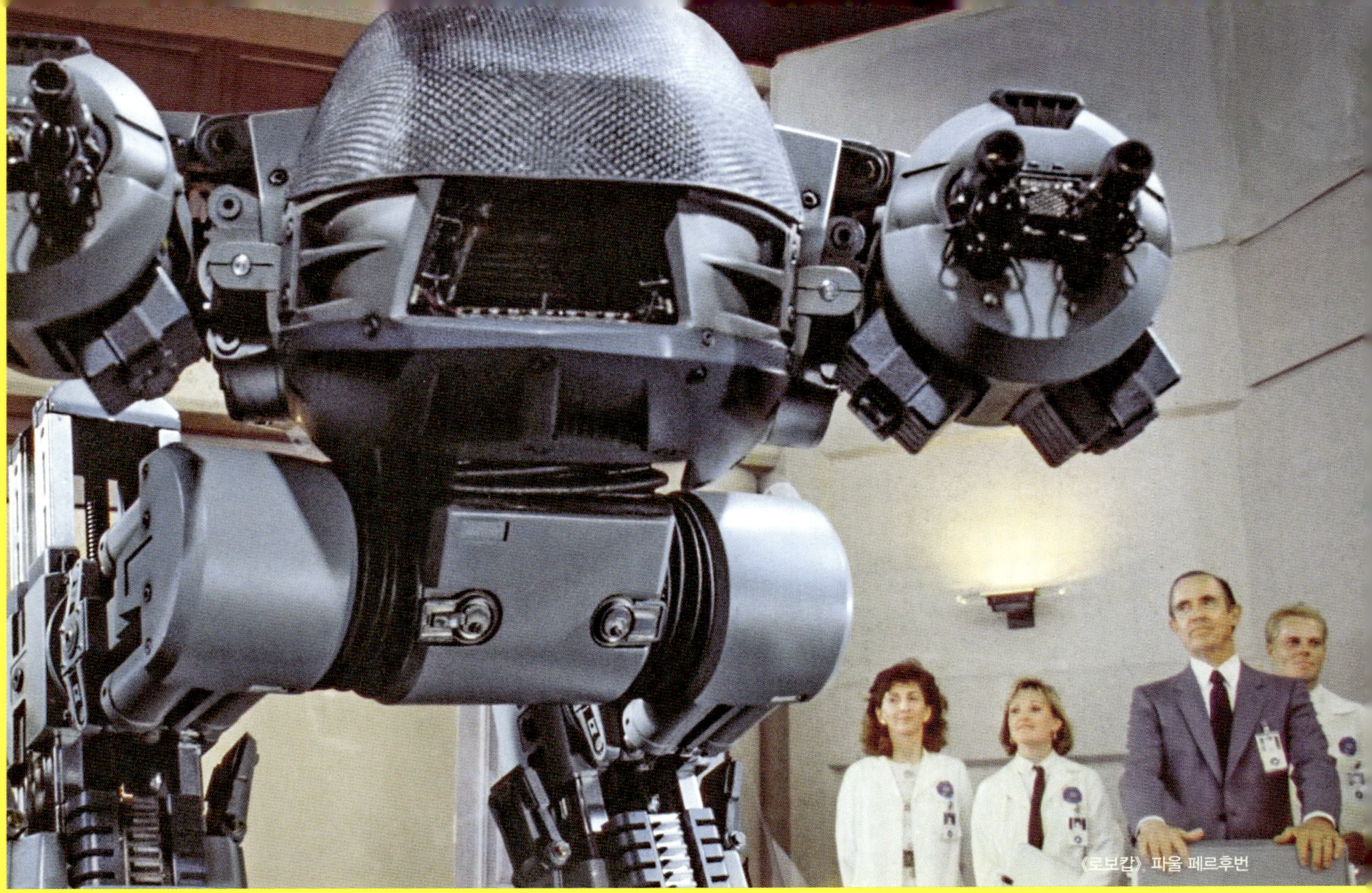

《로보캅》, 파울 페르후번

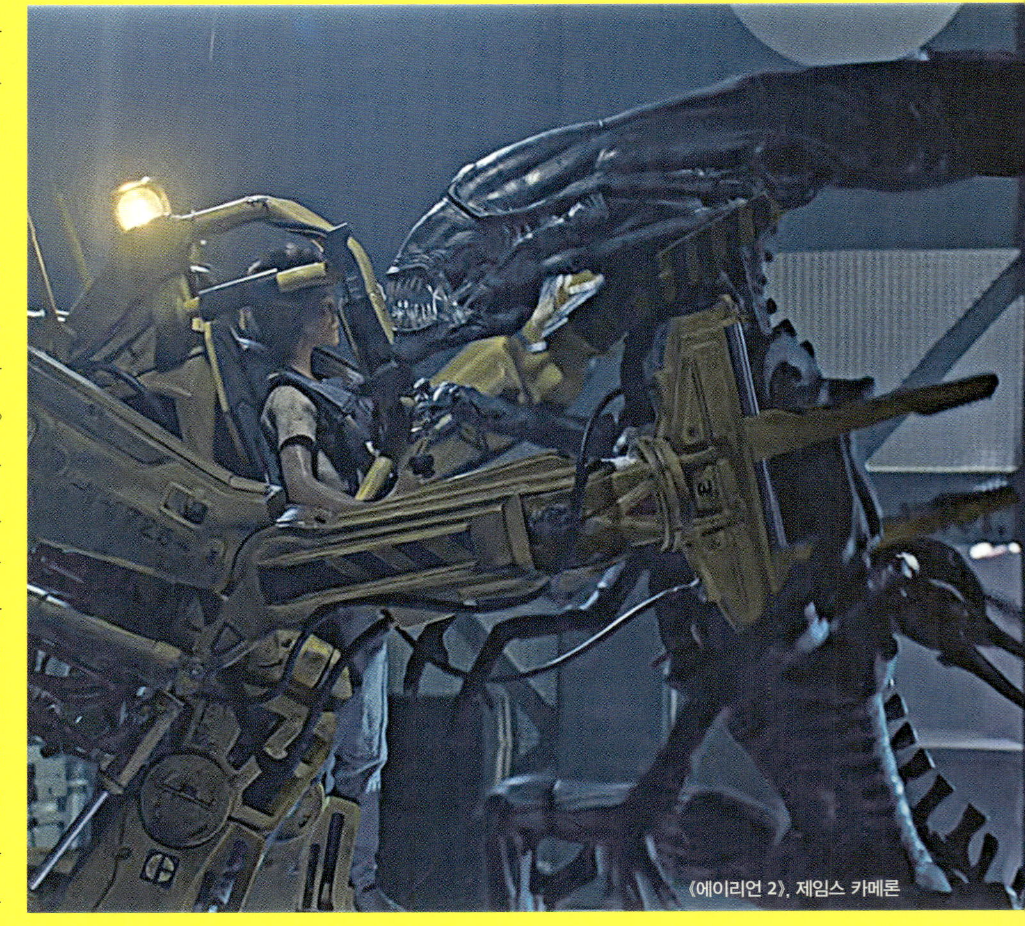

서 메카가 등장하는 전형적인 장면처럼 사람들의 기억 속에 남아있다. 요컨대 수많은 일류 감독들이 1980년대 말부터 점차 국제적 입지를 다지는 일본에 경의를 표했다.

이런 작품들이 그 속에 일본만의 미학을 녹여낸 일본 문화에 대한 은밀한 경의를 표했다면, 기예르모 델 토로 감독은 아예 작품의 골조와 직접적인 주제로 이를 드러냈다. 《퍼시픽 림》은 7월의 무더위에 상영관을 관객으로 가득 채우기 위해 제작되는 미국식 여름 블록버스터와 일본에서 건너온 풍부한 이미지가 대규모의 영화로 만들어지기를 오래전부터 꿈꿔왔던 괴짜들의 판타지가 정면충돌한 셈이다. 이는 두 주인공의 '탈선'에 비견할 만한 융합이다. 형제의 죽음으로 슬픔에 빠진 미국인 전직 레인저 롤리 베켓과 가족을 몰살한 카이주(괴수)의 공격으로부터 홀로 살아남은 일본인 마코 모리가 주인공이다. 두 사람은 그들이 조종

《에이리언 2》, 제임스 카메론

《퍼시픽 림》, 기예르모 델 토로

《퍼시픽 림》, 기예르모 델 토로

하는 로봇이 가진 가공할만한 위력을 통제하기 위해 서로의 정신을 공유해야 했다. 사실 이 작품은 온통 가상의 융합으로 이루어져 있다. 여자 주인공의 비극적인 유년기를 돌아보는 회상에서 카이주를 무찌르는 장면은 중세 시대 유럽에서 탄생한 무훈 시 속 기사와 같은 모습으로 나타난다. 카이주는 히로시마와 나가사키 원폭 투하로 인한 트라우마에 기인한 일본 대중문화의 상징인 고질라를 떠올리게 한다. 이와 마찬가지로 홍콩 도심의 수백 미터 상공에서 벌어지는 공중전에서 최후의 검을 휘두르는 장면은 아서 왕 전설과 로봇 공학의 환상을 모두 반영하고 있다. 실제로 프롤로그 직후부터 엿볼 수 있는 이러한 영향들이 관객에게 작품이 거의 일본 문화에서 기인한 것으로 받아들이게 한다. 겉으로 보기에는 서양의 모습이지만 영화의 중심에는 알게 모르게 일본이 있는 것이다. 이러한 융합은 기예르모 델 토로와 같은 천재 감독이 아니라면 불가능하다.

고스트 인 더 쉘

'네트워크가 우주를 뒤덮은 2029년 미래사회', 이는 인터넷이 우리 일상을 점령하기도 전인 1990년대 오시이 마모루 감독이 설정한 《공각기동대》의 배경이다. 작품이 지닌 철학적 깊이는 실로 놀라움을 자아낸다. 기계와 결합해 강화되고 변이된 신체로부터 분리된 영혼은 어떻게 될까? 선구안을 지닌 감독에게 있어 1990년대에 미래를 상상한다는 것은 '가장 원초적인 과거로의 회귀'를 떠올리게 했다. 극도로 발전한 기술, 너무나도 두려운 미래는 과거 우리가 '마법'이라 불렀던 것에 지나지 않는다는 것이다. 유령에서 안드로이드, 마법사에서 프랑켄슈타인, 로봇에서 전자두뇌를 장착한 사이보그에 이르기까지 선구적인 감독들이 뛰어 넘을 수 있는 상상력의 허들은 오직 계단 하나에 불과했다. 인간, 로봇, 인공지능의 연금술 같은 변이는 이보다 더 생생하게 구현될 수 없을 것이다.

애니메이션에 커다란 변화를 가져온 기술의 혁신은 이제 아날로그와 디지털을 혼합하는 것도 가능하게 만들었다. 손으로 그린 전통적인 방식의 그림과 컴퓨터로 생성된 3D 이미지를 섞는 것이 가능해진 것이다. 《공각기동대》의 오프닝 크레디트에서 이를 확인할 수 있다. 사이보그 조립 장면이 컴퓨터 시뮬레이션과 연달아 나타나며, 워쇼스키 형제의 《매트릭스(1999)》가 떠오르는 형광 초록색 코드 행렬이 빠르게 흘러간다. 처음에는 미동도 없던 금속 몸체가 살아 움직이는 인간과 완벽하게 똑 닮은 모습으로 변신한다. 애니메이션은 모든 미래주의 환상을 불러일으키며 실제로 인간을 개량해 기대 수명을 두 배로 늘리고자 했던 21세기 트랜스휴머니즘의 환상과 공명한다.

1990~2000년대는 스튜디오 지브리로 대표되는 '애니메이션 영화'에 고귀한 지위를 부여했다. 《센과 치히로의 행방불명(2001)》이 베를린 국제영화제에서 황금곰상과 아카데미 시상식에서 최고의 애니메이션에 주어지는 오스카상을 수상했다. 《공각기동대》의 속편인 《이노센스(2004)》는 일본 애니메이션 최초로 칸 영화제의 경쟁 부문에 진출했다. 프로덕션 I.G와 매드하우스는 작품을 전 세계에 선보였고 곤 사토시와 같은 새로운 감독들이 현실과 꿈, 가상의 경계를 흐릿하게 만들었다. 일본의 버블 경제가 붕괴하던 때 인간의 미래에 대한 회의적이고 고통스러운 이야기가 관객들의 눈앞에서 펼쳐졌다. 인터넷, 소셜 네트워크, 증강현실 헬멧이 등장하면서 가상의 이미지와 경험을 현실보다 더욱 현실적으로 만드는 애니메이션은 미래에 대한 전망을 쏟아냈다. 이러한 예측들은 《비디오드롬(1983)》을 통해 새로운 텔레비전 세계를 낱낱이 분석한 데이비드 크로넨버그 감독의 전망과도 비슷하다. "텔레비전이 현실이고 현실은 텔레비전보다 덜 현실적이다." 오늘날 감독이 내다본 것처럼 현실 세계의 경험을 조금씩 뛰어넘고 있는 디지털 화면은 과연 '마음의 눈이 가진 망막'이라 해야 할 것이다.

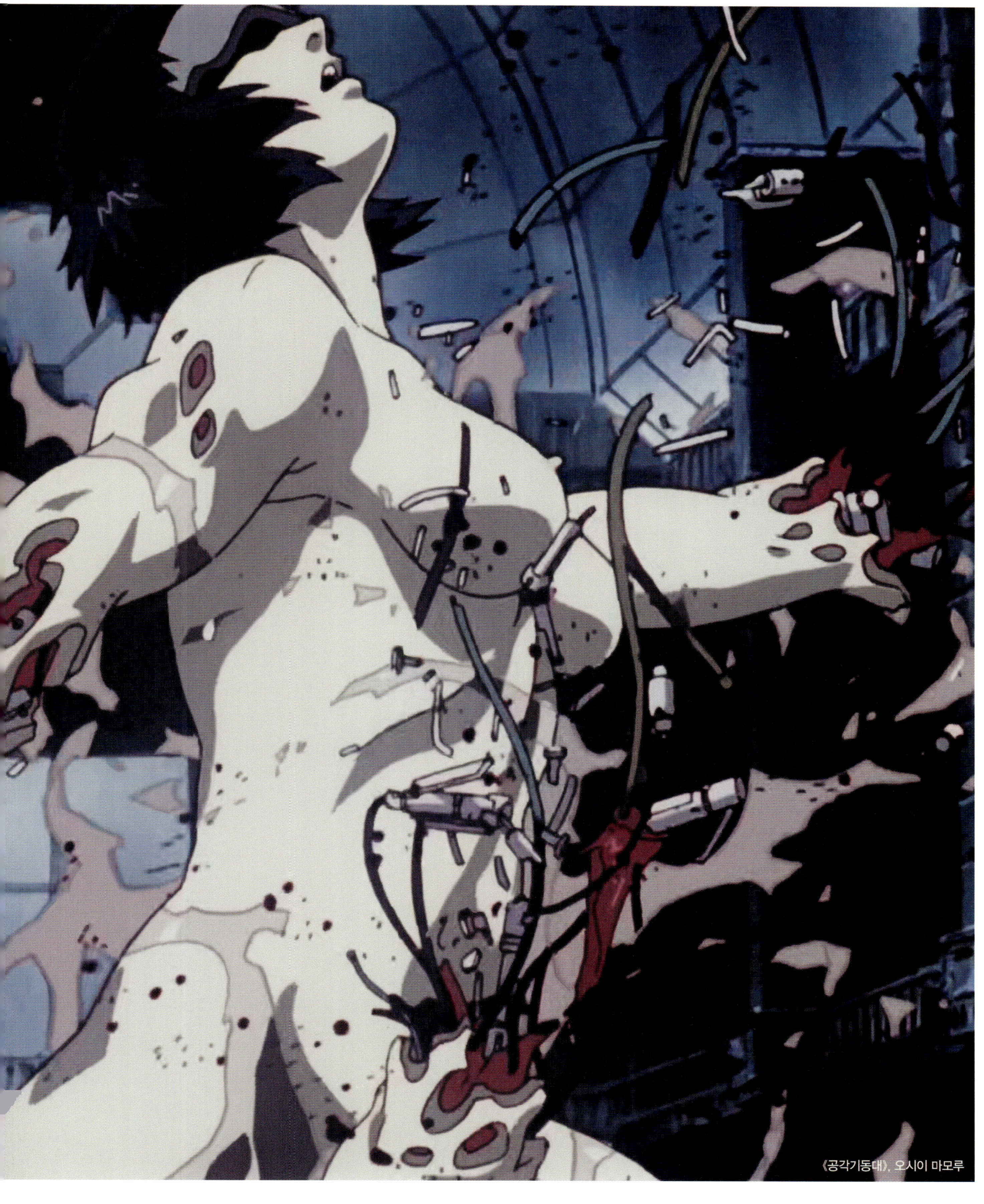

51

인간적인, 너무나 인간적인

인간 대 기계의 싸움. 만약 인간이 자신과 꼭 닮은 기계나 디지털 복제품과 융합된다면 어떻게 변화할까? 인공 장치를 통해 신체 및 정신적 능력을 향상한 존재의 정체성은 무엇일까? 이와 같은 SF의 흥미로운 주제는 로봇에 흠뻑 빠진 일본에서 널리 유행했다. 그래서 일본 애니메이션은 육체와 영혼에 대한 새로운 해석을 탐구할 수 있었다.

한쪽에는 죽음을 피할 수 없는 가련한 인간의 몸이, 다른 한쪽에는 영원한 삶이 가능한 기계의 몸이 있다. 이러한 구분은 린 타로 감독의《은하철도 999(1979)》가 다루는 중심 주제다. 주인공 테츠로[12]는 잔혹한 기계 백작에게 살해당한 엄마의 꿈을 따라간다. 그것은 바로 기계 몸을 얻기 위해 안드로메다로 향하는 은하철도 999 열차에 탑승하는 것이다. 테츠로의 여정은 새로운 종족과의 만남으로 그를 이끈다. 명왕성의 얼음 묘지 관리인은 기계 몸으로 바꾼 것에 회한을 느끼며 자신의 원래 육체를 되찾고 싶어 한다. 투명한 크리스털 몸을 가진 승무원 클레어는 이목구비가 없으며 역시 사람으로 돌아가기 위해 쉬지 않고 일하고 있다. 기계 인간의 우울은 결코 달랠 수 없다. 차갑고 매끈한 기술은 이러한 속임수에 속아 넘어간 이들의 영혼을 빼앗아 간다. 실체가 없는 불멸은 인간성을 잃게 만든다. 안드로메다의 라 메탈을 지배하는 프로메슘은 기계제국을 재건하기 위해 수많은 소년을 희생시킨다. 테츠로를 라 메탈로 유인한 이유도 기계 부품으로 만들기 위해서였다. 프로메슘의 기계 인간들은 영생을 위해 인간의 영혼을 흡수해야 한다.《안녕,

은하철도 999: 안드로메다 종착역(1981)》은 리처드 플라이셔 감독의 《소일렌트 그린(1973)》에 나오는 식인 결말에서 영감을 받았다. 기계 인간들은 인간의 영혼을 추출해서 만든 에너지 캡슐로 영양을 공급받는다. 이러한 결말은 오시이 마모루 감독의《이노센스》에서도 비슷하게 반복된다. 작품 속의 한 기업은 움직이는 여성형 로봇 인형을 더욱 인간처럼 보이게 만들기 위해 실종된 여자아이들의 영혼을 복사한다.

1970년대 말에도 SF 영화들은 종족 간의 사생결단을 그려냈지만, 이때의 생명체들은 정체성을 유지하고 있었다. 1990년대에 들어서 인간과 기술의 융합은 더욱 모호해졌다.《신세기 에반게리온》에서 두 가지 형태의 다양한 삶이 서로 대립하지만, 흑백논리의 갈등은 모두 사라진다. 먼저 주인공 청소년들은 인류와 99.89%의 유전자를 공유하는 괴물 같은 '사도'들에 맞서 거대한 로봇 에바를 타고 싸운다. 사실 이 에바는 대부분 첫 번째 사도 아담으로부터 탄생한 분신이다. 최초의 생명체인 아담과 릴리스의 영혼은 에바를 조종하는 두 청소년 카오루와 레이를 통해 부활한다. 이는 각각의 본질을 명확히 구분하지 못하게 만든다.

한편 주인공 신지는 우울증을 앓고 있다. 신지는 아버지의 사랑과 타인의 인정을 얻기 위해 강제로 에바를 조종하게 된다. 그러나 전투가 끝나고 나면 그는 존재 이유를 잃어버린다. 만약 인류를 지키기 위해 동기화된 생체 병기로서 더는 존재할 수 없다면 나는 누구인가? 이 애니메이션의 마지막 두 에피소드는 이러한 실험적 욕구를 담아 정신분석학적 치료처럼 진행되며 점차 공격적인 질문으로 변해간다. "왜 에바를 타는 건가?", "뭐가 무서운 거지?", "어디에 있는 거야?" 이처럼 자막으로 나타나는 존재론적 질문과 답이 주인공과 그 동료를 향해 쏟아진다. 한편 신지는 질문의 수렁에 빠진다. "나는 어디 있는 거지? 나란 건 뭐지?" 신지는 최후의 순간에 이르러서야 비로소 자기 자신을 정립하고 표현주의 감옥을 부수고 나온다. 현기증을 불러일으킬 정도로 그래픽을 확장한 결말은 작품의 팬들에게 커다란 충격을 줬다. 결국 안노 히데아키 감독은《엔드 오브 에반게리온(1997)》에서 다른 버전의 결말을 제시해야 했다. 그럼에도 불구하고 감독은 인간과 기계 사이에서 정체성 혼란을 겪는 심리적 갈등을 강조하기 위해 독창적인 기법을 사용했다.

12. 한국 이름은 철이

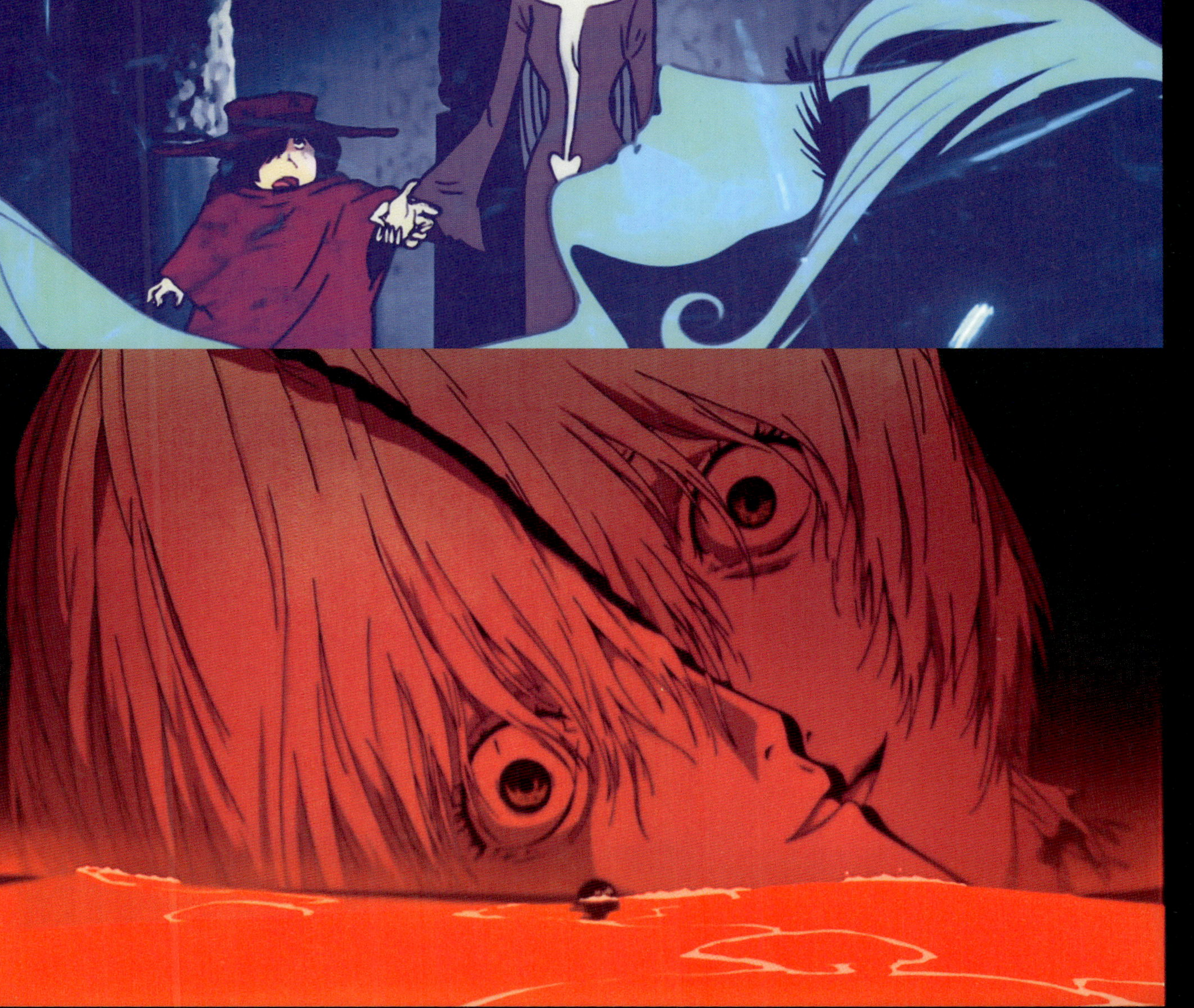

인간과 기계의 융합

"가능성이 있는 기술이라면 기어코 실현하고 마는 인간의 본능 같은 거야. 신진대사 제어, 지각 능력 향상…… 전뇌와 의체를 통해 고도의 능력을 얻었지." 이 대목은 명확하다. 《공각기동대》는 인간과 기계의 구분을 허물었다. 이제 인간은 생체기관과 기술이 융합된 존재가 되었다. 본래의 버전은 업그레이드되거나 다운그레이드된 복제품으로 대체된다. 이 애니메이션 영화에서 사이보그 여자 주인공이 처음으로 등장하는 장면은 요란하다. 전선을 모두 뽑고 심지어 생식기가 없는 몸을 적나라하게 드러낸 모습으로 도시의 빌딩 옥상에서 다이빙하듯 뛰어내린다. 공안 9과의 지휘관인 쿠사나기 모토코는 '인형사'를 뒤쫓는다. 공안 6과에서 진행된 '프로젝트 2501'의 핵심인 인형사는 본래 기업 탐사, 정보 수집, 정치 공작 등을 목적으로 고스트(영혼)를 해킹하기 위해 고안된 프로그램이다.

매우 강력하지만 때론 우울한 모토코는 인간과 기계가 융합된 자신의 정체성에 관한 질문을 계속해서 던진다. 뇌의 일부만 제외하고 나머지는 기계로 이루어진 나는 무엇인가? 텅 빈 껍데기와 기밀로 가득한 기억은 국가의 소유다. 모토코가 소유한 것은 '자아'의 안식처이자 인간의 마지막 흔적인 고스트뿐이다. 이러한 트랜스휴머니즘 사회에서 개량되지 않은 전통적인 의미의 인간은 소외되고 노후화된 프로그램과 같은 운명에 처한다. 모든 인간은 가짜 기억을 심을 수 있는 인공지능에 의해 지배될 위기에 처했다. 모토코는 바다 깊숙한 곳으로 잠수하며 자신의 내면에 집중한다. 근본적인 자기 존재의 의미, 자신의 운명에 대한 의미, 네트워크의 광대한 정보에 대해서 명상한다. 다시 말해 자신의 의식이다. 그러나 모토코는 자신이 어떤 한계로 제약되어 있다고 느낀다. 바로 이런 이유로 그녀는 프로그램과의 융합을 선택한다.

전작을 바탕으로 변화를 준 속편 《이노센스》는 상징적인 여자 주인공의 비중을 줄이고 전 팀원 바토에 도움을 주는 역할로만 등장시킨다. 실의에 빠진 바토는 주인을 죽이고 스스로 목숨을 끊는 여성형 로봇 인형 '가이노이드'를 조사하는 일을 맡게 된다. 인간을 모방하는 이 로봇 인형들의 행태는 시스템에 새겨진 윤리 코드를 위반하는 것이었다. 사이보그인 바토는 조사를 해나가면서 인공지능 로봇과 인간의 생명에 대해 사색한다. 그는 인간과 로봇의 차이는 단지 단순한 인식에 지나지 않는다는 검시관에게 "데카르트는 인간과 기계, 생물과 무생물을 구별하지 않았다."라고 말한다. 핵심 빌런인 '김'은 범죄의 길에 들어선 완전한 사이보그다. 완전한 의체화가 가능해진 이후부터 인간은 이어 붙인 기계 부품들과 디지털 정보들로 축소될 수 있는, 말 그대로 측정이 가능한 기계에 지나지 않게 되었다. 그리고 인간 본연의 기능적 한계를 뛰어넘기 위해 자기 자신을 기계화하는 데 열중했다. 하지만 그럼으로써 인간이 실제로 존재하느냐는 질문에 대한 답은 불분명해졌다. 바로 여기서 살아 움직이는 로봇 인형에 대한 막연한 공포가 발생하는 것이다. 이 애니메이션 영화는 관객을 '불쾌한 골짜기'[13] 속으로 데려가 극심한 모순을 탐구한다. 로봇공학자 모리 마사히로가 주장한 이 이론은 인간을 닮은 로봇에 대해 인간이 느끼는 불쾌한 감정을 일컫는다. 인간과 지나치게 닮은 동시에 인공적이며 시체처럼 경직된 로봇은 결국 죽음을 맞이하게 되는 인간의 한계를 상기시킨다는 것이다.

13. 인간이 로봇이나 인간이 아닌 것들에 대해 느끼는 감정에 관한 로봇 공학 이론

《공각기동대》, 오시이 마모루

《이노센스》, 오시이 마모루

지옥의 묵시록
56
우리는 모두 원더랜드에 가본 적이 있다

급진적인 기술의 발전은 다윈의 자연선택설을 뒤엎고 싶은 욕망을 부추긴다. 인체의 한계를 뛰어넘음으로써 새로운 형태의 종으로 인간이 진화할 것이다. 이것이 일부 학자들이 지닌 확고한 생각이다.

《신세기 에반게리온》의 일부 권력자들이 숨기고 있는 목적은 에바와 사도 사이의 '서드 임팩트'를 통해 인간을 진화의 최종 단계에 올려놓는 것이다. '인류보완계획'은 인류를 태초의 상태로 되돌려서 완전한 하나로 만들려고 한다. TV 오리지널 애니메이션은 불분명한 결말 덕분에 모든 가능성을 열어두었다. 이 비상한 구상은 분리되지 않은 초월적인 형태로 회귀해 대자연 일부토 돌아가는 것처럼 종말론적 의미를 담고 있기도 하다. 한편으로는 은유적인 해석도 가능하다. 최후의 사도를 무찌르고 격렬한 내적 갈등을 끝낸 신지는 타인과 연결된 모든 관계의 집합체로서의 자신을 받아들이던서 혼란스러운 정체성을 극복한다.

누군가는 절대적 권력의 원천인 무한한 네트워크 세계에서 자신을 비물질화하고자 한다. 《공각기동대》의 인형사가 바로 이런 경우다. 일종의 인공지능인 인형사는 무한한 데이터를 떠돌다가 자신의 존재를 인식하게 된다. 창조주에게서 벗어난 인형사는 자기 자신을 생각할 수 있는 하나의 생명체로 여긴다. 정보의 바다에서 탄생한 새로운 형태의 생명체인 그는 모든 연결고리를 끊고 그 누구도 도달하지 못했던 차원에 도달하고자 한다. 이를 위해서는 지휘관 모토코와 융합해야 한다. 마지막에 인형사와 모토코의 목소리는 하나로 합쳐지면서 새로운 세계를 예언한다. "이제 어디로 가볼까? 네트워크는 광대해."

만약 '와이어드'[14]에서 자유롭게 항해할 수 있다면 육체가 꼭 필요할까? 미디어 믹스로 기획된 《시리얼 익스페리먼츠 레인(1998)》에서 스스로 목숨을 끊은 청소년이 살아있는 사람들에게 이메일을 보낸다. "나는 단지 육체를 버렸을 뿐 아직 살아있다." 신비한 힘이 있는 가상 세계 안에서 인간의 몸은 정보로 이루어진 홀로그램에 불과하다. 인간의 의식은 전기 신호의 집합체며 기억은 수정되거나 지워진다. 와이어드에서 울려 퍼지는 목소리는 진화를 멈춘 인간의 나약함을 비판한다. 인간은 공허한 욕망에 이끌리는 쓸모없는 동물로 변한다. 새로운 신을 신봉하는 이들은 네트워크에 빠져드는 것만이 유일한 탈출구라고 믿는다. 네트워크 안에서는 단절되고 소외된 사람들이 서로 연결될 수 있기 때문이다. 더 나아가 와이어드의 신은 모두가 어떠한 기기를 통하지

않고도 서로 연결될 수 있도록 두 세계 사이의 장벽을 깨부수려 한다. 그리고 이는 본질을 규정할 수 없는 레인 덕분에 가능하다. 내성적인 레인은 자신이 여러 개의 아바타로 분열된 경험을 하게 되고 레인의 아바타들은 의지와 상관없이 가상 세계로 흩어진다. "넌 누구지, 레인?" 이 질문은 마치 악마의 주문처럼 반복적으로 제기된다. 아바타의 간섭은 점점 더 심해진다. 레인은 가상 세계를 어지럽히는 아바타의 본질을 이해하기 위해 광기에 젖어가고 레인의 방은 디지털 동굴처럼 변한다. 증오로 얼굴이 일그러진 레인은 광신도들을 모두 죽게 만들고 가상 세계의 신이 되려 한다.

현실의 여러 층위 속에서 정신을 잃어가는 주인공의 자아 분열을 그린 또 다른 작품으로는 스플래터 호러[15] 영화에 가까운 곤 사토시 감독의 《퍼펙트 블루(1997)》가 있다. 배우로 전향한 아이돌 출신 주인공은 광적인 팬에게 스토킹을 당하고 매니저로부터 착취를 당하면서 점차 조현병을 앓게 된다. 환각과 미장아빔[16] 사이를 오가는 이 작품은 소셜 네트워크가 탄생하기도 전에 제작된 작품이지만 타인에 의한 이미지 도용 및 사이버 폭력의 이야기를 담고 있다.

14. 《시리얼 엑스페리먼츠 레인》 속의 가상 세계
15. 피와 살점이 난무하는 과장된 호러 장르로 코믹한 요소를 담고 있음
16. mise en abyme, 그림 속의 그림과 같이 무한히 반복되는 이미지

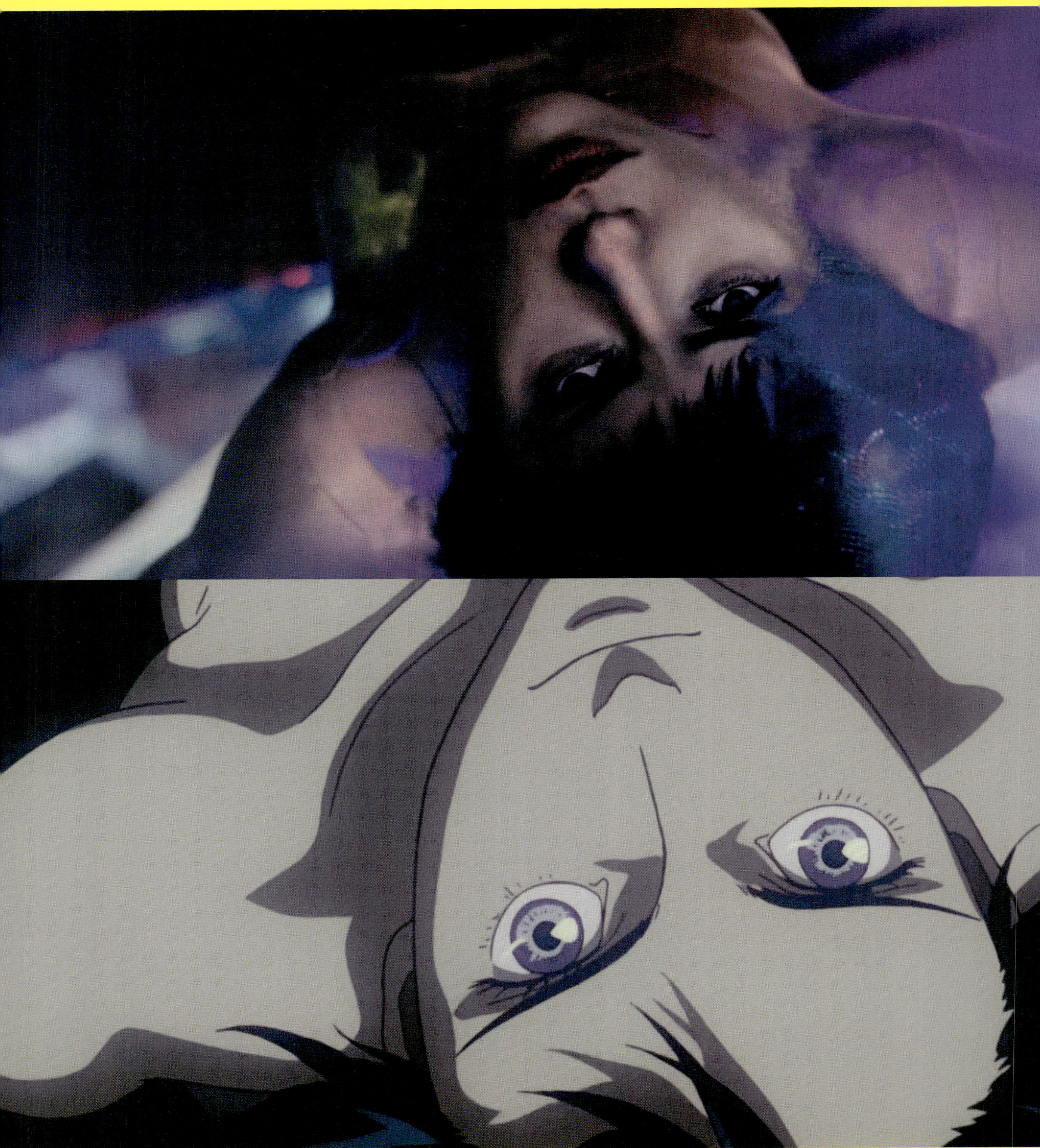

실사화의 빛과 그림자

수년 전부터 월트 디즈니는 새로운 유행에 집착을 보이기 시작했다. 바로 명작 애니메이션 작품들을 실사 영화로 각색하는 것이다. 리메이크, 리부트, 오마주, 패러디 등이 유행하면서 이미 잘 알려진 이야기들을 재생산하는 것이 성공을 향한 가장 쉽고 단순한 방식으로 여겨지고 있다. 《정글북(1967)》부터 《알라딘(1992)》과 《라이온 킹1994)》을 지나 《뮬란(1998)》에 이르기까지 오늘날의 관객들은 닐 세티, 윌 스미스, 류이페이, 도널드 글러버와 같은 실제 배우들이 연기하는 어린 시절의 영웅들을 다시 만난다. 미국에서는 미디어 프랜차이즈를 통해 만화에서 튀어나온 마스크 쓴 슈퍼히어로들이 활약하는 블록버스터 작품들을 쏟아내고 있다. 이런 시기에 새로운 레시피를 개발하는 것보다 기존 레시피를 활용하는 것이 훨씬 위험부담이 적게 느껴질 수밖에 없다. 최고의 수프는 오래된 냄비에서 탄생한다는 말이 있는 것처럼 말이다. 물론 일본 애니메이션 역시 예외는 아니다. 일본 애니메이션이 만들어 낸 수많은 세계관은 좋든 싫든 할리우드 영화 제작자들에게는 잠재력이 있는 금광으로 여겨졌다.

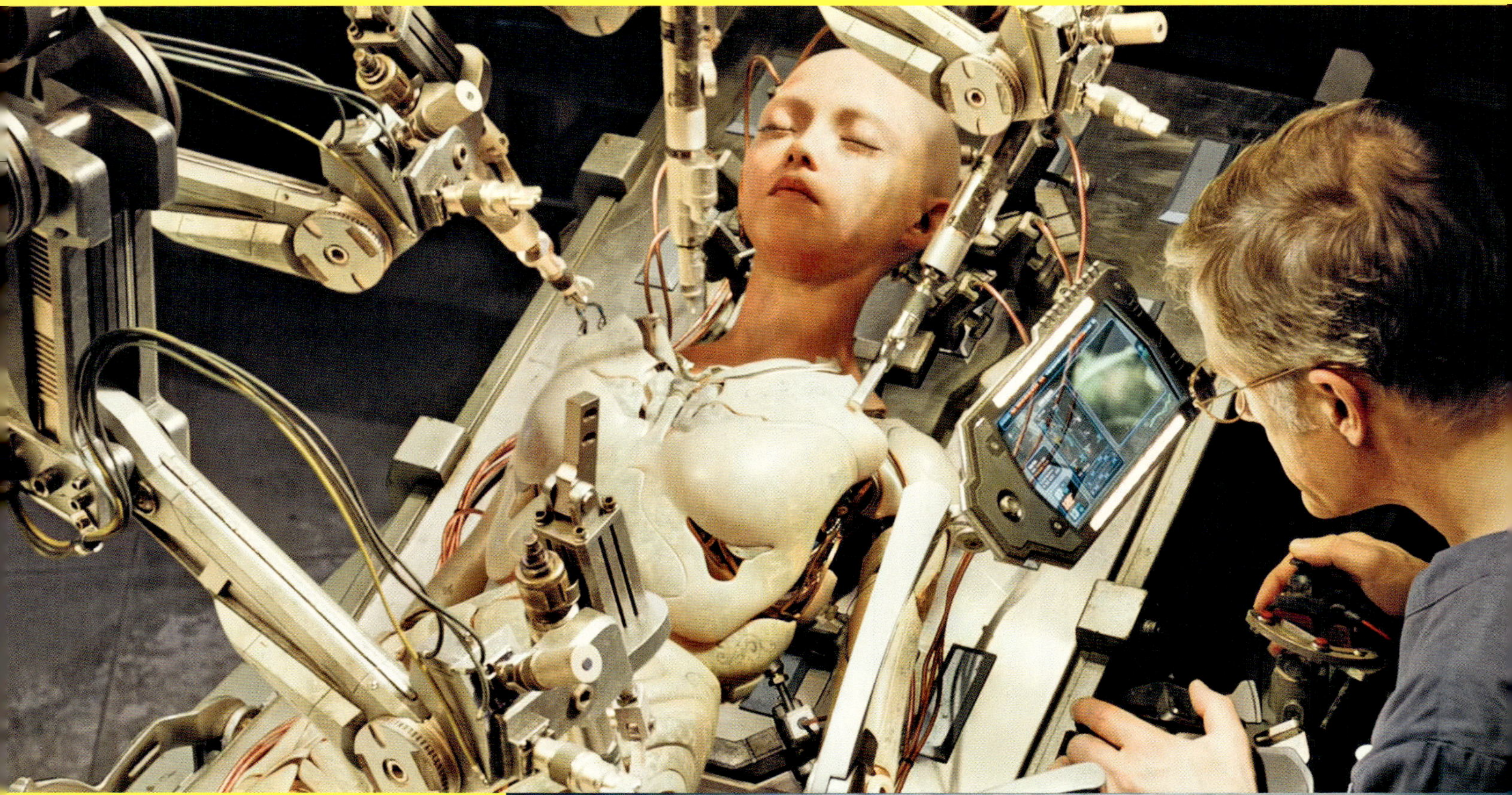

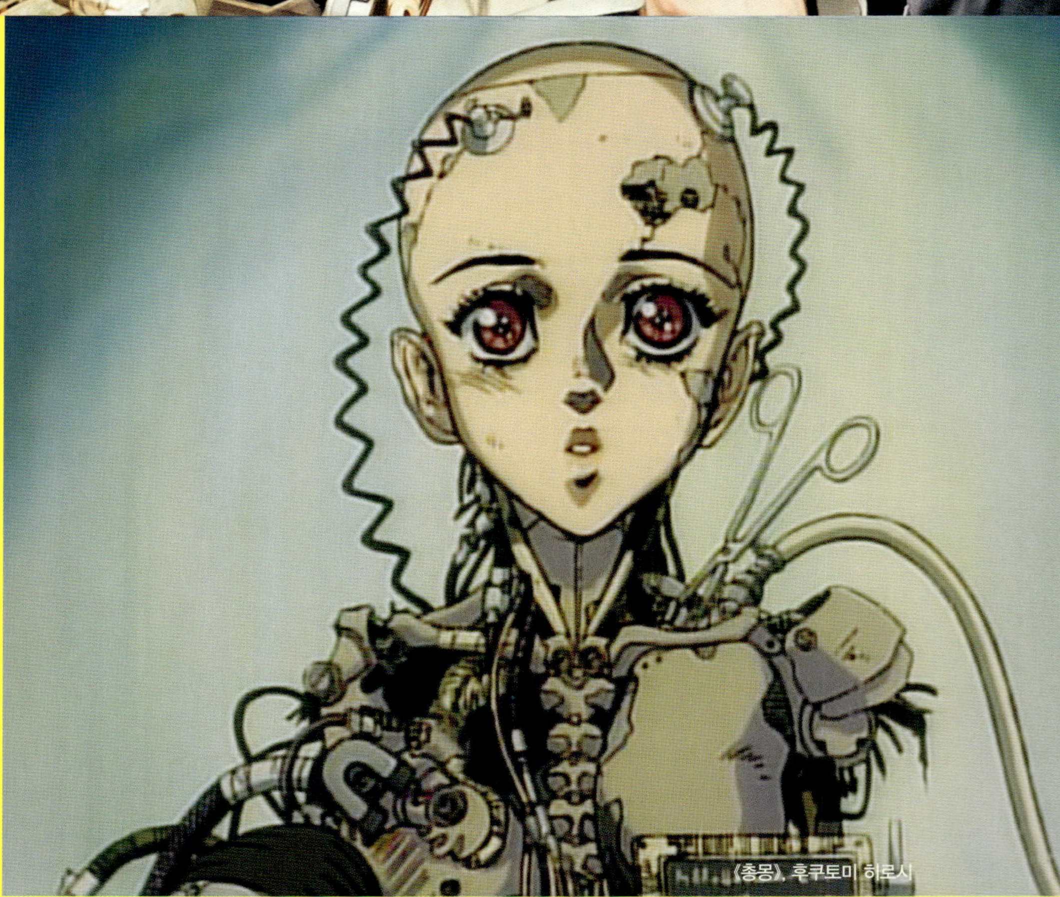

〈총몽〉, 후쿠토미 히로시

《알리타: 배틀 엔젤》, 로버트 로드리게스

오시이 마모루 감독의《공각기동대(1995)》가 가장 교과서적인 예다. 만화가 시로 마사무네의 작품을 각색한 애니메이션 영화《공각기동대》는 SF 장르의 역사에 전환점이 되었고 전 세계 영화 제작자들의 눈을 번쩍 뜨이게 했다. 워쇼스키 자매 감독은《매트릭스》프로젝트를 시작할 때 제작자인 조엘 실버에게 이 작품을 보여주며 컷과 액션 장면을 참고해 그들만의 미장센을 만들고 싶다는 의사를 전했다.《매트릭스》의 시각적 정체성 또한 언급하지 않을 수 없다. 오프닝 크레디트에 등장하는 코드 행렬과 뒷목에 전선을 꽂아 네트워크에 접속하는 주인공의 모습 등 오시이 마모루의 작품에서 영감을 받았다는 걸 분명히 확인할 수 있다. 2017년 할리우드의 루퍼트 샌더스 감독이 쿠사나기 모토코 역을 맡은 스칼릿 조핸슨과 함께 이 작품을 실사화했다. 하지만 액션과 철학적 신비주의를 뒤섞은 원작의 다의성은 희미해졌다. 원작의 사소한 디테일은 사라지고 어디선가 많이 본 화려한 겉치레뿐인 진부한 줄거리로 바뀐 것이다. 또한 관조적인 야쿠자 영화와 블랙코미디 해학으로 유명한 배우 겸 감독 기타노 다케시는 작품 속에서 사무라이 역할로서 표면적인 일본풍을 드러내기 위해 등장한다. 실사 영화《공각기동대: 고스트 인 더 쉘(2017)》은 오시이 마모루 감독의 보석 같은 작품을 어설프게 흉내 낸 허울에 지나지 않는다.

반면 예외적인 작품도 존재한다. 1990년 만화가 키시로 유키토의 청년 만화(세이넨)[17]가 원작인《총몽(1993)》을 각색한 실사 영화《알리타: 배틀 엔젤(2019)》은 원작에 버금가는 수작이라는 평가를 받는다. 로버트 로드리게스 감독의 이 작품은 1990년대부터 디스토피아 장르 연출을 꿈꿨던 선구적인 제작자 제임스 카메론의 아이디어로 탄생했다. 그는 인간형 로봇을 그려내며 일본의 메카물을 녹여냈던《터미네이터(1984)》부터《에이리언 2(1986)》와《타이타닉(1997)》까지 만들어 낸 감독이다.《아바타(2009)》속편 작업에 몰두하고 있었던 제임스 카메론은 자신이 직접 영화를 연출하지는 못했지만 일부 참여했다. 그가 30년 가까이 푹 빠져 있었던 사이보그 여자 주인공의 섬세함과 강렬함은 바로 여기에서 기인한다.

17. 소년 만화인 쇼넨에 비해 연령대가 높고 더 폭넓은 주제를 다룸

인셉션

컴퓨터가 만들어 낸 이미지가 지배하는 사회에서 현실과 자아의 의미는 퇴색한다. 이러한 사회를 담은 작품 속 장면은 일상과 악몽, 영상이나 디지털 화면을 넘나들며 경계가 희미해진다. 애니메이션《시리얼 익스페리먼츠 레인》의 주인공 레인은 양식화된 그래픽을 통해 현실과 가상의 경계를 허물고 있다. 하지만 주인공을 집요하게 쫓는 네트워크가 강조하는 것처럼 가상 세계에는 잡음이 존재한다. '현실'의 레인은 여러 대의 컴퓨터 화면이 비추는 푸른빛에 의해 얼굴이 파랗게 보인다. 때로는 웹브라우저 같은 평면적인 길을 걸을 때 레인의 그림자가 브라우저와 같은 다양한 색깔로 얼룩진다. 그런가 하면 사악한 버전의 레인은 주변 사람들에 해를 가하기 위해 여기저기서 튀어나온다. 이는 레인의 인격을 복제한 것일까, 진정한 본성을 오해한 것일까? 레인은 인간의 의식을 가상 세계와 연결할 목적으로 만들어진 전능한 프로그램인 소프트웨어에 지나지 않을 수도 있다. 이처럼 의심과 현실감의 상실은 모든 것을 오염시킨다. 사건, 이미지의 진실성, 인간이라는 존재, 타인과의 관계까지 말이다.

현실에 기생하는 가상 세계는《이노센스》에서도 환각처럼 같은 장면을 끊임없이 재생하는 버그를 발생시킨다. 바토와 토구사는 여러 번에 걸쳐 '김'과의 전자전을 벌이는데 계속해서 같은 장면이 반복되며 그 사이에는 아주 미미한 변화만 나타난다. 꼭두각시 인형에 들어간 김은 전뇌를 해킹해서 완전히 거짓된 현실을 만들어 내고 바토와 토구사를 조종한다. 거짓을 가려내는 데 능숙한 바토는 파트너인 토구사를 깨운다. "의사체험의 미로다." 이러한 정신적 함정은 범죄자와 타락한 다국적 기업이 내몰리는 무법지대에 있는 환상의 저택 내부에 도사리고 있다. 도시의 변두리에서 현실의 경계에 있는 환상적인 저택은 고풍스러우면서 미래지향적인 '기적의 궁전'[18]인 셈이다. 기시감과 이미지의 반복을 바탕으로 만들어진 이러한 장면들은 인간 의식의 본질에 질문을 던지는 순수한 망상이다.

타인의 꿈에 침투하고 그 무의식 속에 생각을 심을 수 있는 능력은 오늘날 새롭게 등장한 개념이 아니다. 이 개념은 2010년에 개봉된 크리스토퍼 놀란 감독의 영화《인셉션(2010)》을 통해 대중화되었으나 이는 곤 사토시 감독의《파프리카(2006)》에서 많은 영향을 받은 작품이다. 쓰쓰이 야스타카가 쓴 동명의 소설을 각색한 이 애니메이션 영화는 꿈, 영화, 컴퓨터, 인터넷 등의 소재를 통해 현실에 환상을 투영하고 심지어는 현실을 잊게 해주는 초현실적 세계로 관객을 초대한다. 과학자들은 심리치료를 받는 환자들의 꿈을 분석하기 위해 그것을 기록하는 장치를 개발하는 데 성공한다. 'DC 미니'라 불리는 이 장치는 도난당해 다른 목적으로 사용된다. 과대망상증 환자는 꿈꾸는 사람들의 무의식에 침투해 새로운 우주의 질서를 세우려 하고 사람들은 자신의 것이 아닌 악몽에 사로잡힌다. 미쳐버린 등장인물들은 빈껍데기만 남게 되고 저마다의 몽환적인 환상 속에서 자살을 시도하거나 정신이 분열된다. 멈출 수 없는 집단적 망상처럼 저마다의 꿈이 기괴한 생명체들의 행렬 속으로 융합된다. 이 축제와 같은 퍼레이드에는 종교적 상징, 대중문화의 아이콘, 현대 사회의 오브제들이 뒤섞여 있다. 끊임없이 재생되는 이미지의 소용돌이는 관객에게 영화적 환상이라는 본질에 대해 질문을 던진다. 곤 사토시 감독은 인간의 인식을 구성하는 여러 정신적 층위를 어지럽히는 데 있어서 부인할 수 없는 대가이다. 끝없이 계속되는 미장아빔은 현실과 꿈의 경계를 구분할 수 없게 만든다.

18. Cour des miracles. 과거 파리의 거지와 부랑자들이 모여 살던 곳

《이노센스》, 오시이 마모루

《세기말 하모니》, 나카무라 다카시 & 마이클 앨리어스

보건패스

기술이 고도로 발전한 디스토피아 사회의 사람들은 자신의 안전과 행복을 보장하기 위해 언제든 자유와 개인정보를 헐값에 팔아치울 준비가 되어 있다. 어떤 이들은 스스로 신이라 주장하는 인물이 지배하는 가상 세계의 '낙원'에 살기 위해서라면 자신을 100% 디지털화하는 것까지 받아들인다. 미즈시마 세이지 감독의 《낙원추방(2014)》에 나오는 사람들이 그렇다. 오카다 마리가 구성한 레트로 퓨처리즘 애니메이션 시리즈 《프랙탈(2011)》에서는 개인의 신체에 심은 단말기를 통해 모든 생체 데이터 및 개인정보를 기록한 '라이프 로그'를 부유하는 서버로 전송한다. 수많은 계산기로 구성된 프랙탈 시스템은 인간들 사이의 평화와 평등을 보장한다고 주장한다. 하지만 이곳에서의 인간은 무위도식하며 자발적인 노예로서 존재할 뿐이다. 지배 계급인 수도원은 이들의 생체 데이터 및 개인정보를 수집함으로써 이들을 완전히 통제할 수 있게 된다.

신기술의 발전은 사회를 전반적인 감시 체제로 빠르게 이행시킨다. 애니메이션 시리즈 《사이코패스(2012~2013)》의 정신 건강과 이상적인 삶이 중요한 사회에서는 이러한 감시 체제가 환영받는다. 공공의 안전이 위기에 처한 이 디스토피아 세계는 디지털 스캐너를 통해 지속해서 사람들을 스캔해 심리상태를 측정한다. 공안국의 감시관들은 누군가 범죄를 저지르기 전에 잠재적인 범죄계수를 확인한다. 이 수치에 따라 '시빌라 시스템'이 강제 치료, 감금 및 사형과 같은 판정을 내린다. 개인의 양심보다 인간 본연의 심리상태를 수치화하는 시스템을 믿는다. 스티븐 스틸버그 감독의 《마이너리티 리포트(2002)》가 떠오르기도 하는 이 작품은 개인의 심리상태를 측정한 수치인 사이코패스를 통해 위험을 예방하는 극도로 투명한 사회에 기반을 둔다. 시빌라 시스템은 사회구성원들에게 가능한 최대의 행복을 제공하기 위해 어쩔 수 없이 그들의 자유 의지를 제한하고 삶의 모든 부분을 통제한다. 절대적인 눈이 카메라와 드론을 통해 모든 곳을 지켜보고 있으며 스캐너는 정신 건강뿐만 아니라 깊숙하고 내밀한 감정까지 분석한다. 사람들의 삶은 심리상태에 따라 색상이 변화하는 사이코패스에 따라 통제된다. 날마다 홀로그램이 튀어나와 심리상태를 측정하고 "건강한 정신으로 멋진 하루를 보내세요."라며 인사한다. 또한 섭취할 열량이나 집단 스트레스 수치를 알려주며 "심리 오염 예방 공급을 추천해요."라고 말하기도 한다. 이와 같은 정신 건강에 대한 집착 속에 정의로운 감시관이 지나치게 객관적인 판정에 의심을 품고 불완전한 시빌라 시스템의 신뢰성에 문제를 제기한다.

절대적인 생명 권력[19]을 바탕으로 발전한 모든 질병에서 벗어난 무균 사회. 이것이 나카무라 다카시와 마이클 앨리어스 감독이 만든 《세기말 하모니(2015)》 속 소름 끼치는 세계다. 두 감독은 미셸 푸코의 '벌거벗은 생명'[20]을 통제할 수 있는 생명 권력에 대한 통찰을 드러낸다. 핵 전쟁으로 비롯된 대재앙 이후 인류는 신경과학을 통해 고통과 질병, 심지어 죽음까지 이겨낼 수 있게 된다. 선의가 흘러넘치는 이 유토피아의 핵심 가치는 바로 보건이다. 모든 개인은 태어난 순간부터 '워치미'라는 프로그램을 인체에 심고 자기 몸을 시스템에 오롯이 맡겨야 한다. 알코올과 카페인은 더 이상 허용되지 않는다. 한쪽에는 인간의 의지를 연구하는 차세대 인간행동특성 기술워킹그룹이 있다. 이들은 인류가 야만 상태로 돌아가는 것을 막기 위해 현 체제를 더욱 심화시키고자 한다. 비록 한 개인의 의식이 사라지더라도 인간의 의지를 반드시 제어해야 한다고 주장한다. 다른 한쪽에는 자유를 갈망하는 무리가 있다. 이들은 지나친 감시와 선한 감정은 결국 영혼의 불꽃을 사그라들게 만들어 결국 죽음에 이르도록 한다고 여긴다.

19. 생명 연장의 기회 보장을 수단으로 삼는 권력
20. nuda vita, 벌거벗은 생명. 정치적 삶과 대척점에 있는 인간의 단순하고 자연적인 생명 그 자체

아바타 전쟁

인터넷과 소셜 네트워크가 등장하고부터 사회는 완전히 분열되었고 가상 현실이 세계를 바라보는 우리의 인식을 침해하고 있다. 애니메이션 시리즈 및 영화로 나온 미디어 프랜차이즈 작품《소드 아트 온라인(2012~)》에서 현실은 짧은 서막에 불과하다. 새롭게 출시된 게임을 구매하기 위해 줄을 서 있던 게임 이용자들은 오감을 실제처럼 구현하는 헬멧 '너브 기어'를 쓰고 게임 소드 아트 온라인의 세계 속으로 완전히 빠져든다. "가상 공간인데 현실보다 더 살아있다는 느낌이 들어." 이는 '게임'에서 로그아웃 버튼을 삭제해 버린 기획자의 의도 그 자체다. 100층까지 성공적으로 깨지 않고는 소드 아트 온라인 세계에서 벗어나는 것은 불가능하며 게임 오버가 되면 게임 이용자는 실제로 죽음에 이르게 된다. 참가자가 죽음을 맞이하는 장면은 후카사쿠 긴지 감독의《배틀로얄(2001)》에 버금갈 정도로 잔인하다.

차세대를 대표하는 호소다 마모루 감독은 일상에 발을 붙이고 있으면서 네트워크 안에서 생활하는 혁신을 현실적으로 보여줬다. 두 세계는 서로 영향을 주고받지만, 감독은 자연스럽고 세밀한 전통적인 애니메이션 형식의 현실 세계와 평면적인 흰색 배경에 원색을 더한 몽환적인 디지털 이미지의 가상 세계를 미학적으로 구분해서 그려냈다. 애니메이션 시리즈《디지몬 어드벤처(1999~2000)》에 참여한 것은《썸머 워즈(2009)》를 위한 경험이 되었다. 'OZ(오즈)'는 10억 명이 넘는 사용자를 보유한 가상 세계로 사회를 그대로 베껴놓은 모습을 하고 있다. 쇼핑센터, 스포츠 경기장, 비즈니스 지구와 공공기관까지 갖추고 있어 모두가 맞춤형 아바타를 통해 현실과 다름없는 사회적, 직업적 삶을 살

수 있다. 하지만 갑작스럽게 사이버 전쟁이 일어나며 세계는 혼란에 빠진다. 미국 연구소에서 탈출한 인공지능 '러브머신'이 이용자들의 계정을 해킹해 금방이라도 터질 것 같은 시한폭탄처럼 현실 세계에 막대한 손해를 끼친다. 할머니의 생신 축하를 위해 모인 한 가족으로부터 저항의 움직임이 시작된다. 가족들의 보호자이자 결정권자인 할머니는 세대를 연결하고 가문의 명예를 지키기 위해 노력한다. 할머니는 가족 구성원들을 결집해 최후의 순간에 이르기까지 전투에 임한다. 이전 세대들에 비해 덜 회의적인 호소다 마모루 감독은 기술의 일탈에 맞서는 집단 지성을 예찬한다. 이처럼 서로 알지는 못하지만 도울 준비가 되어 있는 수백만 명의 사람들이 다 함께 힘을 합쳐 훔친 아바타들이 결합된 괴물을 해체하는 데 성공한다.

호소다 마모루 감독은 인터넷 및 디지털 기기와 함께 성장한 밀레니얼 세대[21]를 겨냥한 메타버스 동화《용과 주근깨 공주(2021)》를 통해 같은 주제를 반복적으로 보여준다. 엄마를 여읜 조용한 성격의 스즈는 유리구슬처럼 투명한 노래로 인터넷을 뜨겁게 달군다. 가상 세계 'U'에서 아바타는 개인의 외면과 내면을 반영한 알고리즘에 의해 자동으로 생성된다. 그곳에서 스즈는 가수 '벨'이 되어 선풍적인 인기를 누린다.《미녀와 야수》를 재구성하며 J-POP을 녹여낸 이 작품은 디즈니식 구성에 일본의 시각이 담겨 있다. 이 작품은 슬픈 충동과 열정을 일으키는 피상적인 일상과 또 다른 세계를 아름답게 대조시켜 보여준다. 천성적으로 긍정적인 주인공 벨은 커뮤니티에서 비난받고 마음의 문을 닫은 용을 만난다. 벨은 U의 질서를 지킨다고 주장하는 저스티스에게 쫓기는 용을 구하기 위해 나선다.《용과 주근깨 공주》는 따돌림, 루머 확산 등 익명성이 자유로운 온라인에서 발생하는 심리적 폭력 문제를 다루고 있다.

가상 세계는 판타지나 현실의 어떤 형태로든 사회적 상호작용에 잠재적으로 폭력적인 영향을 미친다. 가상 세계는 개인이 세계 및 타인과 맺는 관계를 비현실적으로 만들면서 때로는 정신적인 감옥으로 변하기도 한다. 가상 세계에 빠진 '오타쿠'나 극도로 고립된 채 은둔하는 '히키코모리'와 같은 일본의 사회적 현상은 애니메이션이 상세히 분석하는 깊은 파도의 일부에 지나지 않는다.

21. X세대와 Z세대 사이의 인구집단. 일반적으로는 1981년생부터 1996년생까지를 가리키지만 인구통계학자들은 2000년대 초반까지 포함하기도 함

《용과 주근깨 공주》, 호소다 마모루

애니메이션 속 세계는 사방에서 오는 온갖 위협으로 벼랑 끝에 몰려 있다. 전쟁은 죽음을 퍼트리고 핵폭탄 버튼은 과대망상증 환자들의 손에 놓여 있으며 인간은 기계, 거인, 악마에게 공격당한다. 다행히도 '천의 얼굴을 가진 영웅'[22]이 나서서 지켜주고 있다. 순수한 아이부터 노인까지 아무도 무기를 내려놓지 않는다. 특히 마음의 무기는 절대 포기하지 않는다. 막중한 임무를 받은 이들은 그것이 무엇이든 역경에 맞서 싸우기 위해 최선을 다한다. 언제든 희생할 준비가 되어 있으며 인류의 정의를 지켜내기 위해 싸움에 뛰어든다.

한편 거울 반대편에는 숲의 정령, 사람들의 귓가에 속삭이는 동물, 꿈의 색깔로 빛나는 원더랜드가 있다. 애니메이션은 종종 아포칼립스 같은 세계나 현실에 얽매이지 않고 환상 속으로 옮겨간다. 이때 관객은 일상을 아름답게 만들어 활기를 되찾아주는 시와 같은 세계로 여행을 떠나게 된다. 이를 통해 애니메이션은 답답한 현실의 벽을 깨트리는 즐거운 상상의 힘을 예찬한다.

마침내 일본 애니메이션은 상상 속 생물들로 가득한 자연을 성역으로 두기에 이른다. 아름다운 지구를 지켜내야 한다고 말하는 작품들은 우리를 설득하기 위해 생명력으로 꿈틀대는 꽃과 숲, 푸른 하늘에 마법의 힘을 불어넣는다. 이 힘은 우리에게 지구의 아름다움을 소중히 여기도록 시야를 넓혀준다. 그리하여 인간을 신, 초자연적 정령, 우주와 잇고자 했던 선조들의 오래된 연결고리를 되살리게끔 한다.

22. 조지프 캠벨의 저서 제목

《이웃집 토토로》, 미야자키 하야오

계속해서 살아남기

재앙을 마주한 젊은이들은 바로 행동에 나서는 영웅적인 모습을 드러낸다. 이들은 알 수 없는 힘에 이끌려 비장의 무기를 발견하고 강인한 의지 속에서 예상 밖의 능력까지 끌어낸다. 하지만 초능력을 가졌든 단순히 순수한 영혼만을 가졌든 맞서기만 한다면 아무것도 잃지 않을 수 있다. 그들이 스스로 희생하며 알려준 사실이다. 그렇게 무너질 위험에 처한 공동체가 다시 하나로 똘똘 뭉치고 새롭게 태어난다. 그들은 영웅이나 신화 속 주인공 같지만 때로는 울적하고 반항적이며, 종종 난폭한 성정을 지니기도 한다. 다만 살아남기 위해 온 힘을 다해 싸운다.

1980년대 말 일부 미디어 프랜차이즈 작품들이 대대적인 성공을 거두면서 소년이나 소녀들을 대상으로 한 성장 서사는 유럽에서까지 인기를 얻는다. 기상천외한 영웅 서사들은 역동적이고 현대적인 일본 만화로 재탄생했다. 그리고 애니메이션, 영화, 비디오게임과 같은 다양한 작품을 쏟아내며 확장되었다. 대표적으로 최근 《드래곤볼 슈퍼: 슈퍼 히어로(2022)》까지 그 명맥을 이어가며 엄청난 수익을 낸 도리야마 아키라의 『드래곤볼(1984~1995)』이 있다. 초능력을 지닌 원숭이 소년, 손오공은 천진난만한 성격과 넘치는 힘으로 클럽 도로시 세대를 사로잡았다. 또한 어설픈 청소년들이 인류의 적을 무찌를 수 있는 강한 주인공으로 변신하는 마법 소녀물도 있다. 다케우치 나오코의 『달의 요정 세일러문(1992~1997)』은 소녀 영웅을 주인공으로 등장시켰다. 그 밖에도 《우주특공대 바이오맨(1984~1985)》과 같은 지구를 수호하는 슈퍼히어로 전대물도 빼놓을 수 없다. 이들은 가부키[23]에서 영향을 받은 무술 같은 동작을 구사하며 전통과 현대를 아우른다. 바이오입자와 로봇 갑옷으로 중무장한 사무라이처럼 말이다.

괴물을 무찌르거나 지구를 지키게 만드는 우정, 노력, 용기와 같은 가치를 내세우는 영웅 서사 작품은 수도 없이 많다. 그중 상업성이나 교육적인 목적에서 탈피하지 못한 진부한 작품들도 일부 있지만 저마다의 방식으로 재앙에 맞서는 이들을 기리는 진정한 성장 서사도 있다. 이 작품들의 서사에는 존재론적이거나 정치적인 주제가 빠지지 않고 등장한다. 도덕적 교훈보다는 다양한 이면을 드러내는 주인공들은 우스꽝스러운 유머, 자연에 대한 애절한 예찬, 혹은 환멸에 찬 울적한 반항을 통해 기존 질서를 뒤흔든다. 어떤 영웅들은 선과 악으로 구분되지 않는 양면성을 가질 때도 있다. 이들은 기존 질서를 수호하기보다는 새로운 가치를 만들어 내며 관습을 무너뜨리는 전복적인 힘을 발휘한다. 미야자키 하야오 감독의 《바람계곡의 나우시카》에 나오는 메시아 같은 어린 소녀부터 《우주해적 캡틴 하록(1978~1979)》의 무법자 같은 하록을 거쳐 《원피스(1999~)》의 고무처럼 늘어나는 루피에 이르기까지 주인공들은 세계의 일부나마 구하는 데 성공한다. 윤리를 되찾음으로써 삶을 다시 살아갈 수 있게 만들어 주는 힘을 얻은 것이다.

23. 노래, 춤, 연기가 함께 어우러지는 일본의 전통 연극

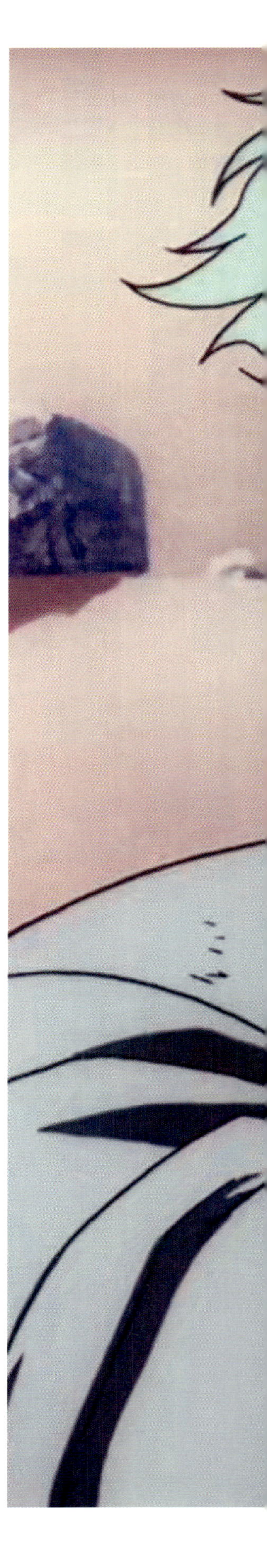

71

라스트 사무라이

시대를 초월하는 영웅들은 동족을 지키거나 지구를 수호하기 위해 위대한 여정을 떠난다. 혼돈이 닥치면 젊은이들은 목숨을 내걸고 파괴적인 힘에 맞선다. 가족을 잃은 이들을 구해내고 평화와 균형을 되찾기 위해 몸과 마음을 다해 싸우기를 주저하지 않는다. 고귀한 가치를 어깨에 짊어지고 신화와 성장 서사에서 이어 내려온 명예로운 규범들을 되살린다.

전쟁 이후 데즈카 오사무는《밀림의 왕자 레오(1965~1966)》부터《우주소년 아톰》이나《불새》에 이르기까지 불의와 악에 맞서 싸우는 근사한 영웅들의 모습을 그려냈다. 로봇 사회에서 태어나 우주 파일럿이 되도록 키워진《불새 2772 사랑의 코스모존(1980)》의 주인공 고도는 자유의 부재, 차별, 자원 착취에 반발하며 저항한다. 원로원에 반기를 들었다는 이유로 강제 노역에 처하게 된 고도는 자신을 옭아매는 사슬을 끊어내고 점차 세상을 구하는 영웅이 되어간다. 고도는 권력자들뿐 아니라 우주의 힘을 가진 불새와도 맞서 싸운다. 이 무적의 우주 생물은 지구를 되살리기 위해 자신을 희생하려는 고도의 의지와 선의에 감동한다. 린 타로 감독이 데즈카 오사무의 만화를 각색한 또 다른 작품《메트로폴리스》에서는 큰 의미가 없는 행동에서 희망이 움튼다. 안드로이드인 티마에게 '나'는 누구인지를 가르쳐 준 켄이치의 다정함은 티마가 자신의 정체성을 찾는 데 도움을 준다. 켄이치는 미래의 씨앗인 아이들을 보호하기 위해 자기 몸을 방패로 사용한 청소 로봇에게도 그러한 인정을 베푼다.

다카하타 이사오 감독의《태양의 왕자 호루스의 대모험》은 일본 애니메이션계에 큰 발자취를 남겼다. 작품 속 마을은 미야자키 하야오가 만드는 작품의 토대가 되었다. 호루스의 신비한 모험 이야기는 현실적인 시공간 묘사와 역동적인 액션이 특징이다. 이 작품은 신화 같으면서도 인간적인 이야기를 다룬다. 호루스는 마을을 침략하는 악마 그룬왈드로부터 용감하게 마을 주민들을 지켜낸다. 은빛 늑대 무리, 거대한 얼음 맘모스, 환각을 보게 만드는 미혹의 숲 등 호루스는 갈수록 어려워지는 난관들을 헤쳐 나간다. 신화 속 오디세우스처럼 호루스 역시 아름다운 힐다의 유혹을 뿌리쳐야 한다. 악마에게 홀린 힐다는 노래로 모두를 현혹해 불화의 씨앗을 뿌린다. 호루스는 '태양의 왕자'라는 호칭을 얻기 위해 바위 거인 모그의 등에서 뽑아낸 검을 단련해야 한다. 마치 돌에 박힌 검을 뽑았던 아서 왕과 비슷하다. 이는 디즈니 작품《아더왕의 검(1963)》의 모티프가 된 전설이다. 호루스는 결국 마을 사람들과 힘을 합쳐 그룬왈드를 물리치는 데 성공한다. 이렇듯 다카하타 이사오 감독의 작품은 서로 도우면서 역경을 헤치고 공동체를 지켜낼 수 있다는 메시지를 전한다.

한편 미야자키 하야오의 주인공들은 거의 항상 한 쌍의 아이들이며 이들이 지닌 용기는 순수함에서 나온다.《천공의 성 라퓨타》의 두 주인공 파즈와 시타는 하늘과 지상을 화합하고《모노노케 히메》의 산과 아시타카는 인간과 숲을 화해시키며,《하울의 움직이는 성》의 소피는 하울을 저주에서 해방하고 전쟁을 끝낸다. 『르 시드』[24]의 로드리그가 한 말처럼 이들의 나이는 어리지만 '고귀하게 태어난 영혼에게 가치란 살아온 세월과는 관계가 없는 법'이다. 이들의 순수함은 이 땅에서 보낸 짧은 세월로 얻어진 것이 아니라 어른이 된 후에도 변치 않을 정직함과 타협을 모르는 순수한 영혼에서 비롯된다. 정치적 책략에 휘둘리지 않고 침략자들의 속셈과도 거리가 먼 주인공들의 행동 하나하나에서 근본적인 인간성이 드러난다. 우주와 공명하는 어린아이들의 순수한 영혼은 주인공들이 위험한 상황을 극복하도록 해주며 결국 인류를 구원한다.

24. 17세기 프랑스 극작가 피에르 코르네유의 희곡

《태양의 왕자 호루스의 대모험》, 다카하타 이사오

73

《모노노케 히메》, 미야자키 하야오

우리는 모두 원더랜드에 가본 적이 있다

천사의 도약

죽음을 부르는 기계와 신선하고 낯선 도구가 넘치는 미야자키 하야오 감독의 작품은 인간의 마음을 타락시키고 파괴적인 길로 이끄는 기술의 위험성을 지적한다. 그러면서 동시에 거대한 우주의 순리에 맞는 순수한 마음을 가진 사람들이 기술을 사용할 때의 그 힘을 예찬한다. 어떤 희생도 치를 준비가 되어 있는 이 위대한 영웅들은 높은 윤리 의식을 지니고 있어 파괴자들을 무찌르고 예견된 재앙을 피하게 해준다. 《바람계곡의 나우시카》에 나타난 생태계의 위험은 어린 소녀인 나우시카가 자신을 초월하게 만드는 계기가 된다. 무시무시한 전쟁 병기 사이에서 나우시카는 자신이 구할 수 있는 모든 것을 구하기 위해 바람처럼 가벼운 메베 위에 올라탄다. 이를 통해 나우시카는 오만으로 파멸할 위기에 처한 인류의 예언자이자 자연과 인간을 화해시키는 메시아가 된다. 어떤 편견도 가지고 있지 않은 나우시카는 자신을 치유하고 고통을 달래준 흉측한 거대 곤충 오무에게도 애정을 보인다. 독으로 오염된 숲을 쉬지 않고 돌아다니던 나우시카는 그 깊은 곳에서 포자식물이 지구를 정화하고 있다는 사실을 알게 된다. 그때부터 인간과 동식물을 하나로 이어주는 것이 나우시카의 숙명이었다.

《천공의 성 라퓨타》의 주인공 파즈와 시타는 곤충을 닮은 플랩터를 타고 공중전함에 맞서 창공을 가로지른다. 이들은 하늘에 떠 있는 섬 라퓨타의 중심부로 파고드는데 거기에는 악한 자들의 손에 넘어가면 매우 위험한 기술이 잠들어 있다. 독자자 무스카가 전투 로봇을 가동하

기 전 파즈와 시타는 동식물을 돌보는 일꾼 로봇을 만난다. 마지막 순간 라퓨타의 바닥이 무너져 내리며 모든 것이 추락할 때 거대한 나무뿌리가 아이들을 보호하고 라퓨타를 광활한 하늘로 띄워 올린다. 비행석, 비밀의 주문, 그리고 무엇보다도 주인공들의 믿음 덕분에 이 마법의 왕국은 인간들에게서 벗어나 날아오른다.

미야자키 하야오의 애니미즘은 생명력 넘치며 영속적이고 오래된 자연과의 관계를 신성시한다. 양면적이고 종종 비극적이게도 기술의 발전은 인간을 본질에서 이탈하게 만들고 우주의 불균형을 초래한다. 이 기술은 절대적 권력자들이 지닌 파괴적인 자아를 조명하기 위해 종종 사용된다. 최후의 재앙을 가까스로 모면하는 그의 작품들은 우리가 지혜롭게 기술을 사용해야 하며 자연에 대한 사랑을 결코 잊어서는 안 된다는 메시지를 전하고 있다. 《모노노케 히메》에 나타나는 숲의 혼란과 파괴는 '선한 자연'을 대표하는 인물인 산이 숲의 신들로부터 도움을 받아 무분별한 인간들을 올바른 길로 인도하는 계기가 되어준다. 숲을 파괴한 인간에게 복수를 원하는 재앙신의 저주는 아시타카의 몸에 흔적을 남긴다. 아시타카는 세계와의 신성한 연결을 경험하는 성장의 여정을 따라가고 그 과정에서 관객들도 내면을 성찰하도록 만든다. 대지의 떨림에 귀를 기울이는 미야자키 하야오의 작품 속 주인공들에게서는 생명력이 느껴진다. 자신을 초월한 이 영웅들은 희망의 등불을 높이 치켜들고 식물, 동물, 인간 등 모든 존재의 생존을 위해 싸운다.

삶의 고아들

영웅이 되는 길에는 위험이 도사리고 있다. 주인공이 영웅으로 바뀌게 되는 계기에는 주변인의 죽음, 따돌림, 낯선 존재의 등장과 같은 근본적인 갈등이 있다. 미야자키 하야오 감독의 아이들은 파즈와 시타, 들개에게 거둬진 산, 왕의 피살 장면을 목격한 나우시카와 같은 고아들이다. 대부분 외로움이 모험을 시작하는 계기가 된다. 호루스는 아버지의 죽음 이후 위험에 처한 고향 마을로 향한다. 《드래곤볼(1986~1989)》의 주인공 손오공 역시 할아버지가 돌아가신 뒤로 부르마가 나타나기 전까지 인적 드문 산속에서 야생의 삶을 살고 있었다. 《나루토(2002~2007)》에서 부모를 여읜 나루토는 자신도 모르는 이유로 일족으로부터 따돌림을 받는다.

오이디푸스 신화는 그중 가장 대표적인 예다. 주인공들은 자신의 출생과 본성을 둘러싼 수수께끼와 마주해야 한다. 주인공은 버려졌거나, 너그러운 마음을 지닌 누군가에게 거둬졌거나, 또는 홀로 씩씩하게 지낸다. 그러다 자신도 모르게 물려받은 위협에 떠밀리거나 주어진 임무를 성공적으로 수행하기 위해 거대한 세상으로 여정을 떠난다. 손오공은 할아버지로부터 받은 수정 구슬을 소중히 간직한다. 린 타로 감독의 작품 《카무이의 검(1985)》에서 주인공 지로는 자신의 길을 가기를 원하는 명암의 구분이 모호한 인물이다. 자기 탓도 아닌 양어머니의 죽음으로 마을에서 쫓겨난 지로는 텐카이의 가르침을 받아 그림자 암살자인 닌자로 거듭난다. 텐카이는 지로가 자신의 친아버지를 살해하게 만든다. 오로지 단도와 수수께끼 같은 힌트에 의지해 지로는 출생의 비밀을 파헤쳐 나간다. 보물찾기에 뛰어든 지로는 수많은 음모를 막고 자신의 정체를 깨닫는다. 그리고 그 과정에서 숨겨진 누이를 찾아낸다.

애니메이션 속 고아들은 한눈에 알아볼 수 있는 흔적을 몸에 지니고 있거나 매우 독특한 모습을 하고 있다. 손오공의 원숭이 꼬리부터 나루토의 배꼽 주변 나선형 무늬, 그리고 《원피스》에서 고무처럼 늘어나는 루피의 몸까지 매우 다양한 예들이 존재한다. 저주나 선택의 표식인 흉터와 문신 같은 특징은 가족의 퍼즐을 맞추는 중요한 조각이 된다. 이러한 표식들은 남다른 운명을 예고하며 주인공의 혼란스러운 혈통을 구체적으로 보여준다. 혼혈이라는 본성을 가리키기도 하고 나아가 초인적인 존재임을 드러내기도 한다. 손오공의 원숭이 꼬리는 그의 신비한 출생을 짐작하게 하는 힌트가 된다. 이야기가 전개되면서 손오공의 정체가 사실 인간의 모습을 한 외계 종족 '사이어인'이라는 사실이 밝혀진다. 《드래곤볼》은 중국 고전 문학 오승은의 『서유기(16세기)』에서 영향을 받아 만들어진 작품이다. 독특한 모습을 한 원숭이가 영생과 불사를 찾아 자신이 살던 산을 떠나 환상적인 모험을 시작하는 이야기다. 《드래곤볼》 시리즈는 어린 고아가 7개의 드래곤볼을 모으기 위해 떠나는 흥미진진한 여정을 그렸다. 엄청난 힘과 독보적인 천진난만함을 갖춘 손오공은 자유자재로 하늘을 나는 근두운을 탈 수 있는 희귀한 능력을 지녔다. 이는 그가 순수한 마음을 가졌기 때문이다.

수백만 명의 독자와 시청자를 사로잡은 또 다른 고아는 가장 위대한 닌자가 되는 것을 꿈꾸는 장난꾸러기 나루토다. 부모님의 사랑을 받지 못하고 자란 나루토는 모두가 자신의 가치를 인정해 주기를 원한다. 그러나 나루토의 정체는 금기시된다. 삐죽삐죽하게 솟은 머리와 두 뺨에 그려진 수염, 배꼽 주위에 새겨진 수수께끼의 무늬를 가진 나루토는 과거에 마을을 파괴한 구미호가 자신의 몸속에 봉인되어 있다는 사실을 알지 못한다. 호시노 가쓰라의 만화를 각색한 애니메이션 《디 그레이맨(2006~2008)》의 주인공도 마찬가지다. 흉측한 왼손 때문에 버림받은 알렌 워커는 손에 새겨진 십자가, 하얗게 센 머리카락, 왼쪽 눈에 새겨진 저주의 별 모양 표식 등 상처가 많은 인물이다. 이노센스에 의해 선택받은 알렌 워커는 천년백작과 그가 부리는 악마 '아쿠마'에 맞서는 검은 교단의 엑소시스트로 성장한다. 특별한 능력을 지닌 애니메이션 속 고아들은 자신의 위대한 힘을 온전히 드러내기 위해 길고 긴 성장의 여정을 거쳐야 한다.

우리는 모두 원더랜드에 가본 적이 있다

《드래곤볼 Z》, 니시오 다이스케

남자라면 여기저기 돌아다니면서 수련을 해야 해. 너는 이 산속밖에 모르지? 바다 같은 것도 본 적 없고?"《드래곤볼》1화에서 영리한 부르마는 뿔뿔이 흩어진 7개의 드래곤볼을 찾아 손오공이 여정을 나서도록 부추기며 이렇게 말한다. 드래곤볼을 모두 모으면 어떤 소원이든 이루어주고 죽은 자도 살려내는 능력을 지닌 신룡을 불러낼 수 있다. 부르마는 손오공에게 사람들이 사는 마을, 공룡이나 괴물을 언급하며 관심을 유도한다. 여자아이도 자동차도 본 적 없고 할아버지 외엔 다른 인간을 만난 적이 없는 순수한 소년 손오공의 놀라운 여행은 그렇게 시작된다.

성장의 여정은 애니메이션에서 가장 많이 등장하는 핵심 요소다.《스타워즈》를 만든 조지 루카스와《매드 맥스》를 만든 조지 밀러의 애독서 조지프 캠벨의『천의 얼굴을 가진 영웅』은 대륙과 시대를 막론한 여러 신화에서 원형을 얻었다. 주인공을 움직이게 하는 첫 번째 단계는 바로 실향과 추구다. 루피는 보물 사냥을, 호루스는 악마 퇴치를, 나우시카는 대지의 정화를 위해 여정을 떠난다. 거대한 세상을 발견함과 동시에 주인공은 시험에 맞닥뜨리게 되고 악한 세력이나 초월적인 힘과 대립한다. 아직 서툰 주인공은 그 과정에서 시련을 겪고 매우 다양한 상황과 사회 공동체를 경험한다. 길 위에서 만난 존재들에게 구원의 손길을 받고, 그들과 서로 같은 가치를 공유하고, 눈에 보이지 않는 우정을 나누며 하나의 가족을 이루게 된다. 이들은 성장하고 성취하며 나아가 최후의 싸움에 도달한다. 결말에는 주인공들의 깊은 욕망이 충족되고 공동체 전체가 잠재적으로 되살아난다.

수많은 성장 서사가 반드시 거쳐야 하는 단계는 바로 재능과 초능력의 완성이다. 수행 중인 주인공은 종종 불안정하며 정제되지 않은 자신의 힘과 감정을 제대로 다스리는 법을 배워야 한다. 손오공은 여러 스승을 거치며 자신이 가지고 있던 뛰어난 무술 실력을 더욱 발전시켰다. 첫 번째 스승인 무천도사는 적을 향해 손을 뻗고 기를 모으는 '에네르기파'라는 궁극의 기술을 가르쳐 준다. 손오공은 가장 강한 상대와 맞붙어 최고의 자리를 거머쥐기 위해 수많은 무술 대회에 참가한다.《드래곤볼》에서 시작해《드래곤볼 Z》에 이르기까지 손오공은 소년에서 어른이 되고, 동시에 초반의 전형적인 코믹 판타지 세계는 점점 어둡고 폭력적인 SF 장르로 변해간다. 손오공은 프리저, 셀, 마인 부우와 같

은 끔찍한 악당들과 우주를 건 싸움을 벌인다. 손오공의 힘은 아들 손오반에게 주인공 자리를 넘겨줄 때까지 계속해서 성장한다. 잠재력이 엄청난 손오반은 모험을 거듭하면서 초사이어인 2단계까지 도달한다.

한편 후속작인《나루토 질풍전(2007~2017)》까지 포함한《나루토》시리즈의 220개 에피소드는 위대한 닌자 호카게가 되기 위한 수련 과정을 다룬다. 나루토는 닌자 학교 졸업시험에서 벌거벗은 여자와 같은 장난스러운 변신술을 보여주는 바람에 떨어지지만, 금방 놀라운 재능을 드러낸다. 하급 닌자가 된 나루토는 위대한 스승들의 가르침을 통해 분신술, 소환술, 봉인술 등 더 많은 기술을 익힌다. 나루토는 파도 나라와 죽음의 숲과 같은 다양한 세계를 거치면서 수많은 적과 맞서 싸운다. 일족의 가치를 수호하고 자신만의 자리를 찾아가면서 나루토는 동료들과 마을 사람들의 마음을 얻는다. 소년만화 특유의 이런 구조는《블리치(2004~2012)》나《헌터×헌터(1999~2001, 2011~2014)》에서도 찾아볼 수 있다.

지상
최대의
쇼

보물과 모험

이 작품은 《루팡 3세(1971~1977)》부터 《스타워즈》의 현상금 사냥꾼한 솔로를 지나 이소룡이나 클린트 이스트우드에 이르기까지 동양과 서양의 여러 작품과 캐릭터에서 영감을 얻은 오마주로 가득하다. 역동적인 오프닝은 앨프리드 히치콕이나 오토 프레민저 감독의 작품에서 뛰어난 오프닝을 담당했던 솔 바스에 대한 오마주다. 이 작품의 폭넓은 그래픽은 어두운 과거를 숨기고 있는 주인공 스파이크의 다양한 면모를 섬세하게 다루고 있다.

만화 잡지 '주간 소년 점프'에 연재하는 《원피스》는 기록적인 판매 부수로 전 세계에 알려져 있다. 원작인 만화뿐만 아니라 애니메이션 시리즈, 극장판까지 《드래곤볼》의 뒤를 이어 뛰어난 성과를 거뒀다. 오다 에이치로의 이 작품은 그 규모와 에너지로는 대적할 상대가 없다. 위대한 항로를 뜻하는 그랜드라인 어딘가에 숨겨진 '원피스'는 전설의 보물이다. 이 보물은 선박에 해적 깃발을 내건 해적들을 바다로 불러들인다. 왜소한 체격의 루피는 어디서든 밀짚모자를 쓰고 미소를 짓는다. 루피가 가진 꿈과 욕망은 단 하나, 바로 해적왕이 되는 것이다. 무한한 힘의 원천인 악마의 열매를 먹은 루피는 이제 두려운 것이 없다. 루피는 고무처럼 늘어나는 몸을 가진 소년이다. 총알도 그의 몸을 관통하지 못하며 '고무 고무 펀치'를 사용해 자신보다 훨씬 커다란 덩치의 적들을 때려 눕히거나 성벽을 기어오를 수 있다. 루피의 힘과 활발한 성격 덕분에 그의 주변으로 동료들이 모여든다. 강인한 검객 조로, 요리사 상디, 항해사 나미 등 모두가 남다른 과거가 있으며, 목표가 뚜렷하고, 비범한 재능을 가지고 있다. 두 바다를 횡단하며 들르는 정박지에서는 제각기 놀라운 지형과 독특한 문명이 펼쳐진다. 진귀한 동물의 섬이나 황금의 섬부터 하늘섬을 지나 어인섬에 이르기까지 《원피스》 속의 세계는 다채롭고 이국적인 느낌으로 가득하며, 매번 새로운 이미지를 보여준다. 전화기와 감시 카메라로 쓰이는 '전보 벌레'나 신문을 배달하는 '뉴스 쿠'를 비롯해 바다 멧돼지와 팬더 상어 등의 다양한 해양생물은 사람들을 놀라게 만든다. 독재자나 괴물 등 힘의 지배하에 놓인 작은 사회는 노예들의 도시를 비롯해 타락한 정부의 면모를 드러내고 루피는 이에 맞서 치열하게 싸운다. 그는 서글서글해 보이는 인상을 지녔지만, 불의를 참지 못하며 상대를 가리지 않고 폭군에 맞선다. 역동적이고 코믹한 액션들이 가득한 이 작품은 비극도 담고 있다. 《원피스》는 모든 것이 가능한 애니메이션에서 이제껏 다루어 왔던 것 중 가장 폭넓은 인간 군상을 다루고 있다.

주인공들이 성장하면서 나아가는 여정은 즉흥적이고 교훈적인 만남을 통해 다채로운 세계 속에서 끝없는 기승전결 구조로 펼쳐진다. 《은하철도 999》에서는 정차역마다 그 행성의 암묵적인 법칙을 탐험한다. 테츠로는 강도나 유령들을 만나고 나중에는 그의 영혼을 빼앗으려는 기계 제국 여왕과 최후의 싸움을 하게 된다. 19세기를 배경으로 하는 《카무이의 검》에서 보물을 찾기 위해 야생의 일본을 떠난 지로는 추운 땅을 지나 새로운 세계로 향한다. 총이 칼을 대신하는 거대한 대륙에서 길을 잃은 지로는 원주민과 무법자들을 만난다. 이러한 시나리오는 하나의 장르에서 다른 장르로 옮겨가고 닌자를 서부영화의 배경 속으로 이동시키며 주인공의 추구 속에서 사회와 역사 문제들을 충실하게 다루고 있다.

와타나베 신이치로 감독의 애니메이션 시리즈 《카우보이 비밥(1998~1999)》은 스페이스 오페라를 기반으로 한다. 때는 2071년, 2022년에 달의 위상차 게이트가 폭발한 후 생존자들은 태양계로 뿔뿔이 흩어졌다. 매력적인 외모의 현상금 사냥꾼 스파이크는 약속을 지키고 배불리 먹기 위해 자신의 우주선 비밥 호를 타고 화성에서 타이탄, 금성 혹은 가니메데까지 떠돌아다닌다. 시리즈의 핵심인 재즈는 물론 블루스나 왈츠 같은 음악 스타일에 따라 소제목이 붙은 회차마다 누아르, 갱스터, 추리, 서부극, 심지어는 호러 영화에 이르는 다양한 배경의 세계가 하드보일드 액션과 함께 등장한다. 레트로 퓨처리즘이라고 할 수 있는

우리는 모두 원더랜드에 가본 적이 있다

본질적으로 축제와 같은 라블레식 웃음[25]의 미학은 체념, 폭정, 계획된 재앙에 맞서 싸우는 파괴적인 무기다. 《드래곤볼》의 손오공, 《원피스》의 루피, 《카우보이 비밥》의 스파이크, 《루팡 3세: 칼리오스트로의 성(1979)》의 루팡 3세는 어떤 상황에서든 그저 먹는 것만 생각하는 먹보들이다. 음식을 순식간에 해치우는 손오공처럼 이러한 재미있는 장면은 반복적으로 나타난다. 특히 민중을 억압하는 독재자 같은 폭력적인 욕망과 맞서 싸울 준비가 된 주인공들의 삶에 대한 호쾌한 열정을 보여주는 장치다. 이들이 삶을 있는 힘껏 즐기는 것과 속박을 거부하는 것은 서로 연관되어 있다. 루피는 타고나길 태평한 성격이지만 불의를 목격하면 언제나 두 팔을 걷어붙이며 그의 힘을 갖고 싶어 하는 세계 정부와도 맞서 싸운다. 언제나 활동적인 주인공들이 지닌 익살스러운 힘은 현실을 뒤흔들고, 잘못된 권력에 순응하는 이들을 동요시키며, 눈감은 이들을 일깨운다.

《원피스》에 영향을 끼친 거대한 흐름은 미야자키 하야오가 경력을 쌓기 시작했던 도에이의 초반 작품들으로부터 이어져 왔다. 미야자키 하야오는 야부키 기미오 감독의 《장화 신은 고양이(1969)》에서 마지막 추격 장면을 그렸고, 첫 장편 영화인 《루팡 3세: 칼리오스트로의 성》에서 이때의 경험을 살렸다. "나는 오직 모험을 위해서 산다." 모리스 르블랑의 소설 주인공 '아르센 뤼팽'의 후손을 자처하는 루팡 3세는 만화가 '몽키 펀치(가토 가즈히로의 필명)'가 만들어 낸 일본에서 매우 인기 있는 캐릭터다. 루팡을 재해석한 미야자키 하야오는 이미 《루팡 3세》의 초반 시리즈에서 몇몇 에피소드를 작업한 적이 있다. 《루팡 3세: 칼리오스트로의 성》에서 루팡은 악당들을 골탕 먹이면서 숨 가쁘게 살아가는 신사적인 도둑의 전형이다. 카지노를 털기 위해 모나코 공국에 숨어 들어간 마음씨 착한 루팡은 클라리스를 구해내기 위해 노력한다. 클라리스는 칼리오스트로 백작이 강제로 성에 가두어 놓은 아름다운 공주다. 그리고 칼리오스트로 백작은 위조 지폐를 만들어 세계 경제를 주무르고 성안에 숨겨진 보물을 손에 넣고자 하는 인물이다. 등장인물들의 다면성 덕분에 2019년 야마자키 다카시 감독이 새로운 해석을 담은 《루팡 3세: 더 퍼스트》를 만들어 낼 수 있었다.

초반에 피아트 500을 타고 달리는 추격 장면처럼 속도감 있는 액션과 기발한 유머가 뒤섞인 《루팡 3세: 칼리오스트로의 성》은 빠르게 전개된다. 앨프리드 히치콕의 영화 《나는 결백하다(1955)》 속 케리 그랜트처럼 다양한 모습을 지닌 루팡은 《007》 시리즈 제임스 본드 스타일의 다양한 장비를 갖춘 인물이다. 그의 동료로는 존 스터지스의 영화 《황야의 7인(1960)》의 제임스 코번에서 영감을 얻은 과묵한 인물인 지겐 다이스케와 무사도 정신을 지키는 사무라이 이시카와 고에몽이 있다. 루팡은 클라리스를 구하기 위해 모든 방법을 동원한다. 괴상한 탑이 있는 성에서 일어나는 명장면은 폴 그리모와 자크 프레베르의 《양치기 소녀와 굴뚝 청소부(1952)》를 오마주한 것이다. 이 작품은 1952년에 미완성된 채로 발표되었다가 이후 《왕과 새(1980)》라는 제목으로 다시 새롭게 만들어졌다. 루팡은 곡예사와 같은 몸짓으로 조금만 삐끗해도 허공으로 추락할 듯한 지붕 위를 아슬아슬하게 뛰어다닌다. 시계탑 꼭대기에서 벌어지는 최후의 싸움은 거침없는 톱니바퀴의 움직임과 아찔한 추락, 두 개의 바늘 사이로 백작을 짓누르는 마지막 일격에 이르기까지 훌륭한 연출이 돋보인다. 결말에서는 시계탑이 무너지면서 인간의 탐욕으로부터 보호하기 위해 물속에 잠겨 있던 고대 로마의 도시가 솟아오른다.

루팡의 활극은 기존 질서를 뒤죽박죽으로 만들면서 전복시킨다. 생명력을 발산하는 웃음의 미학은 때로 영웅적인 힘보다 더 효과적이다. 하지만 때때로 우리는 울지 않기 위해 웃음을 택하기도 한다.

25. 르네상스 시대 프랑스 작가 프랑수아 라블레가 작품을 쓰던 방식을 뜻하는 표현. 다양한 요소를 풍자하며 다루는 방식을 뜻함.

울적한 반항

귀족 도둑, 우주 해적, 어두운 눈빛의 현상금 사냥꾼 등 어떤 주인공들은 권력을 제멋대로 휘두르는 권력자들에 꼿꼿이 맞선다. 비교적 나이가 많고 반항심이 가득한 이들에게는 인류에 대한 환상이 거의 남아 있지 않다. 그런데도 이들은 자신이 할 수 있는 한 인류를 지켜내기 위해 최선을 다한다. 긴 머리카락, 흉터, 한쪽 눈을 가린 안대와 같은 섬세한 특징을 지닌 캡틴 하록은 구시대적이고 반항적인 우주 해적이다. 지구에서 추방당한 무법자인 하록은 아르카디아 호를 타고 우주를 떠돈다. 린 타로 감독의 애니메이션《우주해적 캡틴 하록》의 원작자인 마쓰모토 레이지에 따르면 하록이 자랑스럽게 내건 해적 깃발이 그의 신념을 나타낸다. "나는 나의 깃발 아래에서 신념에 따라 자유롭게 살아간다. 후회는 하지 않는다." 하록은 굳건한 의지로 인간과 외계인들의 잔혹함에 맞서 싸우지만, 무엇보다 중요한 신념은 독립성이다. 타락한 정부가 강요하는 규칙을 어기는 것도, 마존 종족을 무참히 살해하는 것도 하록은 전혀 신경 쓰지 않는다. 마존은 식물의 특성을 가졌고 피부는 파란색이며 인간의 외형을 한 외계 종족으로 지구를 정복하려는 야망을 품고 있다. 하록은 선과 악의 경계를 넘나드는 양면적인 인물이지만 자신이 거둔 동료들을 위해 헌신한다. 부모를 잃은 어린 소녀 마유를 지켜주겠노라고 약속하기도 한다. 친구의 딸인 마유에게 자신의 오카리나를 주는데 이는 작품의 분위기를 더욱 울적하게 만든다. 이와 같은 울적한 분위기는《은하철도 999》의 영원한 여행자 메텔에게도 스며들어 있다. 린 타로 감독의《은하철도 999》는 마쓰모토 레이지의 또 다른 만화를 애니메이션으로 각색한 작품이다. 줄리앙 뒤비비에 감독의 작품《나의 청춘 마리안느(1955)》에서 영감을 받아 만든 캐릭터인 메텔은 검은색 상복을 입고 있으며 밝은 금발의 머리를 가졌다. 메텔은 테츠로의 여정에 동행하지만, 결국 가슴 아픈 이별을 겪게 된다. 잃어버린 젊음과 소중한 존재의 상실을 통해 작품의 애절한 분위기는 더욱 심화한다.

미야자키 하야오 감독은 선악이 극명히 대비되고 혈기가 넘치는 슈퍼히어로보다 빛과 그림자, 강함과 약함이 뒤섞인 인물을 선호한다. 주로 두 명이 등장하는 어린 주인공들은 순수하지만, 성인인 주인공들은 도덕심은 없으면서 기사도 정신만 투철한 루팡 3세부터 인간을 혐오하면서도 이타적인 붉은 돼지에 이르기까지 복잡한 면모를 지니고 있다. 비행기를 사랑하고 인간의 본성을 혐오하는 붉은 돼지는 이탈리아 공군의 전투기 조종사로 활동하며 제1차 세계대전에서 동료들의 죽음을 목격한 뒤 현상금 사냥꾼으로 전향한다. 전쟁을 겪으며 그의 모습은 돼지로 변했고 양심과 타협하는 것에 증오심이 생겼다. "파시스트가 되느니 돼지인 편이 나아." 군대가 그를 '국가비협력죄'와 '파렴치하고 나태한 돼지'라는 이유를 들며 자신의 뒤를 쫓아도 아랑곳하지 않고 그저 새처럼 자유롭게 살기를 원한다. 그는 동료들을 뒤로하고 혼자 살아남았다는 이유로 고독이라는 형벌을 받기라도 한 듯 울적함을 안고 살아간다.

세련된 스타일과 자유분방한 에너지를 지닌《카우보이 비밥》에서는 과거에 붙잡힌 인물들이 등장한다. 어떤 이들은 과거를 잊었고 어떤 이들은 과거를 지나치게 생생히 기억하고 있다. 마침내 기억을 되찾은 페이는 자신이 갈 곳이라고는 비밥 호를 제외하고는 아무 데도 없다는 사실을 깨닫게 된다. 순전히 현재를 즐기며 거침없는 성격의 스파이크는 그의 운명을 뒤바꾼 어느 날의 기억이 솟구쳐 그것이 뇌리를 떠나지 않을 때마다 본래의 성격에 균열이 생겨난다. 사랑하는 사람을 잃은 비 오는 어느 날 저녁의 기억이다. 깨진 스테인드글라스 파편 사이로 웅덩이에 떨어진 빨간 장미꽃의 낭만적인 장면이 떠오른다. 스파이크는 과거로부터 도망치며 몽유병 환자처럼 현실에서도 꿈을 꾸는 듯한 기분을 느낀다. 스파이크는 마지막으로 적들과 부딪쳐 싸우기로 결심한다. 그것이 자유를 얻고 자신이 살아있다는 사실을 확인할 유일한 방법이다. 비록 그 길의 끝에 죽음이 기다리고 있다고 해도 말이다.

프랑스와 일본의 교류

프랑스와 일본의 그래픽 교류는 때로는 은밀하고 뜻밖이며, 때로는 선명하게 발전해 왔다. SF 미디어 프랜차이즈 작품 《기동전사 건담(1979~1980)》의 등장인물 샤아 아즈나블의 이름이 프랑스 가수 샤를 아즈나부르의 이름에서 가져왔다는 사실은 재미있는 농담처럼 들릴 수도 있겠다. 미야자키 하야오의 《이웃집 토토로(1988)》에 펼쳐진 아름다운 논의 전경은 일본의 자연 풍경에 대한 경의의 표현이기도 하지만, 감독이 머물렀던 알자스 지방에 대한 추억으로부터 탄생한 것일지도 모른다. 《하울의 움직이는 성(2004)》에 등장하는 목재 골조의 집들은 콜마르[26]의 풍경을 연상시킨다. 작품 속에서 삼 층 구조 건물의 진수로 손꼽히는 메종 피스테르(Maison Pfister)[27]도 찾아볼 수 있다. 미야자키 하야오와 다카하타 이사오는 폴 그리모 감독이 안데르센 동화 『양치기 소녀와 굴뚝 청소부』를 프랑스 시인 자크 프레베르의 각본을 바탕으로 각색해 정치적이고 시적인 측면을 더한 애니메이션의

《왕과 새》, 폴 그리모

《하울의 움직이는 성》, 미야자키 하야오

형식적 완성도에 폭 빠졌다. 동명의《양치기 소녀와 굴뚝 청소부(1952)》는 사실 제작자와의 사정으로 원작자가 제대로 마무리하지 못한 채 발표했다. 하지만 미야자키 하야오와 다카하타 이사오는 이 작품이 디즈니의 달콤하고 매력적인 이야기와 거리가 먼 완전히 새로운 길을 개척한 작품이라고 평가했다. 다카하타 이사오는 최고의 장면으로 타키카르디아의 왕이 바닥을 열어 마음에 안 드는 사람을 까마득한 아래로 떨어뜨려 죽인 뒤 아무 일도 없었다는 듯이 다시 하던 일로 복귀하는 장면을 꼽았다. 피는 단 한 방울도 튀지 않았지만, 매우 잔인한 이 장면은 충격적인 시각 효과를 자아냈고 공간과 은유가 심도 있게 작용했다. 이 전설적인 작품은 다카하타 이사오의 작품 세계에 지대한 영향을 미쳤다.

때로는 서양의 감독들이 일본 만화를 각색하기도 한다. 유럽의 그래픽 노블과 비슷한 일본 만화『열네 살(1998~1999)』은 시간을 거슬러 아버지가 가정을 떠나기 직전, 자신이 14살이었던 때로 돌아온 한 남자의 이야기를 그리고 있다. 다니구치 지로는 이 작품으로 프랑스의 독자와 비평가들로부터 일본에서보다 더 많은 극찬을 얻었으며 많은 상을 받았다. 매우 폭넓은 장르로 다수의 작품을 발표했던 다니구치 지로의 작품 세계는 일본에서는 그다지 좋은 평가를 받지 못했다. 그는 전쟁 이후 사회적 문제를 있는 그대로 드러내며 주목을 받은 프랑스의 만화가이자 영화감독인 엥키 빌랄(Enki Bilal)의 작품과 뫼비우스(Moebius)라는 필명으로 알려진 프랑스 만화가 장 앙리 가스통 지로의 작품으로부터 영향을 받았다. 그러다 점차 현실적이면서 관조적인 자신만의 시각적 리듬을 형성했다. 여기에는 인물들의 영적 탐구와 일상이나 기억에 관한 성찰이 뒤섞여 있다. 벨기에 감독 샘 가바

26. 프랑스 남부 알자스 지방에 있는 마을
27. 16세기 콜마르에서 최초로 지어진 르네상스 건물

《신들의 봉우리》, 파트리크 앵베르

르스키는 『열네 살』을 실사 영화 《멀고도 가까운 (2010)》으로 제작했고 영화의 배경을 프랑스의 작은 도시로 옮겨놓았다. 프랑스 감독 파트리크 앵베르는 다니구치 지로의 또 다른 만화를 애니메이션 영화로 제작했다. 바로 유메마쿠라 바쿠의 소설이 원작인 《신들의 봉우리(2021)》다. 일본과 프랑스-벨기에 전통이 완벽하게 융합된 이 애니메이션 영화는 마치 기자가 취재하는 것 같은 장면으로 시작한다. 우연히 에베레스트산에서 흔적도 없이 사라진 전설적인 등반가 조지 맬러리의 카메라를 발견한 것이다. 과연 그는 '세계의 지붕'을 정복했을까, 못했을까? 작품은 금세 가상의 인물인 하부 조지의 놀라운 여행 속으로 미끄러지듯 빠져든다. 사람들과 어울리기를 꺼리는 고독한 등반가 하부 조지는 실존적인 집착을 보인다. 산을 오르는 사람들을 소리 없이 삼켜버리는 거대하고 차가운 에베레스트를 산소통 없이 정복하고야 말겠다는 것이다. 파편화된 풍경 속에 광적인 집착으로 나타난 인간의 모습은 익스트림 롱 숏으로 그 하찮음을 강조하는 동시에 하부 조지의 결연한 의지를 드러낸다. 이는 죽음도 불사하는 자유에 대한 예찬과도 같다.

《무타푸카즈》, 니시미 쇼지로 & 기욤 르나르

《무타푸카즈》, 니시미 쇼지로 & 기욤 르나르

그런가 하면 일본 애니메이션 감독과 프랑스 만화가가 손을 잡고 함께 작업한 작품도 있다. RUN이라는 이름으로 알려진 기욤 르나르는 스튜디오 4℃를 통해 그의 만화 《무타푸카즈(2017)》를 애니메이션으로 제작했다. 유아사 마사아키의 《마인드 게임(2004)》과 마이클 앨리어스의 《철콘 근크리트(2006)》를 작업했던 니시미 쇼지로가 감독을 맡았다. 악몽 같은 캘리포니아의 '다크 미트 시티'에서 사회 하층민의 삶은 고단하기만 하다. 동그랗고 검은 머리를 가진 리노와 불붙은 해골 머리를 한 그의 친구 빈즈에게는 더더욱 그렇다. 스쿠터 사고 이후 리노는 환각에 시달린다. 일부 인물들의 그림자가 촉수를 지닌 괴물처럼 보이는 것이다. 검은 옷을 입은 수수께끼의 남자들에게 쫓기던 리노는 국제적인 음모 속에 발을 들이게 되고 출신의 비밀이 점차 드러난다. 어머니와 달리 리노의 아버지는 자원을 약탈하기 위해 지구로 침투한 마초라는 외계 종족이었던 것이다. 서로 이질적인 그래픽이 혼합된 《무타푸카즈》는 다양한 문화적 경계를 뛰어넘는다. 누아르, 갱스터, SF 장르를 뒤섞고 돈 시겔 감독의 《외계의 침입자(1956)》부터 존 카펜터 감독의 《화성인 지구 정복(1988)》에 이르기까지 걸작이라 평가받는 영화들을 거침없이 인용하고 있다. 《화성인 지구 정복》의 주인공 '나다'처럼 선글라스를 끼지는 않았어도 리노는 인간의 모습을 빌린 외계인을 몰아낼 능력을 지니고 있다. 《무타푸카즈》를 통해 RUN과 니시미 쇼지로는 미국, 프랑스, 일본의 만화를 뒤섞어 조화로운 시너지를 만들었다.

《신들의 봉우리》, 파트리크 앵베르

꿈의 색깔

잊을 수 없는 만남이 있다. 1963년 미야자키 하야오와 다카하타 이사오는 서로 모르는 사이였다. 이들은 비를 맞으며 나란히 서서 버스를 기다리고 있었다. 이때의 모습은 마치 두 창작자의 만남을 순수함과 상상력의 힘을 빌려 작품 속에 봉인하려는 것처럼《이웃집 토토로》의 장면에 구현되어 있다. 비 오는 날, 외딴곳에서 두 자매가 버스를 기다리고 있는데 고양이인지 판다인지 모를 거대한 생명체가 육중한 발걸음을 옮기며 모습을 드러낸다. 언니인 사츠키는 깜짝 놀라 커다래진 눈으로 그 모습을 바라본다. 사츠키는 푸근한 생명체가 고양이 버스를 타고 사라지기 전에 우산을 건넨다. 토토로는 스튜디오 지브리의 모든 작품 오프닝에 등장하는 상징과 같은 캐릭터다. 현실을 뛰어넘어 일상에 스며든 상상 속 존재에 대한 상징이기도 하다. 전 세계에 일본 애니메이션을 알린 미야자키 하야오는 누구보다 창의적인 판타지 애니메이션을 만드는 것으로 유명하다.《이웃집 토토로》는 정서적, 역사적 배경을 바탕으로 개인과 대중을 연결하는 마법 같은 현실을 선보인다. 거대한 동물의 모습을 한 토토로는 수호 정령들이 가득한 숲 속으로 두 자매와 관객들을 이끈다. 한 가지 주의할 사실이 있다. 토토로를 보려면 기쁨과 슬픔 사이에서 동심을 되찾아야 한다는 것이다.

일본 애니메이션은 디즈니보다 더 폭넓은 스펙트럼을 가지고 있다. 동화, 신화, 영웅 판타지 세계에 용이나 말하는 동물, 마법의 힘이 존재한다면 일본 애니메이션에는 일상적인 현실에서 분리된 평행 세계가 펼쳐진다. 마법에 걸리거나 악몽처럼 변한 장소를 무대로 하는 평행 세계에는 등장인물을 거울 반대편으로 데려다줄 비밀 통로가 있다. 그곳을 통해 모험을 위한 모든 요소를 제공한다. 등장인물들은 무너진 균형을 다시 세우며 그들의 인간성을 시험당하게 된다. 꿈의 색깔로 칠해진 거울 반대편의 세계는 상상력, 이야기, 예술적 창작을 예찬한다. 노래하는 인어부터 구름 속 도시, 푸르른 숲, 마법 학교를 지나 슬픈 사랑 이야기를 들려주기 위해 살아 움직이는 고양이 조각상에 이르기까지 다양한 이야기와 다채로운 상상력이 곳곳에 깔려 있다.

애니메이션 감독들은 자연의 아름다움과 존재의 나약함을 섬세한 부분까지 표현하기 위해 현실과 환상을 예상치 못한 방식으로 연결한다. 변형과 경계를 넘나드는 마법 같은 사실주의에 일본의 전통적인 정신이 드러나 있다. 식물이나 사물에 살아 움직이는 생명력이 깃들어 있다고 믿는 애니미즘은 일본 애니메이션의 초석을 이룬다. 일본 고유의 민족종교인 신토와 불교적 전통에서 신성하게 여겨지는 정령들이 여기저기 살아 숨 쉰다. 말하자면 수많은 작품 속 세계는 본래의 의미로나 비유적 의미로나 현실의 마법을 담아내는 것이다.

《이웃집 토토로》, 미야자키 하야오

이야기의 끝

동화나 설화는 자연과 사물에 마법이 깃들어 있는 비현실적인 이야기를 위한 최고의 배경이다. 말하는 동물이나 신비한 생물과 정령들이 매 순간 우리 눈에 보이는 것과 보이지 않는 것 사이의 연결고리를 형성한다.

'동양의 디즈니'를 꿈꾸며 1956년 창립한 도에이 동화는 매년 장편 애니메이션 영화를 제작했다. 초반에는 《백사전》,《서유기》처럼 중국 설화에서 영감을 받았으나 이후에는 《걸리버의 우주여행》,《장화 신은 고양이》처럼 서양 아동문학 명작에서 영감을 받았다. 야부시타 다이지 감독의 첫 작품 《백사전》은 흰 뱀에 관한 중국의 한 설화에서 영감을 받아 만들어졌다. 이 설화는 평범한 인간 남자를 사랑하게 된 뱀 요괴와 요괴를 퇴치하려는 승려가 대립하는 이야기다. 중국에서 여러 차례 각색되었을 때는 사랑에 빠져 소극적이면서도 사악한 여인이라는 다소 양면적인 인물을 그렸지만, 도에이에서 제작된 애니메이션은 인물의 양면성보다는 영원한 사랑을 강조한다. 여인으로 둔갑한 뱀 요괴는 승려와 대립하는 과정에서 목숨을 잃은 청년을 되살리기 위해 자신의 영생을 포기하려 한다. 둘의 강렬한 마음을 깨달은 승려는 결국 그들을 축복한다. 햇살이 폭풍우를 잠재우고 두 연인은 행복한 결말이 기다리고 있는 미래로 나아간다.

설화를 각색하는 것이 어린이 애니메이션의 전통적인 방식이라면 어떤 감독들은 과감한 메시지를 던지며 새로운 작품을 만들기도 한다. 가타부치 스나오 감독의 《아리테 공주(2001)》는 페미니즘 동화가 원작이다. 아버지에 의해 높은 탑에 갇혀 미래의 남편을 기다려야 하는 공주는 그에 반항하며 세상을 탐험하기 위해 계속해서 탈출을 시도한다. 주어진 운명에 굴복하지 않고 스스로 운명을 개척하려는 것이다. 그때 한 마법사가 나타나 공주가 계속 탈출하려는 것은 '저주'에 걸렸기 때문이고 자신이 저주를 풀 수 있다고 말한다. 마법사는 공주에게 최면 마법

을 걸어 수동적으로 만들고 물이 부족한 마을의 허름하고 오래된 성에 가둔다. 처음에는 체념했던 공주도 결국 맞서 싸우기 시작한다. 공주는 마법사의 성에서 빠져나와 비싼 옷을 벗어 던지고 마법의 돌을 훔친다. 그리고 마을의 물길을 다시 되살려 사악한 마법사의 폭정을 물리친다.

다카하타 이사오의 《가구야 공주 이야기(2013)》 역시 여성들에게 주어지는 억압을 비판한다. 감독의 유작인 이 작품은 일본의 오래된 설화를 애니메이션 영화로 제작한 것이다. 이 작품은 지구를 동경한 죄로 달에서 땅으로 내려온 가구야 공주 이야기다. 한 노인이 죽순에서 발견한 가구야 공주는 아름답게 성장한다. 자연과 교감하며 자유롭게 살았던 가구야는 고귀한 아가씨의 삶을 위해 수도로 이사한다. 그러면서 순종의 의미와 예절의 무게를 알게 된다. 부유한 구혼자들이 찾아오지만 가구야는 고향을 그리워할 뿐이다. 불행해진 가구야는 달을 보며 슬퍼하고, 달의 사람들이 내려와 그녀를 다시 달로 데려간다. 《가구야 공주 이야기》는 철학적 설화이며 예술적 선언이다. 다카하타 이사오 감독은 다양한 주제를 자유자재로 다루면서도 사실성을 위해 판타지적 경향을 최소화해 왔다. 따라서 숲에서 보낸 유년기와 저택의 삶과 같은 사실적인 짜임새는 아이의 탄생과 금은보화의 발견, 달나라 행렬과 같은 비현실적인 순간에만 틈이 생긴다. 감독은 마치 미완성 스케치 같은 선을 살려 독창적인 스타일로 그려냈다. 이를 통해 자연이나 인간 세상에 관한 덧없음이나 보고 듣고 만지는 모든 것에서 느끼는 쓸쓸하고 슬픈 감정을 일컫는 일본의 '모노노 아와레'[28]를 표현하고자 했다. 작품 속에서 다양한 형태로 나타나는 비현실적인 세계는 시적인 분위기로 현실을 둘러싸고 찰나의 감정들을 기록한다.

---

28. 일본 헤이안 시대의 왕조 문학을 이해하는 데 있어 중요한 문학적 미적 개념으로 사물의 슬픔, 비애와 같은 의미를 지님

우리는 모두 원더랜드에 가본 적이 있다

동물농장

로봇텐 부화부터 월트 디즈니 애니메이션에 이르기까지 말하는 동물들은 아이들에겐 꿈과 같은 존재다. 애니메이션은 마법 같은 동물들의 변신과 종을 뛰어넘은 교감이라는 환상을 보여준다. 그렇게 개, 다람쥐, 새들은 직접 작품 속 주인공이 되거나 주인공의 충실한 동반자로 등장한다. 《백사전》의 사랑 이야기는 모두에게 외면당하는 시장에서 사온 뱀에 대한 연민으로부터 탄생했다. 뱀 요괴와 물고기 시녀 외에도 남자 주인공의 옆에는 그의 감정을 반영하는 판다와 레서판다가 함께한다. 데즈카 오사무가 만들어 낸 동물 캐릭터는 너무나도 다채로워 디즈니 《라이온 킹(1994)》이 그의 작품인 《밀림의 왕자 레오》를 표절한 것은 아니냐는 논란이 일기도 했다. 데즈카 프로덕션은 디즈니를 고소하는 대신 1997년 다케우치 요시오 감독과 함께 극장판을 제작했다. 아빠가 된 레오는 월광석을 빼앗기 위해 수단과 방법을 가리지 않는 모험가들로부터 밀림을 수호하기 위한 최후의 전투를 벌인 뒤 아들에게 밀림을 넘겨준다. 스기이 기사부로 감독의 《은하철도의 밤(1985)》은 미야자와 겐지가 쓴 동명의 소설을 애니메이션으로 각색한 작품이다. 당시 감독은 원작에 나오는 조반니와 캄파넬라를 인간과 닮은 고양이의 모습으로 바꿨다. 이는 일상의 고독과 상처를 위로하는 은하철도 여행의 비현실적인 분위기를 한층 강화하는 효과를 낸다.

그러나 이보다 더 독특하고 모호한 역할을 맡은 건 수다스러운 동물들이다. 다카하타 이사오 감독의 《첼로 켜는 고슈(1982)》속 동물들은 주인공이 첼로 연주를 연습할 수 있게 도와준다. 연주가 서툰 고슈가 베토벤 교향곡 6번을 제대로 연주할 때까지 함께한다. 《태양의 왕자 호루스의 대모험》에서 곰 코로는 고독한 주인공을 보조하는 역할을 하지만, 힐다의 어깨 위에 앉은 다람쥐 치로와 올빼미 토토는 선악 구분이 모호하다. 그룬왈드의 부하인 토토는 힐다에게 끔찍한 일들을 속삭이며 힐다의 악마성을 부추긴다. 모리타 히로유키 작품 《고양이의 보은(2002)》의 주인공 하루는 자동차가 가득한 도심의 도로에서 오지도 가지도 못하고 있는 고양이의 목숨을 구한다. 그리고 소스라치게 놀란다. 몸을 일으킨 고양이가 입을 열어 고맙다고 인사를 하는 것이다! 지극히 현실적인 배경에서 비현실적 세계가 아무런 예고도 없이 끼어든다. 하루는 그날 밤 두 발로 서서 행진하는 고양이 무리를 보고 꿈이라고 생각한다. 배가 불룩하게 나온 고양이 왕은 하루에게 자신의 아들과 결혼해 달라고 말한다. 하루를 납치해 고양이 왕국으로 데려온 고양이 왕은 하루를 고양이로 변하게 만든다. 사토 준이치와 시바야마 도모타카가

감독을 맡은 《울고 싶은 나는 고양이 가면을 쓴다(2020)》의 미요 역시 좋지 못한 만남을 겪는다. 고등학생 미요는 이상한 고양이 가면 장수와 위험한 거래를 한다. 가면 장수는 미요가 짝사랑하는 소년의 고양이 타로가 될 수 있는 가면을 미요에게 준다. 인간과 고양이의 몸을 수없이 오간 미요는 나쁜 덫에 걸려 얼굴과 정체성을 빼앗길 위기에 처한다.

인간과 동물의 혼종에는 많은 의미가 담겨 있다. 돼지로 변한 치히로의 부모님처럼 때로는 탐욕을 경계하게 하고, 전쟁의 학살 이후에 붉은 돼지가 느낀 수치심을 떠올리게 한다. 재치 있는 미야자키 하야오는 자화상에서 자신을 돼지 얼굴을 한 모습으로 나타내기도 했다. 그런가 하면 호소다 마모루 감독의 《늑대아이(2012)》에서처럼 자연에 대한 무관심을 비판하기도 한다. 다카하타 이사오가 감독을 맡은 《폼포코 너구리 대작전(1994)》의 너구리들은 토지 개발에 대한 인간의 광적인 집착에 맞서 싸운다. 작품 속에서 너구리들은 말 못 하는 네발짐승으로 묘사하기도 하고 의인화된 수다쟁이로 묘사하기도 한다. 이 밖에도 살아남기 위해 인간의 모습을 선택한 여우들도 등장한다. 우화 뒤에 감춰진 교훈을 전달하기 위해 인간으로 변한 동물들은 인간의 모습을 투영하는 거울의 기능을 한다. 이를 통해 스스로의 모습을 돌아보는 것은 인간의 몫이다.

동화와 마찬가지로 영웅 판타지에는 마법사, 용, 정령이 등장한다. 허구의 이야기에서 마법은 그것이 선하든 악하든 아무런 의문 없이 당연하게 받아들여진다. 마법을 자유자재로 사용하는 등장인물이나 비현실적인 세계를 관객 역시 자연스레 받아들인다. 이처럼 의문을 가지지 않는 관객의 심장은 작품 속의 초자연적인 모험을 따라 함께 뛰기 시작한다. 작품을 감상하는 동안 이야기를 믿기로 받아들인 관객은 등장인물의 감정도 함께 나눈다. 작품 속 세계는 현실을 모방하는 데 얽매이지 않으며 근본적으로 현실과는 다른 세계다. 그렇게《하울의 움직이는 성》의 소피는 주름 가득한 할머니로 변한다. 미야자키 고로는 어슐러 K. 르귄의 소설을 애니메이션으로 각색하고 싶다는 아버지 미야자키 하야오의 오랜 꿈을 이어받아《게드전기: 어스시의 전설(2006)》을 연출했지만, 아버지의 영향력에서 벗어나는 데 실패했다는 평가를 받는다. 용, 마법의 검, 마법사, 사악하고 양면적인 인물, 영생을 갈망하는 마법사 등은 영웅 판타지라는 완벽한 복합장르에서 빠질 수 없는 요소다. 피터 잭슨 감독의 영화《반지의 제왕(2001~2003)》이나 드라마《왕좌의 게임(2011~2019)》덕분에 활기를 되찾은 영웅 판타지 장르는 다른 시대의 전설과 신념을 되살려 내며 낯선 장소로의 여행을 가능하게 한다.

그리스 신화를 다룬 야스히코 요시카즈의《아리온(1986)》은 올림포스의 신들을 성장 서사로 되살려 냈다. 모리시타 고조의《붓다: 싯다르타 왕자의 모험(2011)》과 고무라 도시아키가 만든 속편《붓다: 위대한 여정(2014)》은 미래에 붓다가 되는 싯다르타가 깨달음을 얻기까지의 긴 여정을 다루고 있는 데즈카 오사무의 만화『붓다(1972~1983)』를 각색한 작품이다. 왕위 계승자로 태어난 싯다르타 왕자는 과거 인도의 노예 제도와 카스트 제도, 야만적인 전쟁으로 인한 인간들의 고통을 너무나도 잘 알고 있었다. 불가촉천민 파리아 계급에 속하는 친구 타타는 어떤 동물의 몸이든 빌릴 수 있는 능력을 지니고 있고 싯다르타는 짐승, 신분이 낮은 자들, 심지어는 적들에게까지 후광을 비춘다. 부귀영화를 포기하고 수행의 여정을 떠나는 걸 택한 싯다르타는 깨달음을 얻고 백성들에게 쇄신의 길을 보여준다. 잔혹함에 대한 전시와 수행의 여정이 돋보이는 싯다르타의 모험 이야기는 붓다의 신화에 생명력을 불어넣어 젊은 세대에게 붓다가 잊히지 않게 한다. 하지만 영화의 흥행은 실패했고 계획했던 3부작 중 마지막 시리즈의 제작이 늦춰지게 된다.

이와는 정반대의 길을 가는《마녀 배달부 키키(1989)》는 유럽의 영향을 받아 만들어진 현대 도시 속에 오랜 신념을 주입했다. 기술 및 과학의 발전을 믿는 현대 사회에서는 자연스레 마법이 사라지고 마법의 힘이 약해진다. 미야자키 하야오는 상상력이라는 무기를 통해 이 같은 마법의 소멸에 맞선다. 마녀 키키와 검은 고양이 지지는 현실적인 배경 속에서 불쑥 등장한다. 하지만 사람들은 빗자루에 올라탄 키키를 보고도 크게 동요하지 않는다. 나이가 지긋한 시계 수리공은 마녀를 본 지 오래되었다며 키키의 등장에 오히려 기뻐한다. 마법의 존재는 사회에 완전히 동화되었고 자연스럽게 받아들여졌다. 따뜻한 환영을 받은 키키는 마법을 이용해 배달부 일을 시작한다. 키키는 마법으로 사람들에게 도움을 주거나 친구들을 구해내며 공동체 속에서 자리를 찾아나가기 위해 노력한다. 반대로 인간의 일상에 침투한 달이나 외계의 존재는 인간과 완전히 똑같은 모습을 하고 있음에도 불구하고 인간 세계의 질서를 어기며 놀라움을 주고 혼란을 일으킨다. 하지만 오시이 마모루의 두 작품《시끌별 녀석들 1: Only You(1983)》와《시끌별 녀석들 2: Beautiful Dreamer(1984)》의 원작 만화『시끌별 녀석들』시리즈에서 볼 수 있듯 결국 이들은 주변 환경에 동화하고 사랑을 배운다.

거울 반대편의 세계
98
우리는 모두 원더랜드에 가본 적이 있다

마법의 시공간이 현실과 맞닿아 있는 모든 게 갖춰진 하나의 상자라면 작품의 주인공은 다른 차원으로 통하는 길을 만들어 낼 수 있다. 이들은 느닷없이 길을 안내해 주는 대상을 따라가거나 비밀 통로를 열거나 우연히 마법 물건을 발견한다.

주인공을 환상의 세계로 인도하는 존재 중에서 가장 흔하게 찾아볼 수 있는 것이 바로 고양이다. 곤도 요시후미의《귀를 기울이면(1995)》에서 주인공 시즈쿠는 인간처럼 전철을 타는 고양이 '문'에게 흥미를 느껴 뒤따라간다. 고양이를 따라 오래된 골동품 상점으로 향한 시즈쿠는 그곳에서 바론이라는 고양이 남작 조각상을 발견한다. 이 고양이 남작은 이후 스튜디오 지브리의 작품《고양이의 보은》에서 주인공으로 등장한다.《고양이의 보은》의 주인공 하루는 고양이를 구해주면서 평화로운 일상에 고양이 세계가 나타난다. 하루는 어떤 목소리에 이끌려 고양이 사무소의 흔적을 쫓는다.『이상한 나라의 앨리스』의 상징적인 장면들이 작품 속에서 재현된다. 남작의 집에서 하루가 거대한 모습으로 나타나는 장면도 그렇다. 고양이 왕의 신하들에게 납치된 하루는 하늘에 열리는 통로를 통해 신비한 장소로 이동한다. 하루의 몸은 줄어들고 점차 고양이로 변해간다. 요네바야시 히로마사의《메리와 마녀의 꽃(2017)》에서 소녀는 검은 고양이를 따라 신비로운 숲의 중심으로 들어가 빛나는 꽃을 발견한다. 메리는 자신이 꺾은 꽃이 지닌 힘을 마녀가 노린다는 사실을 상상조차 하지 못한다. 짙은 안개가 숲을 뒤덮자 메리는 자신도 모르게 금지된 숲속으로 향한다. 작은 돌다리를 건넌 메리는 꽃에서 나온 빛이 가리키는 방향을 따라가다가 나무 아래에 숨겨진 오래된 빗자루를 발견한다. 손에 표식이 새겨진 메리는 빗자루를 타고 미야자키 하야오의《하울의 움직이는 성》을 연상시키는 가파른 절벽 위 으스스한 마법 학교로 향한다.

평범했던 소녀들이 현실 너머의 세계와 마주하게 된다. 그곳에는 상식을 뛰어넘는 이상한 규칙들이 존재한다. 여정을 떠나기 전 메리는 할머니 집에서 지루함을 느끼고 있었다. 하라 게이이치의《버스데이 원더랜드(2019)》에서 아카네도 마찬가지로 무력감을 느끼고 자신감이 결여되어 있다. 고모의 골동품 가게 지하실에서 불쑥 등장한 연금술사 히포크라테스는 아카네를 초록 바람의 여신이라 부른다. 아카네가 원더랜드로 향하기 위해서는 마법의 펜던트를 목에 걸고 지하실로 내려가야

한다. 거미줄이 쳐진 다리가 무너지면서 주인공 일행은 검은 구멍 속으로 떨어지고 황금빛 들판이 펼쳐진 원더랜드에 도착한다. 그리고 여정이 시작된다. 미야자키 하야오의《센과 치히로의 행방불명》에서 치히로는 새로운 동네로 이사를 가게 되어 슬프기만 하다. 부모님이 신비로운 석상들이 군데군데 있는 숲속에서 길을 잃자 치히로는 돌아가자고 애원한다. 바람이 불어오는 어둡고 깊은 터널로 들어갈 때도 마찬가지다. 시공간의 틈은 이들을 외딴곳으로 이끄는데 모습을 드러낸 마을을 보고 아직 이성을 잃지 않은 치히로의 아버지는 그곳을 오래된 테마파크라고 말한다. 하지만 실제로는 전혀 그렇지 않았다. 현실에 틈이 생기면서 새로운 구조와 규칙으로 바뀐 것이다. 부모님이 먹음직스러운 음식들을 허겁지겁 먹어 치우는 동안 치히로는 다리를 건너 화려한 전통 온천으로 향한다. 해가 지면 '인간 냄새를 풍기는' 치히로에게 닥칠 위험을 감지한 소년 하쿠 덕분에 무사히 몸을 피한다.

앞서 언급한 예시들과 달리 이시다 히로야스의《펭귄 하이웨이(2018)》에서 아오야마는 과학으로 초자연적 현상을 분석하는 매우 똑똑한 소년이다. 어느 날 도시에 흩어진 콜라캔에서 펭귄들이 튀어나왔다가 초원 한가운데에 생겨난 둥근 바다로 자석처럼 끌려 사라진다. 이곳은 소년을 흥분시키는 형이상학적 세계의 끝이자 초현실적 세계로 향하는 입구다. 이러한 비밀 통로들은 신성한 정령들과 기상천외한 장소를 등장시키며 현실의 경계를 흐릿하게 만드는 '거울'과 같다.

비밀 통로

환상의 세계와 타락한 신

창작자에게 있어 환상의 세계는 시각적 실험을 무한하게 시도할 수 있는 장소다. 환상의 세계와 생명체의 디자인은 오로지 창작자의 상상력과 그림 솜씨에만 달려 있다. 그렇게 탄생한 작품 속 세계의 경이로움은 우리의 감탄을 자아내고 감각을 끌어올린다.

'이야기 속 이야기'의 구조를 가진 《귀를 기울이면》은 이상향을 발견하기 위해 작용하는 메커니즘을 풀어낸다. 진로와 첫사랑 사이에서 고민하는 시즈쿠는 자신만의 길을 찾아 나선다. 시즈쿠는 골동품 상점에서 신비로운 분위기를 자아내는 바론이라는 고양이 남작 조각상을 발견한다. 바이올린 장인이 되기를 꿈꾸는 세이지를 본받아 시즈쿠는 소설을 쓰기 시작한다. 시즈쿠의 일상을 표현하던 자연주의 스타일과 반대로 동화 같은 분위기 속에서 바론과 시즈쿠는 거침없이 모험을 떠난다. 이 작품은 47세에 사망한 곤도 요시후미가 감독으로서 유일하게 남긴 작품으로, 스튜디오 지브리의 두 거장으로부터 미학적 영향을 받았다. 다카하타 이사오의 사회적 사실주의와 미야자키 하야오의 자유로운 판타지가 뒤섞여 나타난다. 그중 초현실적인 장면을 담당했던 미야자키 하야오의 흔적을 작품 곳곳에서 찾아볼 수 있다. 그리고 독특한 그림체를 가진 이노우에 나오히사가 배경 작화를 맡았다. 시즈쿠의 소설 속 배경은 높은 건물, 구름이 걸려 있는 탑, 보석으로 이루어진 소행성 등 투명하고 반짝이는 공간을 형성하며 거대한 인상주의 회화 작품 같은 모습으로 펼쳐진다. 다양한 변화와 장인 정신에 대한 예찬이 담긴 이 애니메이션은 액자식 구성을 통해 놀라운 세계를 구현해낼 수 있었다.

나우시카의 부해부터 천공의 성 라퓨타를 지나 하울의 움직이는 성에 이르기까지 미야자키 하야오는 신비한 장소와 기이한 생명체들이 넘치는 환상의 세계를 사람들의 기억에 새겨놓았다. 그중 가장 대표적인 것이 《센과 치히로의 행방불명》속 배경이다. 치히로는 현실과 다른 시대처럼 보이는 놀랍고 기이한 모습의 신들이 등장하는 마을에 간힌다. 부모님을 다시 인간의 모습으로 되돌려 놓기 위해 치히로는 마녀 유바바 밑에서 일해야 한다. 몸이 점점 투명하게 변해가자 불안해하던 치히로는 유바바에게 이름을 빼앗긴다. 백룡으로 변한 하쿠의 도움으로 힘을 얻은 치히로는 두 팔을 걷어붙이고 역경에 맞선다. 온천의 주인 유바바는 가오나시, 가면신, 거대한 무처럼 생긴 누에신, 오물신 등 일본의 신토를 재해석한 각양각색의 신들을 맞이한다.

인간이 되고 싶은 물고기의 이야기를 그린 《벼랑 위의 포뇨(2008)》는 안데르센 동화 『인어공주』를 독창적으로 재해석한 작품이다. 『인어공주』는 1975년 도에이가, 1989년에는 디즈니가 고전적인 방식으로 각색했다. 하나부터 열까지 손으로 그려진, 아이의 그림 같은 파스텔톤 색감이 특징인 《벼랑 위의 포뇨》는 놀라운 생물들로 가득한 바다 왕국 속으로 관객을 초대한다. 돌묵상어호 위에서 빛나는 거품을 일으키는 마법사 후지모토는 빨간색의 긴 머리에 줄무늬 재킷을 입은 독특한 모습을 하고 있다. 북유럽 신화에서 이름을 따온 후지모토의 딸 브륀힐데는 인간의 얼굴에 물고기의 지느러미를 가지고 있다. 넓은 세계를 경험하고 싶은 브륀힐데는 아버지가 한눈을 파는 사이에 투명한 해파리를 타고 멀리 벗어난다. 쓰레기와 함께 해변으로 밀려온 브륀힐데는 소스케에게 구조되고 소스케는 브륀힐데에게 포뇨라는 이름을 지어준다. 소스케의 핏방울을 핥은 뒤 포뇨는 점차 인간으로 변하기 시작한다. 소스케에게 가기 위해 포뇨는 도시를 집어삼킬 듯한 거대한 파도 위에 올라탄다. 에너지 넘치는 포뇨는 현실로 환상의 세계를 불러들인다. 도시가 물에 잠길 위험천만한 순간에도 모든 것이 마법과 모험의 기회가 된다. 《벼랑 위의 포뇨》는 인간과 자연의 화합을 위해 종을 뛰어넘는 환상적인 힘으로 가득한 이야기를 예찬하는 작품이다.

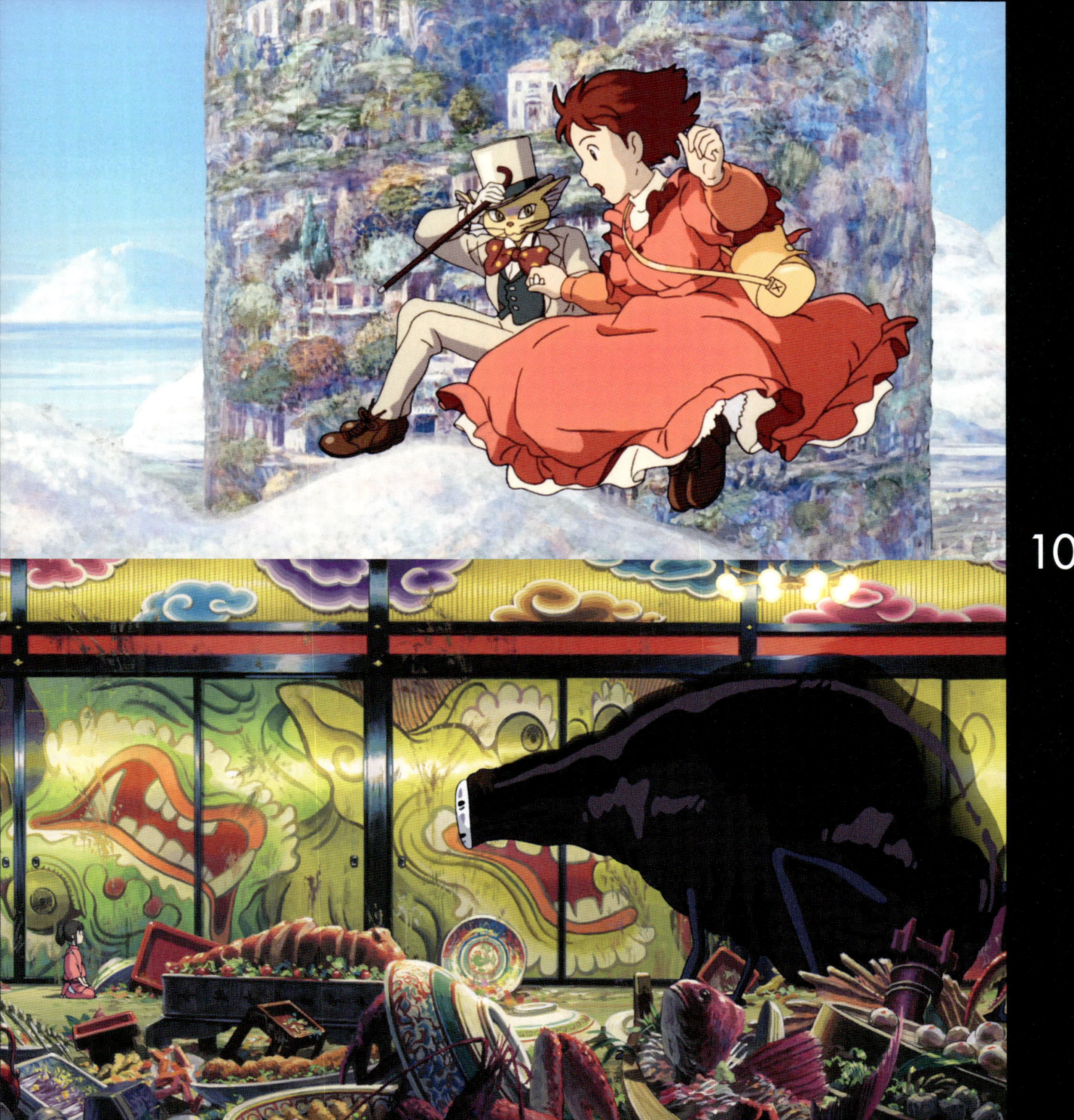

10

엄지 동자의 조약돌

눈 깜짝할 새에 현실을 변화시키고자 할 때 아이들의 마르지 않는 상상력보다 더 효과적인 것이 있을까? 린 타로 감독의 〈라비린스 라비린토스〉는 《미궁 이야기》의 단편 중 하나다. 『이상한 나라의 앨리스』를 자유롭게 재해석한 이 작품은 어린 소녀가 고양이 치치로네의 뒤를 쫓아 환상의 세계로 뛰어드는 이야기다. 소녀는 먼저 시계로 들어가서 거울 속에 빠진다. 한 피에로가 무의식 속 서커스로 소녀를 이끈다. 왜곡된 세계는 유령 기차, 귀신들의 행렬, 도미노처럼 쓰러지는 종이 인간들로 가득하다.

《이웃집 토토로》에서 미야자키 하야오는 어린 영혼이 가진 시적인 시선을 예찬한다. 숲의 정령과 만날 수 있는 건 오직 어린아이뿐이다. 작품 속 세계는 신비로운 분위기를 자아낸다. 아픈 어머니 곁에서 지내기 위해 이사를 온 사츠키와 메이 자매는 그들의 일상에 완벽히 스며든 신비로운 생명체들과 가까워진다. 자매는 자신들의 상처를 치유하는 것을 도와주는 생명체들의 등장에 놀라지 않고 오히려 매우 기뻐한다. 실제로 어렸을 때 어머니가 결핵을 앓았던 기억이 있는 감독이 어머니처럼 자매를 지켜줄 포근한 숲속의 친구들을 상상해 냈을지도 모른다. 기이함을 극대화한 이 작품은 평소 하찮게 여겨지는 도마뱀, 애벌레, 메뚜기 같은 동물들부터 거대한 녹나무에 이르기까지 무한히 작고 무한히 큰 것을 서로 연결했다. 숯 검댕이들은 사람이 살지 않는 오래된 집의 구석구석에 숨어 사는 검은 덩어리인데 오직 아이들만이 그 존재를 알아볼 수 있다. 메이는 구멍이 뚫린 양동이 사이로 엄지 동자의 조약돌[29]처럼 바닥에 흩뿌려진 도토리를 발견한다. 이 구멍을 통해 메이는 반투명한 하얀 토토로가 풀밭을 가로지르는 것을 볼 수 있게 된다. 메이는 토토로를 따라 나무뿌리까지 이어지는 나무 통로로 향한다. 그리고 커다란 토토로가 있는 깊은 동굴 속에 빠진다. 마지막으로 고양이 버스는 환상 속 존재인 동시에 매우 영리한 교통수단인데 너른 논밭에서 길을 잃은 동생이 있는 곳까지 사츠키를 데려다준다. 그리고 나중에는 아픈 어머니의 곁으로 아이들을 데려간다.

무한히 작은 것을 볼 수 있는 능력은 《마루 밑 아리에티(2010)》의 중심이 되는 요소다. 제작은 스튜디오 지브리, 각본은 미야자키 하야오, 연출은 요네바야시 히로마사가 맡았다. 심장이 약한 소년 쇼우는 큰 수술을 받기 전 도쿄 교외에 있는 시골로 요양을 온다. 오래된 가정집의 풀이 무성한 정원에서 쇼우는 풀잎 아래에 숨겨져 있는 아주 작은 아름다움을 발견하는 법을 배운다. 그는 도착하자마자 몸을 숨기기 위해 달려가는 작은 생명체를 발견한다. 할머니의 말에 의하면 옛날부터 집 안에 소인족이 숨어서 살고 있다고 한다. 쇼우의 할머니는 소인족에게 인형의 집을 선물하고 싶어 했지만, 한 번도 그들을 본 적이 없었다. 멸종 위기에 놓인 소인족, 아리에티는 인간들의 시선을 피하려고 애를 쓴다. 마루 밑에 있는 아리에티 가족의 집은 인간으로부터 빌려온 자질구레한 물건들로 이루어져 있다. 아리에티에게 각설탕 한 조각은 전리품과도 같다. 쇼우는 아리에티와 천천히 우정과 신뢰를 쌓아간다. 토토로의 커다란 입 안에 들어갈 만큼 작은 메이와는 반대로 아리에티에 비해 거대한 쇼우는 소인족에게서 모든 것을 빼앗으려는 인간들의 탐욕스러운 태도를 반영한 것이다.

---

29. 프랑스 구전설화 '엄지 동자'는 헨젤과 그레텔과 비슷한 내용인데 여기서 조약돌은 헨젤과 그레텔이 집을 찾아가기 위해 길에 뿌렸던 빵과 비슷한 역할을 함

호기심의 방

일본 애니메이션 중에는 상업적으로 흥행을 기록한 작품 외에도 전위적인 작품들이 많다. 각종 영화제를 휩쓴 일본의 단편 및 장편 애니메이션들은 기존의 서술·경제적 규칙을 벗어난 혁신적인 형식을 사용할 수 있는 비옥한 토양이다. 일본 애니메이션 감독들은 창작을 위해 무궁무진한 가능성을 실험하고 있다. 한 예로 1927년의 흑백 무성 영화를 컬러로 리메이크한 오후지 노부로의 《고래(1952)》는 장 콕토가 심사위원으로 있었던 1953년 칸 영화제에서 후보작에 올랐다. 오후지 노부로는 이 작품에서 폭풍우가 몰아쳤을 때 고래가 뱃속으로 삼킨 것들을 잘라낸 종이의 실루엣으로 표현해 냈다. 비와 파도, 고래와 사람의 그림자의 여러 형태가 서로 겹치고 해체되며 몽환적이고 신화적인 분위기를 자아냈다.

대성공을 거둔 만화와 애니메이션 외에도 데즈카 오사무는 여러 실험적인 작품들의 연출

과 제작을 맡았다. 대표적인 예로 무시 프로덕션을 창립한 직후에 제작한 야마모토 에이이치와 사카모토 유사쿠의 《어떤 거리 이야기(1962)》가 있다. 대사가 없는 이 도시 서사시는 빨간 풍선, 곰인형, 생쥐와 소녀의 놀라운 만남을 그려냈으며 곡을 연주하거나 춤을 추기 시작하는 벽보들에게 생명을 부여했다. 도시에 전쟁이 닥치자 이 즐거운 행렬은 곧바로 총이 난무하는 공격적인 선전으로 바뀐다. 데즈카 오사무의 또 다른 작품으로는 어느 한쪽으로도 편향되지 않은 《전람회의 그림(1966)》이 있다. 이 작품은 현대 사회의 부조리를 탐구하는 열 장의 그림으로 구성되어 있다. 각각의 작품은 1874년 모데스트 무소륵스키가 작곡하고 토미타 이사오가 편곡한 동명의 피아노 모음곡 구성에 따른다. 세상을 떠나기 1년 전에 데즈카 오사무는 11초 길이의 단편인 《자화상(1988)》에서 자신의 얼굴을 슬롯머신으로 그려냈다. 데즈카 오사무가 자신이 평생을 지켜

온 휴머니즘을 해치는 자본주의 이면을 꾸준히 비판해 왔다는 사실을 본다면 이 같은 묘사는 그다지 놀랍지 않다.

야마모토 에이이치는 일본 애니메이션 역사상 처음으로 성인을 위한 3부작 애니메이션 《아니메라마(1973)》를 제작했다. 그중 마지막 작품은 〈슬픔의 벨라돈나〉이다. 쥘 미슐레의 에세이 『마녀(1862)』에서 영감을 얻어 제작한 페미니즘적이고 전복적인 이 작품은 농노들을 굶기고 고문하는 영주에게 강간당한 젊은 여성이 겪은 성적인 학대를 담아내고 있다. 살아남은 여성은 영주에게 복수하기 위해 악마에게 제 몸을 팔기까지 한다. 이후 마녀 '슬픔의 벨라돈나'로 변한 여성은 사방으로 욕망의 씨앗을 퍼트리고 질서를 어지럽히다가 결국에는 화형을 당하게 된다. 우아하고 관능적이며 또 참혹한 이 작품은 수묵화, 수채화, 목탄화로 그려낸 수려한 그림을 통해 환상적인 세계로 안

내한다. 하지만 이는 단순히 여러 스타일의 콜라주는 아니다. 구스타프 클림트, 에곤 쉴레, 오딜롱 르동, 아르누보, 독일 표현주의 등이 뒤죽박죽 인용된다.

한편 전혀 다른 분위기의 《붉은 거북(2016)》은 스튜디오 지브리의 작품 중에서 칸 영화제 '주목할 만한 시선' 부문 특별상을 받은 이례적인 영화다. 단편 영화 《아버지와 딸(2000)》에 감명받은 스튜디오 지브리로부터 연락받은 네덜란드 감독 미카엘 뒤독 더빗은 프랑스 감독 파스칼 페렝과 각본을 함께 썼다. 여기에 당시 지브리의 수석 프로듀서였던 스즈키 도시오와 《반딧불이의 묘(1988)》를 만든 다카하타 이사오와의 교류도 더해졌다. 미카엘 뒤독 더빗은 2015년 안시 국제 애니메이션 영화제에서 "서로 문화적인 차이는 상당했지만 놀랍게도 우리들의 파장은 서로 닮아 있었다."라고 말했다. 《붉은 거북》은 스튜디오 지브리가 프

우리는 모두 원더랜드에 가본 적이 있다

랑스 및 벨기에 등 해외 감독과 협력해 제작한 최초의 작품이며, 실뱅 쇼메 작품《벨빌의 세쌍둥이(2003)》의 애니메이터인 장 크리스토프 리에의 지휘 아래 프랑스 앙굴렘에서 제작되었다. 몇 번의 끔찍한 비명 외에 대사가 없는《붉은 거북》은 인류가 등장한 이래 이루어진 인간의 삶을 말하는 형이상학적인 시라고 할 수 있다. 풍랑을 만나 무인도에 표류하게 된 현대판 로빈슨 크루소는 뗏목을 만들어 고독이라는 지옥에서 탈출하려 하지만, 뗏목은 붉은 거북에게 매번 파괴된다. 붉은 거북이 해변으로 밀려오자 남자는 분노를 못 이기고 붉은 거북을 거꾸로 뒤집어 햇볕에 말라 죽게 한다. 하지만 남자는 곧 후회하며 거북에게 다가갔는데 갈라진 등껍질 속에서 빗방울을 맞고 깨어난 붉은 머리칼의 여자를 발견한다. 두 사람은 부부의 연을 맺고 삶은 다시 순환한다. 몽환적인 장면과 고독에서 비롯된 환각이 무인도의 감옥 같은 이미지에서 잠시나마 탈피하게 만들어 준다. 하지만 목탄화로 그려진 배경과 건조한 색감이 인간이 침범하지 못한 자연을 삭막하게 보이도록 만드는 동시에 무인도가 낙원처럼 보이지 않게 한다. 비평가들로부터 찬사를 받은《붉은 거북》은 프랑스에서 나쁘지 않은 흥행 성적을 거뒀다. 그러나 일본에서는 미야자키 하야오의 세계에 물들어 있는 환상적인 분위기와 거리가 먼 절제된 미학으로 인해 외면받았다.

성역으로서의 자연

"내일 세상이 멸망한다고 해도 오늘 나는 한 그루의 사과나무를 심겠다." 독일 종교개혁가 마틴 루터의 이 말은 수많은 애니메이션의 주제에 영향을 줬다. 첫 번째로 장 지오노의 동명 소설을 애니메이션으로 각색한 프랑스-캐나다 출신 프레데릭 백의《나무를 심은 사람(1987)》이 있다. 이 작품은 한 고독한 사람이 바람이 휘몰아치는 황량한 황무지에 나무를 한 그루 한 그루 심는 내용이다. 지치지 않고 반복하는 작은 행위 하나로 그는 자연을 다시 풍요롭게 되살려 냈고, 그뿐만이 아니라 미래를 다시 맞이할 수 있는 새로운 공동체를 일구어 냈다. 이 단편 애니메이션은 작품 속에서 꽃 하나도 매우 정교하게 묘사하는 것으로 유명한 다카하타 이사오 감독에게도 깊은 영향을 줬다. 일본 애니메이션은 도시화, 환경오염, 과거를 잊은 인간에 의해 자연이 위험에 처해있는 만큼 세상의 아름다움을 예찬하고 그 보석인 자연을 보존해야 한다는 외침에 열광했다. 오늘날 인간은 자신의 뿌리와 선조들이 살았던 환경과 완전히 단절하기라도 한 듯 살아가고 있다. 이 작품은 인간을 자연, 선조들의 정신, 전통, 그리고 역사와 이어주는 근본적인 연결에 대한 기억을 되살리고자 한다.

일본의 중심을 이루는 종교 및 철학적 사상은 중국으로부터 온 불교와 일본 고유의 신토 사상이 혼합되어 형성되었다. 무수히 많은 신들과 요괴와 같은 초자연적 생물로 가득한 일본의 신토는 모든 존재, 식물 혹은 사물에 생명이 깃들어 있다고 보는 애니미즘을 토대로 한다. 성역, 도리이, 석상으로 상징되는 이 신성한 정령들은 강이나 산 등 자연의 어디에나 존재한다. 또는 죽은 자의 영혼이나 집의 영혼을 상징하기도 한다. 세속적인 것과 종교적인 것, 눈에 보이는 것과 보이지 않는 것을 서로 연결하기 위해 애니메이션은 그림의 조형성을 이용해 이러한 영적 존재들을 구체화한다. 콘크리트로 이루어진 도시의 중심에서 영혼을 되살리고, 소비주의를 뛰어넘어 나무의 잔가지 하나에도 깃든 우주를 찬양하고, 모든 존재의 숭고함과 상호 의존성을 믿는 것. 이것이 바로 일본의 창작자들이 지닌 특징이다.

세르게이 에이젠슈타인이 자신의 저서에서 월트 디즈니에 대해 논했던 것처럼 애니메이션은 '애니미즘의 구현'이다. '생명력이 없는 물체가 생명과 영혼을 갖게 되는 순간'인 것이다. 데즈카 오사무는『데즈카 오사무의 애니메이션 필모그래피(1991)』에 다음과 같이 남겼다. "어떤 사물을 움직이게 하면서 우리는 그것에 생명을 불어넣는다. 이것이 각각의 사물에 영혼이 깃들어 있다고 믿는 '애니미즘'이다. 그런 의미에서 애니메이션은 일종의 애니미즘이다." 스튜디오 지브리의 작품들은 애절한 서사와 자연에 대한 예찬으로 관객을 사로잡았다. 새로운 세대의 작품들도 예외가 아니다. 새로운 세대에 속하는 신카이 마코토, 호소다 마모루, 하라 게이이치 감독은 젊은 세대가 현세대의 뒤를 잇고 생명의 순환을 보존하도록 촉구하는 환경 보호의 메시지를 담은 이야기를 만들고 있다.

〈가구야 공주 이야기〉, 다카하타 이사오

미야자키 하야오 감독은 상형문자처럼 해독하기 어려운 상징들을 작품 이곳저곳에 흩뿌려 놓는다. 다른 차원으로 향하는 정신적인 전환점과 같은 상징들은 세계의 미약한 아름다움을 찬양하고 최선을 다해 지켜내야 한다고 말하고 있다. 그리고 이를 위해서는 관객을 일깨우고 자연에는 정령들이 살아 숨 쉰다는 사실을 상기시키는 일상 속 주인공들과 함께 '보는 법'을 배워야 한다. 토토로와의 마법 같은 만남 이후 메이는 이전과 달라진 장소에서 눈을 뜬다. 비밀 통로는 이미 사라진 뒤다. 아버지와 언니는 메이를 위로하기 위해 성역 입구인 도리이를 지나고, 신성한 끈을 두른 천년 묵은 나무에게 인사하는 등 가족을 수호해 주는 숲의 주인을 기리는 무언의 주술들이 가득한 상징적인 여행 속으로 메이를 데려간다. 미야자키 하야오 감독은 오늘날 일본인들이 여전히 굳게 믿고 있는 불교와 신토 사상으로부터 많은 영향을 받으면서도 숲속에 존재하는 정령들을 현대화하는 일도 주저하지 않았다.《이웃집 토토로》의 내용은 호황과 변화의 시대인 1950년대 일본의 농촌에 뿌리를 내리고 있어 '과도기적 정령'을 만들어 내야 했다. 매우 독창적인 고양이 버스는 신토의 전통과 전쟁 이후의 현대성이 뒤섞여 만들어졌다. 사츠키는 고양이 버스에 올라타 6개의 불교 승려 석상 옆으로 송전탑이 서 있는 성스러운 장소에서 길을 잃은 메이를 발견한다. 미야자키 하야오의 시적이고 환경적인 노력을 기리기 위해 '토토로의 고향' 재단은 감독의 긴 업적으로 탄생한 토토로를 기념하는 '토토로의 숲'[30]을 보호하기 위한 활동을 활발히 펼치고 있다.

미야자키 하야오는 특히 원소의 영적인 힘을 아름답게 표현해 냈다. 예를 들어 하울의 성을 움직이는 캘시퍼의 불, 소스케를 만나기 위해 포뇨가 일으킨 격렬한 파도, 비행선이나 공중 섬 라퓨타를 띄워 올리는 바람이 있다.《천공의 성 라퓨타》의 오프닝은 고대 문명이 지나온 역사를 요약해서 보여준다. 너그러운 바람의 여신은 구름에 숨결을 불어넣고 풍차를 돌려 인간이 바위로부터 철을 얻어낼 수 있게 했다. 하지만 지나친 탐욕을 가진 인간들이 땅을 과도하게 파내 자연을 오염시켰고 그 결과로 공중에서 살게 되었다. 하늘이 내린 벼락으로 공중 도시들은 초토화되었고 생존자들은 다시 지상으로 돌아와 평범하게 살아간다.

《센과 치히로의 행방불명》에서 인간 모습을 한 석상이 지키던 신비한 터널을 지난 치히로는 신성한 석상들이 군데군데 박혀 있는 밝은 초원과 마주한다. 갑자기 바람이 불어오며 인간을 시험하는 신과 요괴의 세계로 치히로를 밀어넣는다. 또한 감독은 푸른 하늘을 잔뜩 그리고 새처럼 날고 싶어 하던 인간의 꿈을 실현해 준 기계를 만들어 인류를 날아오르게 하기도 했다.

우주의 강력한 힘을 노래하는 신카이 마코토는 하늘을 사랑하는 또 다른 감독이다. 신카이 마코토는 하늘을 '놀라운 화면'이라고 표현했으며 하늘의 신비로운 느낌을 다양한 방식으로 표현했다. 특히 일몰 때 짙은 푸른색의 하늘이 붉게 물들어 서서히 별이 빛나는 어둠으로 바뀌는 미묘한 색의 변화를 포착했다.《너의 이름은.(2016)》에서 혜성은 이토모리 마을을 소멸시켰지만 동시에 무한히 많은 구름의 그림자 속으로 색의 향연을 그려나가며 황홀한 광채로 도시와 시골을 비추었다.《날씨의 아이(2019)》의 하늘에서 빗방울들이 물고기로 변하면서 '맑음 소녀'는 우중충한 잿빛 하늘을 몰아내고, 맑은 하늘을 불러와 다시 햇빛을 비추게 만든다. 이처럼 다양한 상징들이 자연과 밀접하게 연결된 초현실적인 분위기 속에서 현실의 이곳저곳에 산재하고 있다.

상상의 정령들

11

《날씨의 아이》, 신카이 마코토

우리는 모두 원더랜드에 가본 적이 있다

《센과 치히로의 행방불명》, 미야자키 하야오

시적인 애절함을 지닌 애니메이션은 계절에 따라 계속해서 변화하는 자연을 예찬하며 쇠퇴하는 신념에 관한 이야기 또한 담아낸다. 애니메이션이라는 변화무쌍한 수단은 단순한 꽃잎도 아름답게 나타낼 수 있다. 다카하타 이사오의 《가구야 공주 이야기》가 그 예다. 가구야 공주가 저택에서 벗어나 꽃이 핀 벚나무들 사이에서 춤을 추는 장면은 만연한 즐거움이 느껴진다. 가벼운 그림체, 파스텔 톤의 섬세한 색감, 회전하는 카메라 움직임이 가구야를 자연과 하나되게 만든다. 반면 불편한 연회 장면에서 화면은 어둡게 변한다. 절망에 빠져 도망치는 가구야의 모습은 목탄화로 아무렇게나 휘갈겨 그린 것처럼 표현된다. 가구야의 우울함이 날이 갈수록 커지자 달의 사람들은 '땅의 더러움'을 씻어내기 위해 가구야에게 기억을 지우는 달의 날개옷을 입힌다. 하지만 가구야 공주는 떠나기 전 이렇게 말한다, "기쁨도 슬픔도 이 땅에 존재하는 건 모두 생기가 넘쳐! 새, 벌레, 짐승, 풀, 나무, 꽃, 사람의 정 모두가….."

비현실과 환상은 오염된 자연과 기후 재앙을 이야기 속에서 바꿀 수 있기에 다양한 차원에서 해석될 여지가 있는 환경 이야기에 매우 적합하다. 미야자키 하야오 감독의 《바람계곡의 나우시카》 속 부해는 1930년과 1960년대 사이 미나마타 만으로 400톤의 수은이 유출되어 물고기와 어부들이 대규모로 중독되었던 사건에서 영감을 얻어 탄생했다. 작품 속에서 환경 파괴는 카산드라의 예언보다 훨씬 더 심각한 악몽처럼 그려졌다. 《벼랑 위의 포뇨》의 마법사 후지모토는 위험에 처한 바다를 지키기 위해 마법의 물약을 뿌린다. 물고기의 몸을 가진 후지모토의 딸

포뇨는 쓰레기 더미와 함께 물살에 휩쓸려 해변으로 밀려온다. 소스케는 유리병에 껴서 질식할 위험에 처한 포뇨를 구해준다. 《센과 치히로의 행방불명》에서 오물신은 온천을 아수라장으로 만드는데 이 오물신은 사실 오염된 강의 신이다. 치히로가 약탕에서 오물신을 씻기고 오물 덩어리 속에 삐죽 박혀 있던 것을 빼내자 자전거를 시작으로 산더미 같은 쓰레기가 쏟아진다. 치히로 덕분에 위엄 있는 용의 모습으로 돌아온 신은 가볍게 날아간다. 이 장면은 미야자키 하야오 감독이 강을 청소하다가 자전거를 발견했던 실제 경험담으로부터 만들어졌다. 감독은 이렇게 말했다. "오늘날 일본의 신들은 살기가 어려울 것입니다." 타락한 자연에서 살아야 하는 지친 신들은 치유를 통해 다시 생기를 되찾아야 하는 것이다. 목욕을 거친 신들은 어쩌면 탐욕 너머에 신성한 것이 있다는 사실을 인간에게 상기시킬 힘을 되찾을지도 모른다. 하얀 용으로 변하는 하쿠 역시 지금은 콘크리트로 메워진 강의 신이다.

하라 게이이치의 《갓파 쿠와 여름방학을(2007)》에 등장하는 에도 시대의 갓파[1]도 하쿠와 비슷한 일을 겪는다. 갓파는 토착 정령들이 살고 있는 용신 늪을 메워 논으로 만들려는 사무라이가 아버지를 죽이는 장면을 목격한다. 지진이 일어나 땅속에 파묻혀 있던 갓파 '쿠'는 시간이 흘러 현대의 한 소년에 의해 깨어난다. 눈앞에 펼쳐진 상황은 마치 지옥과 같다. 도시화로 인해 주변이 개발되어 더는 예전의 풍경을 찾아볼 수 없게 된 것이다. 늪과 함께 종족들이 모두 사라졌다. 그리고 시간이 지나면서 쿠는 따뜻한 코이치 가족과 지내며 새로운 삶에 적응하기 위해 노력한다. 과거에 살았던 환경과 단절된 쿠는 파파라치에게 시달리고 구경거리로 전락한다. TV 쇼를 망친 쿠는 철탑 꼭대기에 올라가 끝없이 펼쳐진 도시를 내려다본다. 그곳에서 죽은 아버지를 떠올리며 뛰어내리려고 한다. 그러자 하늘에서 용이 나타나고 사람들은 두 눈을 의심하며 사진을 촬영한다.

인간에 대한 환멸을 나타내고 인간의 추함을 비판하는 이러한 작품 속에서 신들의 쇠퇴는 자연 파괴와 오래된 전원을 메워 도시가 성장하는 상황과 밀접한 연관이 있다. 신적인 존재 역시 멸종할 위기에 놓여 있는 것이다.

31. 물속에 산다고 전해지는 일본의 요괴

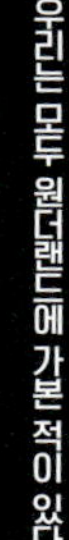

《폼포코 너구리 대작전》, 다카하타 이사오

《갓파 쿠와 여름방학을》, 하라 게이이치

기괴한 행렬

《갓파 쿠와 여름방학을》의 쿠는 자연이 보존된 외딴 강가로 떠나면서 비로소 행복을 되찾는다. 쿠는 오키나와에 사는 나무 신령인 키지무나에게 초대받는다. 키지무나는 평화롭게 살기 위해 인간의 모습을 하고 살아가기로 했다. 다카하타 이사오의 《폼포코 너구리 대작전》에 나오는 여우들도 같은 선택을 한다. 변신술에 능한 여우 요괴는 인간들 사이로 섞여 들어가 자본주의 사회에 동화한다. 여우와 마찬가지로 자유자재로 변신술을 구사하는 너구리들은 정반대의 선택을 한다. 이들은 '폼포코 31년 가을'에 환경 파괴에 맞서 인간들과 전쟁을 벌인다. 1966년과 1967년 사이에 도쿄 외곽의 타마 뉴타운 건설과 같은 도시화가 진행되면서 너구리들은 서식지에서 쫓겨나 목숨을 잃고 체념하기에 이른다.

다카하타 이사오는 산림 파괴와 환경오염을 비판하기 위해 에도 시대 전설에 등장하고 이후에는 정치 풍자에 이용되었던 신비로운 동물을 되살려 냈다. 너구리의 모습을 한 이 동물들은 실제로 존재한다. 감독은 서식지에서 쫓겨나고 자동차에 치일 뻔하는 너구리들의 모습을 '다큐멘터리'처럼 그려냈다. 인간의 눈을 피해 장난스러운 존재로 살아가는 너구리들은 두 발로 서고 말도 할 수 있다. 이들의 장난스러운 모습은 너구리들이 붉은 양탄자, 낙하산, 혹은 무기처럼 사용하는 '거대한 불알', 즉 고환이라는 주요 특징으로 강조된다. 이들은 1960년대 경제적 호황과 인구 과잉으로 그들의 터전인 산이 거대한 굴착기에 깎여나가

고 불도저로 갈아 먹히는 것을 지켜봐야 했다. 궁지에 몰린 이들은 장난, 무술, 요술을 사용해서 저항을 시작한다. 이들이 변신술을 이용해서 처음으로 벌인 작전은 공사를 방해하는 것이었다. 이후에는 작전을 바꿔서 불상이나 요괴로 변신해 인간들이 신의 분노를 두려워하게 만든다. 하지만 노력은 수포가 되고 공사는 재개된다. 시고쿠 세 장로의 도움을 받아 너구리들은 마지막 전쟁에 돌입한다. 바로 '요괴 대작전'이다. 두루마리 그림인 에마키에 그려진, 심야에 요괴들이 도시의 길거리를 배회하는 오래된 전설인 백귀야행을 재현하려는 것이다. 이 기괴한 행렬에는 신화 속 동물부터 시작해 분노에 찬 불교의 신들과 귀신에 이르기까지 민속적이고 예술적인 요소들이 넘친다. 그러나 안타깝게도 이 기괴한 행렬은 사람들에게 공포를 불러일으켜 파괴 행위를 멈추게 만들기는커녕 오히려 즐겁게 만들 뿐이다. 심지어 테마파크 사장은 방문객들을 끌어모으기 위해 자신이 이 퍼레이드를 주최했다고 주장한다. 《폼포코 너구리 대작전》으로부터 10여 년이 지난 뒤에 제작된 곤 사토시의 《파프리카》에 등장하는 꿈같은 행렬은 요괴나 귀신이 아닌 포스트모던 요소들이 잔뜩 등장한다. 복 고양이 마네키네코나 종이로 만든 다루마 불상과 같은 전통 인형들과 함께 냉장고와 자동차, 러시아 인형 마트료시카, 자유의 여신상, 머리에 휴대전화가 달린 사람들이 춤을 춘다. 세계화된 소비 사회의 지나치게 많은 물건들이 악몽에 사로잡힌 군중의 꿈속으로 파고든다. 이미지와 환상의 소용돌이 속에서 자연의 정령이나 신의 화신들은 창백한 얼굴로 나타난다.

우리는 모두 원더랜드에 가본 적이 있다

《늑대아이》, 호소다 마모루

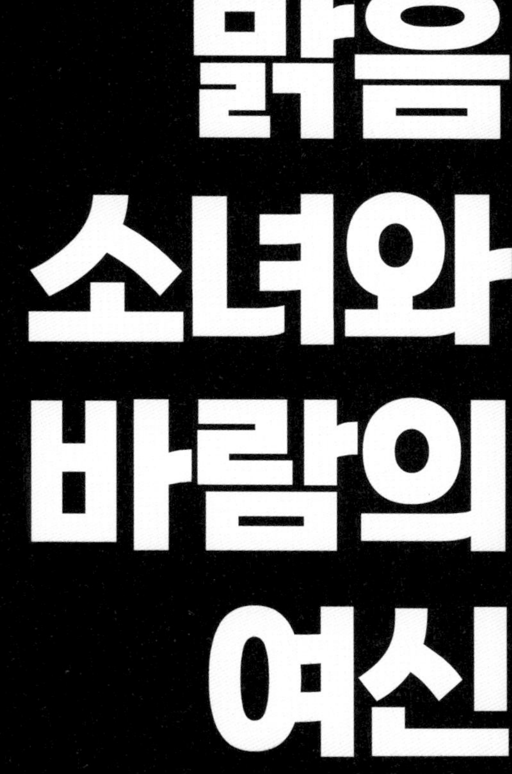

수많은 애니메이션이 내면적이고 정치적인 비유를 사용해 생물의 멸종과 이상기후 현상을 다룬다.

가족 드라마와 판타지가 뒤섞인 호소다 마모루 감독의 《늑대아이》는 인간의 이중성을 탐구한 작품이다. 사람들은 주인공에게 존재하는 동물적 특성을 거부하며 멸시한다. 현실적인 배경 속에서 대학생인 하나[32]는 말수가 적은 남자에게 반하게 되는데 그는 보름달이 뜨는 밤에 자신의 본성을 드러내 보인다. 그는 늑대 인간의 마지막 후예로 인간의 모습과 늑대의 모습을 모두 가지고 있다. 남자가 죽고 난 뒤 하나는 인간과 늑대 인간의 혼혈인 두 아이를 혼자서 키운다. 아이들의 비밀을 지켜주기 위해 하나는 좁은 도시를 떠나 시골로 향한다. 다시 흘러가는 시간과 마주한 하나는 땅을 일구고 환경을 가꾸기 위해 노력한다. 딸 유키[33]는 사람들과 잘 지내지만, 아들 아메[34]는 사람들을 꺼린다. 아메는 길들여지지 않은 풍경을 예찬하며 숲속을 정신없이 달리면서 본래의 특성을 깨닫게 된다. 아메는 비가 억수같이 쏟아지는 위험한 야생에서 동물들을 이끄는 늙은 여우의 뒤를 따르게 된다. 폭풍우는 두 인물이 각각 야생과 문명이라는 각자의 길을 걷도록 만들며 카타르시스를 제공한다.

호소다 마모루와 마찬가지로 신카이 마코토는 여러 번 은퇴를 언급했던 미야자키 하야오[35] 이후의 일본 애니메이션에 대한 희망을 품게 했다. 지진, 태풍, 폭염에 매우 취약한 지리적 특징을 가진 일본에서 애니메이션 감독들은 저마다의 스타일로 환경 보호를 이야기하기 위해 노력하고 있다. 강렬한 분위기와 현대적 판타지가 돋보이는 작품 세계를 가진 신카이 마코토의 최근작은 《날씨의 아이》에 나오는 주인공들의 외침처럼 '세상을 바꾸는 것'이 중요하다고 젊은 세대에 호소한다. 프랑스 일간 잡지 '르 몽드'와의 인터뷰에서 언급했던 것처럼 '도쿄는 사라지거나 적어도 그 모습이 지금과는 확연히 달라질 수 있기 때문'이다. 《너의 이름은.》의 이토모리 마을도 혜성에서 떨어져 나온 운석으로 소멸했다. 시간의 흐름을 거슬러 올라가 역사를 다시 쓰기 위해서는 주인공들의 조건 없는 사랑이 필요하다. 《날씨의 아이》 속 도쿄는 침수의 공포에 시달리며 비가 그치지 않는 우중충한 날씨의 도시로 전락했다. 우산을 쓰고 우비를 입은 사람들이 빽빽이 밀집되어 있다. 남자 주인공 호다카는 고향을 떠난 뒤로 닥치는 대로 일해서 살아간다. 오컬트 잡지

사에 고용된 그는 '맑음 소녀'의 뒤를 캐게 된다. 맑음 소녀 히나는 폭우를 멈추게 하고 빗방울을 하늘로 되돌려 보내며 다시 햇빛이 비치게 만드는 능력을 지녔다. 하지만 이 능력에는 대가가 따른다. 바로 몸이 점차 투명해지면서 물로 변하다가 완전히 사라지는 것이다.

반대로 하라 게이이치의 《버스데이 원더랜드》 속 비가 내리지 않는 왕국에는 가뭄이 닥쳤다. 물이 부족해서 점점 색을 잃어가고 풀밭은 노랗게 말라간다. 빅터 플레밍의 동화 같은 뮤지컬 영화 《오즈의 마법사 (1939)》와 유사한 이 작품 속 변덕스러운 주인공 아카네는 초록 바람의 여신이 되어 '사시사철 비의 성'에 살고 있는 우울한 왕자를 구해내는 임무를 맡는다. 내용은 복잡하지만, 그것이 전하는 메시지는 분명하다. 과학의 발전은 부유함과 빈곤함을 탄생시키고 아름다움을 무감각하게 만든다. 아카네의 모험 이야기에서는 다양한 계절과 기후의 풍경을 여행한다. 바위 사막, 붉은 모래 폭풍, 오염된 땅을 통해 기후 변화에 따른 피해를 자각하게 한다. 그리고 밤하늘을 수놓은 은하수, 황홀한 새벽녘, 반짝이는 꽃밭처럼 보존해야 할 아름다움을 발견하게 만든다. 결말에서는 원기를 되찾은 왕자가 물방울을 새로 바꿔 구름 속으로 날아오르게 하고 그토록 기다리던 비가 왕국에 쏟아진다.

32. 花(はな), '꽃'이라는 뜻
33. 雪(ゆき), '눈'이라는 뜻
34. 雨(あめ), '비'라는 뜻
35. 미야자키 하야오는 요시노 겐자부로의 소설 「그대들, 어떻게 살 것인가」를 각색한 새로운 작품을 준비했고 2023년 개봉함

천 년의 마법

전쟁 이후에는 트라우마를 잊기 위해, 그보다 더 이후에는 경제 호황과 미국화된 사회로 인해 촉진된 기억 상실 속에서 세계와의 연결이 희미해졌다. 소셜 네트워크와 지구촌 시대에서 전통은 사라지고 기억력은 감퇴한다. 애니메이션은 이러한 현상에 맞서 역사적인 이야기에 환상의 세계를 연결해 전설 속 존재들과 사람들에게서 잊힌 시대를 되살려 낸다.

가타부치 스나오의 《마이 마이 신코 이야기(2009)》는 1950년대 농촌이 배경이다. 주인공 신코는 할아버지가 들려주는 이야기에 큰 흥미를 보인다. "보리밭만 펼쳐져 있는 이 땅도 천 년 전에는……." 열 살의 신코는 '천 년의 마법'을 통해 선조들의 삶을 재현한다. 신코의 풍부한 상상력 덕분에 애니메이션은 과거로 여행을 떠나며 때로는 낯선 풍습의 세계를 그려낸다. 도쿄에서 외국인처럼 옷을 입은 키이코가 전학을 오고 신코는 예의범절 때문에 자신이 원하는 대로 살지 못했던 과거의 공주님과 키이코를 비교하며 유사점을 찾아낸다. 감독은 연못에서 키우던 금붕어가 너무 빨리 죽자 금붕어가 살아있다는 이야기를 지어내며 희망을 찾으려는 소녀들의 일상을 따스한 시선으로 그려냈다. 이 모든 일은 친구 아버지의 자살, 어릴 적 돌아가신 엄마를 기억하지 못하는 키이코의 슬픔이라는 비극에도 불구하고 일어난다. 신코의 '천 년의 마법' 덕분에 키이코는 어릴 적 엄마의 사진을 발견하며 기억을 되찾는다. 이 작품은 그것이 어머니이든 아버지이든 그저 한 마리의 금붕어이든 세상을 떠난 이들을 이야기 속에서 살아 숨 쉬게 하는 것이 얼마나 중요한 일인지 말해준다.

호소다 마모루의 《괴물의 아이(2015)》에서 가출한 소년은 도쿄의 길거리를 홀로 배회한다. 그러다 수상한 실루엣의 사람들을 따라 간 소년은 미로와 같은 골목을 마주한 뒤 다른 시대처럼 보이는 초자연적인 곳으로 이동한다. 그곳은 훌륭한 무예가들이 가득하고 노련한 토끼가 다스리는 괴물의 세계다. 주민들은 인간들로부터 신비한 시공간의 존재를 숨기고 인간과의 모든 연결을 차단했다. 인간의 마음에 존재하는 칠흑 같은 어둠을 경계하기 때문이다. 그곳에서 큐타라는 이름으로 불리게 된 주인공 렌은 쿠마테츠의 제자가 된다. 렌은 괴팍하지만 따뜻한 마음을 지닌 쿠마테츠를 아버지처럼 여긴다. 성장하면서 렌은 두 세계를 오가게 되는데, 그로부터 실존적인 결정을 내리게 되며 위험한 개입을 유발하고 긍정적인 카타르시스를 만들어 낸다. 순수한 명예를 떠받드는 검객들과 함께하는 성장의 여정을 통해 렌은 분열한 현실과 부서진 가족 관계 앞에서 내면의 분노를 다스리고 자신의 삶을 재건할 수 있게 된다.

이와 반대로 《새벽을 알리는 루의 노래(2017)》는 전설 속의 존재가 민간 전승을 믿지 않게 된 현대 세계에 던져진다. 유아사 마사아키가 만든 인어 '루'는 전자 음악을 좋아하는 신비로운 존재다. 아주 짧은 음악만 들어도 인간의 모습처럼 변하고 정신없이 춤을 추기 시작한다. 루는 부모님이 이혼하고 우울함에 빠진 소년 카이의 삶과 작은 어촌 마을을 혼란에 빠트린다. 노인들은 인어를 소중한 사람들을 죽게 하는 저주 받은 존재로 여긴다. 경제 호황을 경험한 세대는 루를 이용해 유원지의 수익을 올리려 한다. 젊은 세대는 루의 마법을 접하고 즐거움과 생기를 되찾는다. 딸을 구하러 온 거대한 몸집을 가진 루의 아빠부터 하늘로 솟구치는 바닷물의 기하학적 형태에 이르기까지, 감독은 환각 같은 시각적 효과를 즐겨 사용하면서도 계속해서 스타일의 변화를 준다. 이 작품은 전설의 부활과 청소년의 불안을 다루는 만화경이다.

이처럼 과거와 현재를 넘나드는 충돌은 기억의 공백을 메워주고 서로 다른 세대들이 다시 관계를 맺게 해준다.

우리는 모두 원더랜드에 가본 적이 있다

과거에는 큰 의미가 있었던 관습, 전통, 전설은 이제 사람들의 기억 속에서 잊혀지거나 실체를 잃어버리고 있다. 사람들은 이제 자연의 정령을 더는 믿지 않는다. 다카하타 이사오의《폼포코 너구리 대작전》에서 얼큰하게 취한 두 남성은 죽지 않기 위해 유령으로 변신한 너구리들의 행렬을 보고 이렇게 말한다. "신경과민이야. 여우 결혼식이니 여우 등불이니 뭐니, 말이 나올 때부터 신경이 곤두서서 그래. 행렬이 보인다는 거 다 자네 머릿속 이야기야." 민간 전승을 정신질환으로 치부해 버리는 이러한 부정의 태도에 맞서 수많은 애니메이션은 현실 속에 정신적인 것들을 다시 불어넣기 위해 축제라는 장치를 이용한다.

신카이 마코토 감독의《너의 이름은.》은 도시에 사는 소년과 시골에 사는 소녀의 영혼이 서로 바뀌어 상대방의 몸과 일상으로 들어가게 된다. 두 사람은 이렇게 이상한 일이 벌어지는 이유를 알지 못한다. 도쿄의 꽃미남으로 태어나고 싶다는 꿈을 가진 고등학생 미츠하는 가문의 대를 이어 미야미즈 신사의 무녀가 되었고 미츠하의 아버지는 마을의 이장이다. 미츠하는 전통 의상을 입고 춤을 추며 신을 위해 쌀을 씹어 뱉는 쿠치가미자케[36] 의식을 행한다. 미츠하의 할머니는 잊혀진 과거의 언어와 그들이 고수하는 신념의 숭고한 의미를 손녀들에게 가르쳐 준다. "결국 축제의 의미는 전해지지 않고 형태만 남았지. 기록은 사라졌어도 전통은 지켜나가야 해." 신성한 실로 엮은 팔찌는 시간의 흐름, 신과 인간의 보이지 않는 연결고리를 상징할 뿐만 아니라 도쿄에 사는 소년 타키와 미츠하의 영혼이 이어지는 것을 의미하기도 한다. 두 사람은 한 번도 만나본 적 없으며 같은 시간대에 살고 있지도 않다. 타키는 3년 전 혜성이 떨어져 이토모리 마을을 쑥대밭으로 만들었을 때 미츠하가 죽었다는 사실을 알게 된다. 절망에 빠진 그는 사당까지 올라가 쿠치가미자케를 마신 뒤 신에게 미츠하를 구해달라고 간청한다.

고사카 기타로 감독의《웃코는 초등학생 사장님!(2018)》에서 주인공 웃코는 자신이 지켜보는 신토 의식이 어떤 의미를 지녔는지 이해하지 못한다. 의식은 상처를 치유해주는 신의 선물과도 같은 하나노유 온천을 기리기 위한 것이다. 자동차 사고로 갑작스레 부모님을 여읜 웃코는 온천 근처에서 전통 여관을 운영하는 할머니에게 거둬진다. 영기가 가득한 이곳에서 웃코는 우울함이 닥칠 때마다 모습을 드러내는 유령들의 도움을 받아 부모님을 잃은 슬픔을 이겨낸다. 애니미즘은 죽은 아

이들에게 생명력을 불어넣어 온천을 맴돌게 한다. 이들은 웃코가 '여관의 작은 사장님'이 되어 상실을 받아들이고 과거 및 미래와 화해하도록 격려한다. 웃코는 자신이 대를 잇지 않으면 사라질 위기에 처한 여관을 이어 나갈 것이다. 오키우라 히로유키 감독의《모모와 다락방의 수상한 요괴들(2012)》에서도 비슷한 내용이 등장한다. 아버지를 여읜 열한 살 소녀를 돕기 위해 세 요괴가 나타난다. 이들은 소녀가 이사를 간 어머니 고향의 시골집 다락방에서 발견한, 에도 시대의 그림책에서 튀어나온 것이다. 천방지축인 요괴들은 오로지 먹는 것만 생각하며 말썽을 부리지만, 어머니를 구하려는 모모를 돕는 일이라면 언제든 두 팔을 걷어붙인다. 또 모모가 태풍이 몰아치는 가운데 이웃 섬에 발이 묶인 의사에게 찾아갈 수 있도록 수많은 초자연적 생명체들이 거대한 보호막이 되어주기도 한다.

민간 전승을 중심으로 하는 이 작품들은 죽은 자들에 대한 기억을 기린다. 애니메이션은 전통, 조상과 신들에 대한 믿음이 오늘을 살아가는 이들에게 나침반이 되어줄 수 있도록 의식과 기억의 기능을 대신한다.

121

민간 전승의 신전

타임머신

시간 여행은 죽은 사람을 살려내거나 미래의 존재들을 만날 수 있게 해준다. 운명의 매듭이라는 시간적 틈을 바탕으로 한《너의 이름은.》은 3년이라는 시간 차이를 넘어 서로를 찾기 위해 애쓰는 미츠하와 타키의 이야기를 보여준다. 운석으로 인한 재앙으로부터 미츠하를 구하기 위해 타키는 평행 세계를 연결해야만 한다. 두 사람의 기적적인 만남은 황혼의 시간에 구름이 바다처럼 펼쳐진 산의 정상에서 이루어진다. 각자의 시공간에 갇힌 두 사람은 서로를 볼 수는 없지만 상대방의 존재를 느낀다. "너 거기 있어?" 본래 각자의 시간대에 속한 채 어긋나 있었지만, 두 사람은 서로를 바라보며 결국 마주하게 된다. 서로의 몸속으로 들어가게 만드는 마법은 시간의 장벽을 허물어 영혼의 연결을 실감나게 만들어 준다.

호소다 마모루의《시간을 달리는 소녀(2006)》에서 실수투성이 고등학생인 마코토는 자전거를 타고 기차와 부딪히면서 기적처럼 시간을 거슬러 과거로 간다. 마코토는 일상과 대조되는 풍경을 통해 그야말로 시계의 톱니바퀴 속으로 들어간다. 그녀는 사소한 일들에 시간을 되돌리는 능력을 사용하다 결국 그것이 어떤 결과를 가져오는지 깨닫게 된다. 시간 여행은 또 다른 일들을 발생시키고 선택의 갈림길마다 친구들에게 잠재적으로 위험한 결과들을 불러온다. 반복과 변형이라는 순환 구조로 구성된 호소다 마모루 감독의 첫 영화는 청소년의 되풀이되는 일상을 그리고 있다. 작품 속에는 미래에서 온 인물도 존재하는데 바로 마코토의 친구인 치아키다. 치아키는 자신이 살던 미래에서 사라진 어떤 그림을 보기 위해 마코토가 사는 과거로 이동했다. 전쟁이 한창이던 당시 그려진 이 오래된 그림은 쇠퇴한 세상의 아름다움을 그려냈다. 치아키가 시간 여행을 감행한 이유다.

요네바야시 히로마사 감독의《추억의 마니(2014)》는 작중 사건에 대한 이성적인 관점과 초자연적 관점 사이를 오가는 판타지의 울림을 담고 있는 작품이다. 현실과 환상을 같은 차원에 두고 있는 이 작품은 두

세계 사이의 존재 의식을 강화하고 경계 지점을 만들어 낸다. 의붓어머니의 사랑을 의심하고 벽을 쌓은 안나는 천식을 치료하기 위해 홋카이도의 바닷가 마을로 요양을 온다. 습지가 펼쳐진 곳에서 버려진 낡은 저택을 발견하는데 해 질 무렵만 되면 과거의 빛이 되살아나는 모습을 본다. 마치 잠든 유령이 나타나도 전혀 이상하지 않은 분위기다. 안나의 우울함은 습지 저택에서 마니가 등장하게 한다. 안나는 베일에 싸인 금발 소녀 마니와 깊은 유대를 쌓으며 내면의 상처를 치유한다. 안나가 살고 있는 곳은 사실 추억 속이다. 환상 속에서 시간을 거슬러 올라간 안나는 꿈속에서 부모님이 돌아가신 후 잠시 동안 자신을 보살펴 줬던 할머니를 만난다. 추억 속으로의 여행은 안나에게 끊어진 혈연관계가 낸 상처를 치유하고 세상으로 나아가게 해준다.

타임머신은 순수한 상상의 세계에서 가족의 역사를 탐험하게 하기도 한다. 호소다 마모루 감독의《미래의 미라이(2018)》에서는 주인공 쿤이 여동생 미라이의 탄생을 받아들이는 것을 돕는다. 자신이 부모님에게서 2순위로 밀려났다는 사실을 견디지 못한 다섯 살 소년 쿤은 모든 시공간의 규칙을 뛰어넘는 환상을 경험한다. 쿤은 '미래의 미라이'를 만나는데 이는 청소년이 된 제 여동생이다. 또한 어린 시절의 어머니와 제2차 세계대전 당시의 젊은 할아버지도 만난다. 과거나 미래로 떠나는 쿤의 여행은 미라이와 함께 가족의 역사를 살펴보면서 쿤이 어떻게 탄생하게 되었는지 알게 되는 장면에서 절정에 이른다. 그렇게 쿤은 가족의 확장을 기쁘게 받아들인다.

매우 비현실적인 '타임 패러독스'[37]는 시간의 흐름을 비트는 다중우주의 원천이 되며 이야기의 즐거운 요소가 된다.

---

37. 시간 여행을 할 때 발생할 수 있는 역설

《시간을 달리는 소녀》, 호소다 마모루

《너의 이름은.》, 신카이 마코토

지금까지 소수의 세력이 끝없이 저항하는 아포
칼립스와 넘쳐나는 창의력으로 절망에 맞서는
환상의 세계를 탐험했다. 이제는 주로 현실을 관
찰하며 자아를 성찰하는 사실주의를 살펴볼 차
례다. 일본 애니메이션은 20세기 후반 급격하게
변화한 일본 사회와 삶의 방식을 잘 보여준다. 가
정에서부터 직장과 학교에 이르기까지 섬세하게
인간의 희비극을 그려냈다. 일본 애니메이션 감
독들은 마치 관습이나 심리를 연구하듯 작중 인
물들의 눈높이에서 그들의 감정을 상세히 관찰
했다. 이를 통해 다양한 우연, 비극, 즐거움 가득
한 일상을 낱낱이 살펴본다. 그렇게 애니메이션
이라는 현대 장르는 펜 한 자루로 도시의 혼잡,
가족으로부터 버려진 고통, 사랑의 상처를 포착
해 낸다. 실사 영화보다 조금 더 자유롭게 감정
을 표현할 수 있다는 것이 애니메이션의 장점이
다. 애니메이션에서는 시시각각 변하는 인간의
심리를 주관적이고 추상적이며 몽환적인 시선으
로 표현할 수 있다. 그리고 그것을 사실적이고 객
관적인 세계에 녹여낸다. 많은 애니메이션은 예
술 창작을 영혼을 살찌우게 만드는 삶의 필수 요
소로 여기며 예찬한다. 애니메이션에 등장하는
장인, 화가, 음악가, 시인과 같은 인물들에는 애
니메이션 제작자와 감독이 투영되어 있다. 이는
현실의 빛바랜 단면을 훌륭하게 담아내는 애니
메이션에 대한 생생한 찬사다.

125

03

삶, 바로 지금

일본의 변화

원자폭탄이라는 트라우마, 항복, 그리고 10여 년 동안 이어진 경제 불황을 겪으며 일본은 잿더미에서 국가를 다시 일으켜야 했다. 그 과정은 미국의 점령과 급격한 경제 부흥을 통해 사회문화와 정치면에서 큰 변화를 가져왔다. 의회 민주주의 정치 체제를 도입하면서 전례 없는 자본주의의 현대화가 이루어졌다. 약 40년 동안 일본은 미국에 이어 세계 2위 경제 대국의 자리를 지켜왔지만, 지금은 중국에 추월당한 상태다. 많은 애니메이션 감독들은 이러한 변화를 직접 경험했다. 전쟁을 경험한 미야자키 하야오, 다카하타 이사오 등의 '전흔세대'부터 1955~1973년에 고도 경제 성장 시기를 겪은 베이비붐 세대와 1960년대 말 극심하게 탄압받은 학생운동을 목격한 오토모 가쓰히로, 오시이 마모루 등까지가 이에 속한다. 한편 1980~1990년대 20세 전후였던 곤 사토시, 호소다 마모루, 신카이 마코토 등 '신인류 세대' 감독들은 1997년 아시아 경제 위기와 디지털 혁명을 겪었다. 세기가 바뀌면서 세계화, 신자유주의와 더불어 새로운 통신 수단이 등장했고 이는 다양한 소재를 안겨줬다.

이 같은 변화를 살펴보는 데 있어서 애니메이션 영화는 특히 효과적인 매체다. 엄격한 역사 재현이라는 번거로운 작업을 거치지 않고도 다양한 시대를 구현해 낼 수 있기 때문이다. 현대의 관점으로 과거를 연출하는 데 애니메이션의 놀라운 유연성이 중요한 역할을 한다. 1988년《반딧불이의 묘》를 연출했을 때 다카

하타 이사오 감독은 "오늘날의 어린이가 타임머신을 타고 갑자기 그 시대로 이동한다면 무슨 일이 벌어질지(아니메주, 1991년 1월 호)" 상상했다고 한다. 이것이 그가 유령 같은 전쟁 고아들을 과거를 잊은 비인간적인 고층 건물들 앞에 그려낸 이유다. 이러한 시간적 충돌은《백일홍: 미스 호쿠사이(2015)》결말 부분에서도 반복되는데, 연속적인 디졸브라는 놀라운 효과를 통해 도시 건축물의 변천사를 나타낸 마틴 스코세이지의 영화《갱스 오브 뉴욕(2002)》을 은연 중에 떠오르게 한다. 하라 게이이치 감독은 같은 각도에서 바라본 일본의 수도를 두 가지 모습으로 나란히 배치해 보여준다. 바로 19세기의 에도[38]와 21세기의 도쿄다. 보행자들을 자동차가 대체하고 건물들은 하늘 높이 솟아올라 풍경 일부를 가린다. 하라 게이이치 감독이 즐겨 사용하는 '시간 변화'는 그의 전작《컬러풀(2010)》에도 나타나 있다. 두 소년은 도쿄 전철을 건설하기 위해 1969년 운행을 멈춘 트램 '타마덴'의 흔적을 되짚는다. 오래전 일본 트램의 역사를 보여주는 흑백 사진은 점차 색깔을 띠면서 움직이는 애니메이션 장면으로 전환되고 추억 여행을 떠난 소년들의 모습과 교차 편집된다. 애니메이션은 때로 사회, 가족, 개인의 전통적인 구조를 뒤흔든 격변을 보여주며 관객들의 추억을 환기하고자 노력한다.

38. 당시 도쿄를 가리키던 이름

<코쿠리코 언덕에서>, 미야자키 고로

제2차 세계대전 이후 일본이 겪은 급격한 변화의 순간들을 되돌아보는 애니메이션 영화들이 있다. 이 과도기에는 늘 긴장으로 가득했고 과거와 새로운 세계 사이의 갈등을 불러일으켰다. 모든 것이 불확실했지만 그만큼 창의력 넘치는 시기를 열어주기도 했다.

1955년, 전쟁 이후 농촌 지역. 몇몇 아이가 오래된 방공호에서 산적 잡기 놀이를 한다. 여기엔 치유되지 못한 트라우마가 은근히 드러나 있다. 그런데도 삶은 계절의 변화를 따라 다시 나아가게 마련이다. 가타부치 스나오 감독의 《마이 마이 신코 이야기》가 시골의 삶과 천 년도 더 지난 에도 시대의 과거를 역사적으로 연결 지어 그려낸 이유도 바로 여기에 있다. 현대화는 진행 중이고 일본은 이미 외부의 영향을 받아들였다. 역사의 변두리에 있는 이 시골에서 도시 출신의 키이코에 의해 사회의 발전이 드러난다. 키이코의 친구들은 외국에서 수입된 옷이나 무지개 색연필을 보고 놀라움을 감추지 못한다. 키이코의 집에는 이미 가스냉장고와 같은 놀라운 물건들이 있다. 키이코의 집이 곧 사회적 지위의 상징인 셈이다. 반면 신코의 집은 아직도 일회성 얼음 블록을 사용한다. 신코는 키이코에게 또 다른 신기한 물건인 텔레비전에 대해 질문을 퍼붓는다. 냉장고와 텔레비전은 가정의 안락과 소비 방식을 근본적으로 변화시킨 대표적인 가전제품이다.

경제 호황과 함께 일어난 발전의 바람은 미야자키 고로 감독의 《코쿠리코 언덕에서(2011)》 속에서도 나타난다. 역사에 근거를 두면서도 재해석으로 향수를 불러일으키는 이 영화는 얼마 후 개최될 도쿄 올림픽에 대한 기대에 잔뜩 부푼 1960년대 일본의 모습을 그렸다. 전쟁의 상흔은 산산이 흩어진 가정에서 여전히 느껴지지만 1963년은 희망으로 빛난 한 해다. 전쟁 중이나 직후에 태어난 아이들인 우미와 슌은 요코하마의 항구 도시에서 고등학생으로 평온하게 살아가고 있다. 우미는 선원인 아버지를 한국전쟁(1950~1953년)으로 여의었고 매일 아침 바다를 향해 깃발을 게양한다. 슌은 히로시마 원폭으로 가족을 잃고 고아가 된 후 입양되었는데 그 과정에 대해 단편적으로만 알고 있다. 가족 관계를 둘러싼 오해가 두 사람 사이에 연애 감정이 싹트는 것을 가로막는다. 고등학교에서는 온갖 동아리 부실들과 먼지투성이 잡동사니들이 쌓여 있는 낡은 건물 '카르티에 라탱'의 존폐를 둘러싸고 전통과 현대 사이의 갈등이 구체화한다. 거미줄이 가득한 이 보물 동굴은 고등학교의 핵심 공간이자 아이들이 정치 논쟁을 벌이는 곳이다. 민주주의의 본질에 관해 질문을 던지고 카르티에 라탱을 허물려는 학교를

비판하는 열띤 토론은 60년대 말 대학생들의 시위를 떠오르게 한다. "오래됐다고 없애는 건 과거의 기억을 버리는 거야! 사람이 세상에 태어났다 죽는 걸 무시하는 거라고! 새로운 것에 매달려 역사를 무시하는 너희들에게 무슨 미래가 있지?"

다카하타 이사오 감독의 《추억은 방울방울(1991)》에서는 일본 문화가 급격한 변화를 겪은 두 시기 1982년과 1966년을 비교한다. 30대에 가까워지면서 방황하던 주인공 타에코는 콘크리트로 가득한 도시를 벗어나 시골로 휴가를 가면서 어린 시절의 추억을 회상한다. 무엇보다도 1960년대에 비틀스의 '미셸', 미니스커트, 미술, 미국 문화를 접하며 청소년기를 함께 보냈던 언니들을 떠올린다. 당시 아버지는 자식들에게 자유를 허용하지 않았고 연극에 참여하는 것도 금지했던 권위주의적인 구세대 인물이다. 도시를 떠난 타에코는 살면서 내렸던 자신의 선택을 돌아본다. 어머니는 현재의 삶을 포기하고 결혼이나 하라고 압박한다. 이 작품은 당시 일본이 그랬던 것처럼 관습으로부터의 해방과 사회적 관계의 약화, 전통의 답습과 현대의 개인주의로의 이행이라는 선택의 갈림길에 선 젊은 여성의 이야기다.

과거와 현대의 대립

도시적인, 너무나 도시적인

고도 경제 성장 시기 일본의 풍경은 큰 변화를 겪었다. 대규모 이농현상과 함께 빠르게 진행된 도시화 때문에 일렬로 줄지은 아파트와 교외 지역이 무수히 생겨났다. 이 지역은 도시로 몰려드는 중산층을 흡수했다.

《폼포코 너구리 대작전》의 비극적 우화에는 도쿄의 과밀한 인구 문제를 해소하기 위해 3천 헥타르의 땅을 개발하며 시행된 1966~1967년의 타마 뉴타운 문제에 대한 감독의 시각이 담겨 있다. 다큐멘터리 형식의 해설로 표현된 인상적인 은유들이 '살기 좋은 주택가를 건설하는 전무후무한 재개발 사업'을 비판하고 있다. 이를 시각적으로 표현한 것이 장난스럽게 건축물을 세우고 있는 부처와 동자승들의 모습이다. 이후 게임 화면처럼 묘사된 장면에서는 산림 파괴로 궁지에 몰리고 버섯처럼 우후죽순으로 솟아나는 건물들로 인해 목숨을 잃게 되는 너구리들의 상황이 드러난다. 무질서한 도시화를 강조하기 위해 다카하타 이사오는 빠른 속도로 진행되는 자연의 훼손을 보여준다. 굴착기로 산이 편평하게 깎여 나가고, 벌레를 닮은 불도저가 거대한 잎사귀를 빛의 속도로 갉아먹은 뒤 결국 남는 것은 콘크리트 건물뿐이다.

《추억은 방울방울》의 오프닝에 등장하는 수채화로 그려진 오래된 저택은 주인공이 유년기를 보낸 집이다. 그 집은 유리창을 통해 분열된 임대주택들을 비추는 고층 건물로 바뀐다. 다닥다닥 붙어 있는 아파트, 사람이 가득 찬 대중교통, 사무실의 반복 작업을 그린 몇몇 장면들이 기계적인 리듬으로 빠르게 지나가며 도시의 삭막함을 더욱 강조한다. 주인공 타에코는 이 삭막함으로부터 벗어나기 위해 도쿄를 떠나 시골로 향한다. 싱그러운 자연과 만나 활력을 되찾은 타에코는 삶의 의미에 관해 고민하다 다시 어린 시절의 번데기 상태로 되돌아가고 싶어 한다. 도시의 관습들을 벗어던지고 농촌의 옷을 입으면서 타에코의 허물벗기가 시작된다. 새벽이면 전통 방식에 따라 홍화꽃을 따는 일에 동참한다. 대기업을 그만두고 자신이 태어난 고향에서 농사를 짓기 위해 돌아온 토시오와 대화를 나누면서 타에코의 시야는 더욱 넓어진다. 토시오는 계절의 순환 리듬과 완전히 반대되는 농업으로 인한 토지의 약화, 기계와 비료로 심각한 위험에 처한 농업계의 이야기를 들려준다. 인간의 손으로 만들어진 농촌 지역은 자연과의 투쟁과 위태로운 균형으로부터 탄생했다. 이 작품은 개인의 뿌리를 잘라버린 삭막한 도시화가 가리고 있는 중요한 진실을 상기시킨다.

그렇다면 오늘날의 도시와 시골은 어떨까? 신카이 마코토 감독의 《너의 이름은.》은 이 상반된 구도를 놀라운 마법으로 풀어냈다. 미츠하와 타키는 서로 영혼이 바뀌면서 자신이 살던 것과 정반대의 삶 속에 던져진다. 타키는 가슴이 생긴 것에 놀라며, 있는 그대로의 자연에 둘러싸인 시골 마을에서 느린 일상을 체험한다. 이제 그는 도쿄에 있는 작은 아파트에서의 생활이 아니라 전통을 수호하는 신사의 무녀 생활을 하게 된다. 미츠하는 거대한 규모의 건물들과 유행하는 카페의 음료 가격에 깜짝 놀란다. 미츠하는 숨 가쁘게 흘러가는 도시의 삶을 즐겁게 받아들인다. 미츠하와 친구들은 편의점이 일찍 닫아버리고 시간만 하염없이 흘러가는 이토모리 마을을 떠나고 싶어 했다. 시골 청소년들은 고향 섬을 떠난 《날씨의 아이》의 호다카처럼 도시에서의 다양한 경험에 환상을 가지고 있다. 반대로 일부 성인들은 유아사 마사아키의 《새벽을 알리는 루의 노래》처럼 아이들의 실망과 함께, 또는 호소다 마모루의 《늑대아이》처럼 아이들의 행복을 위해, 오키우라 히로유키의 《모모와 다락방의 수상한 요괴들》처럼 가까운 이의 죽음을 겪거나 이혼 후에 시골로 돌아오기도 한다.

유럽과 일본의 문화가 뒤섞인 미야자키 하야오 작품 속 도시들은《마녀 배달부 키키》처럼 현실과는 다른 시대적 매력을 가졌으면서도 사실주의의 정점에 서 있다. 미야자키 하야오의 작품은 현대 풍경과 거리가 멀다. 예외는《센과 치히로의 행방불명》의 초반부가 유일하고 초반부를 지나면 배경은 온천이 있는 환상의 마을로 빠르게 전환된다. 반면 다른 감독들은 공공연하게 반자연주의를 내세우기도 한다. 유아사 마사아키 감독의《밤은 짧아, 걸어 아가씨야(2017)》가 대표적인 예다. 이 작품 속의 교토는 인물들의 어지러운 정신으로 인해 완전히 왜곡되어 있다. 거리는 양식화된 꽃들로 가득하고 도시는 인물들의 이동에 따라 기하학적 형태로 변화한다.

하지만 대다수의 현대 감독들은 사실주의를 추구한다. 도쿄나 오사카 등 일본의 대도시에서 나타나는 사회의 모습을 표현하려는 이들의 욕망이 디테일에 관한 고민 속에서 생생히 느껴진다. 사진에 가깝다고 할 정도로 충실한 일부 건물 묘사는 다양한 도시의 분위기를 잘 담아낸다. 《너의 이름은.》은 신주쿠의 붐비는 교차로에서 도쿄 타워를 지나 롯폰기의 국립 신미술관에 이르기까지 도쿄의 상징적인 장소들을 배경으로 삼았다. 신카이 마코토 감독의《언어의 정원(2013)》속 아련한 사랑 이야기는 도시 중심가의 한적한 신주쿠 공원에서 꽃 핀다. 도쿄를 떠올릴 때면 항상 등장하는 끝이 보이지 않는 고층 건물, 송전탑, 건널목, 네온사인 간판, 24시간 운영되는 상점들이 주로 재현된다. 유명한 신칸센을 포함해 사방으로 뻗어나가는 대중교통망은 매일 집에서 학교 또는 직장까지 수백만 명의 승객을 실어 나르는 역과 전철을 통해 감독들을 사로잡는다. 이러한 사실성은 도시의 삶에 대한 특정한 시각을 담아내고 있으며 등장인물들이 사는 공간에 대한 신뢰성을 준다. 1990년대를 배경으로 하는 곤도 요시후미 감독의《귀를 기울이면》은 도시의 짧은 일상 장면에서 시작해 시즈쿠가 사는 협소하고 빽빽한 아파트까지 이어진다. 카메라 구도는 타마 뉴타운의 높은 밀집도를 보여주며, 미국에서 진한 향수를 불러일으키는 곡으로 유명한 '컨트리 로드'가 재생된다. 주인공 시즈쿠는 현대 풍경 묘사를 위해 이 곡을 개사해서 부른다. "콘크리트 로드, 숲을 자르고, 계곡을 메우지, 웨스트 도쿄, 마운틴 타

마, 내 고향은 콘크리트 로드." 도쿄에 가본 적이 거의 없는 친척 어른의 질문에《추억은 방울방울》의 타에코는 이렇게 답한다. "도쿄는 복잡하고 빌딩과 자동차로 꽉 차서 사람이 살 만한 곳이 아닌 것 같아요. 그런 도쿄에 비하면 여긴 별천지죠."

인구가 밀집된 대도시에서는 모든 게 가능하다.《너의 이름은.》에서처럼 평범한 교차로에서도 얼마든지 운명의 인연을 만날 수 있다. 동시에 익명성과 비극적인 사연이 모여 있는 곳이기도 하다. 사회적 유대의 파괴, 가족 해체, 경제적 불안은 오락과 소비가 만연한 화려한 도시의 이면이다.《폼포코 너구리 대작전》에서 변신술에 능한 여우들이 '거대한 도쿄에서 살아가는 유일한 방법'으로 인간들 사이에 섞여 사는 것을 선택한다. 자본주의를 받아들인 여우들은 인간을 따라 주판을 두들기면서 노래를 부른다. "인간으로 살아가려면 돈이 필요해. 그러면 돈은 어떻게 버나? 특기를 살리면 문제없어." 여우들은 동족을 구하려는 너구리들의 절박함 앞에서 오로지 고용 수당과 높은 임금에만 관심이 있다. 그 대가로 이들은 돈벌이에 뛰어들어 테마파크 원더랜드 한가운데에서 변신술을 사용해야 한다.

도쿄 소나타

대지의 저주받은 사람들

일본 애니메이션의 장점 중 하나는 아이들을 위한 다정한 우화부터 그 반대편에 있는 가장 어두운 이야기까지 모든 주제를 포용한다는 점이다. 일본 애니메이션은 고아나 소외된 이들의 고통을 흠잡을 데 없이 날카롭게 표현한다. 호소다 마모루 감독의 《괴물의 아이》에 나오는 렌과 신카이 마코토 감독의 《날씨의 아이》에 나오는 호다카는 가출한 뒤 군중 속에 섞여 도쿄를 방황한다. 두 인물은 땡전 한 푼 없이 굶주린 배로 쓰레기통 옆을 배회하고 얼마 안 되는 음식을 구해 길을 떠도는 동물들과 나눈다.

일부 작품들은 예리한 시각으로 하층민들의 비참한 삶을 숨기지 않고 드러낸다. 기념엽서 속 도쿄의 이면이다. 일본에서 오랫동안 살아온 미국인 감독 마이클 아리아스는 마쓰모토 다이요의 만화를 각색한 《철콘 근크리트(2006)》를 연출했다. 그의 작품 속 주인공은 거리의 소년들이다. 짙은 상징성을 지닌 이 작품은 두 '길고양이' 사이의 강한 유대를 탐구한다. 반항기 가득한 청소년 쿠로[39]는 혹독한 현실에서 벗어나기를 꿈꾸는 순수한 시로[40]를 지켜주겠노라고 약속한다. 두 소년은 극빈층들이 모여 사는 동네인 다카라마치를 테마파크로 만들기 위해 혈안이 된 네즈미[41]나 독사 같은 야쿠자와 탐욕스러운 외부 세력에 맞서 싸운다. 그렇게 도시의 쓰레기 더미와 형형색색의 조형물이 뒤섞인 초현실적 건축물이 탄생한다. 왜곡된 시점과 기울어진 구도로 포착된 도시의 모습은 장난스러우면서도 혼란해 보인다. 쿠로가 나락으로 떨어질수록 사람들의 얼굴은 점점 더 날카로워지고 일그러진 모습으로 나타난다. 작품의 제목은 원작 만화가 마쓰모토 다이요가 어렸을 때 철근 콘크리트를 잘못 발음한 데서 유래했다. 도시는 사람들의 얼어붙은 마음을 타락시키지만, 소년들이 생존을 위해 싸우고 자신들의 마을을 지키는 것은 막지 못한다. 비록 고물 자동차나 이곳저곳에서 주워 온 망가진 장난감 같은 잡동사니로 가득한 창고일지라도 소년들에게는 이미 그곳이 집이다. 도시의 늙은 노숙자는 소년들에게 할아버지와 같은 존재가 되어준다.

부랑자들 사이의 연대는 삭막한 도시에서 몇 안 되는 희미한 빛이다. 환상과 현실을 섞은 전작들과 달리 곤 사토시 감독은 《크리스마스에 기적을 만날 확률(2003)》에서 현실적인 크리스마스 이야기를 다루었다. 이 작품은 죽어가는 아기 엄마의 요청으로 아기를 맡으면서 대부가 된 세 무법자 이야기를 그린 존 포드 감독의 《쓰리 가드파더(1948)》에서 영감을 얻었다. 감독은 이 소재를 빌려와 경제 성장 시기에서 뒤처진 사람들의 삶에 무관심한 일본 사회의 씁쓸한 초상을 그려냈다. 거리의 비참한 삶을 신랄하게 묘사하면서도 유머와 기괴함도 놓치지 않았다. 무엇보다 이 작품은 사회로부터 배척당한 세 명의 인물에 대한 연민을 담아내고 있다. 도박으로 인해 길에 나앉은 남성, 화려한 트랜스젠더 여성, 방어적 성격을 가진 가출 소녀다. 이들은 크리스마스이브 저녁, 쓰레기 더미에 버려진 아기를 발견한다. 아기 부모를 찾기 위해 도쿄를 누비는 이들의 여정 속에서 도시 공간의 사실적인 묘사와 연극 같은 연출이 얽혀 있다. 이들의 긴 여정은 굶주림, 폭력, 알코올 중독 혹은 자살과 같은 것들을 조금도 숨기지 않는다. 프랭크 카프라 감독의 《멋진 인생(1946)》처럼 사회 영화인 동시에 크리스마스 이야기인 이 애니메이션의 결말에서 인생의 파멸에 이르렀지만 영혼만은 위대한 세 명의 주인공은 구원을 맞이한다. 하지만 폭력은 언제든 다시 벌어질 수 있다. 술집에서 야쿠자의 싸움에 휘말려 총을 맞고 사망한 주인공이 믿을 수 없는 모험을 거쳐 되살아난 뒤 운명을 뒤바꾸는 유아사 마사아키 감독의 《마인드 게임(2004)》처럼 말이다. 물론 모험을 통해 다시 태어나 운명을 뒤바꾸기 전에도 벌어질 수 있는 일이다.

39. 黑(くろ). '흑'이라는 뜻
40. 白(しろ). '백'이라는 뜻
41. ネズミ. '쥐'라는 뜻

《퍼펙트 블루》, 곤 사토시

《용과 주근깨 공주》, 호소다 마모루

위기와 사회 불평등에도 불구하고 지나친 소비와 유흥이 넘쳐나는 풍요로운 현대 사회는 영원히 지속된다. 디지털 혁명과 포스트모더니즘에서 시작된 상상력은 전통문화를 대체했고 타인과의 관계는 셀 수 없이 많은 디지털 화면을 통해 활발히 이루어진다.

이 같은 변화의 위대한 선구자는 네 편의 애니메이션 영화와 한 편의 TV 애니메이션 시리즈를 발표한 뒤 이른 나이에 세상을 떠난 곤 사토시 감독이다. 그는 파격적이고 대담한 작품들로 애니메이션 역사에 잊을 수 없는 흔적을 남겼다.《퍼펙트 블루》의 주제는 1990년대 성행했던 일회성 아이돌 현상이다. 언제든 대체될 수 있는 이 아이돌들은 질 낮은 음악을 팔기 위해 엔터테인먼트 산업에 뛰어들어 사람들의 이목을 끈다. 현대 사회의 무분별한 상품화를 다루기 위해 감독은 스플래터 장르를 살짝 더했다. 초라한 스포트라이트 아래의 주인공 미마는 점점 숨이 막혀 온다. 배우로 전향하려던 미마의 주변에서 연쇄 살인이 일어난다. 그 와중에 살인마를 연기하면서 혼란을 겪는 미마는 점차 조현병을 앓게 된다. 미마의 빛나는 이미지는 여러 화면 속에서 픽셀화되어 금이 가고 희미해지면서 핏빛으로 물들어간다. 결국에는 자신의 아이돌 모습을 한 환영에게 살해당할 위기에 처한다. 이 작품은 미장아빔을 통해 현실, 악몽, 환각을 뒤섞어놓는다. 인터넷이 모든 가정에 보편화되기 이전부터 곤 사토시 감독은 마우스 클릭 한두 번으로 이미지를 도용하고 개인정보를 훔치는 게 가능한 이 무법지대의 위험성을 예견했다. 작품 속의 끔찍한 스토커는 미마의 사진으로 도배된 자기 아파트에서 미마의 이름으로 된 가짜 사이트를 만든다. 그곳에서 미마가 쓴 것처럼 일기를 게시하고 그녀-제작자들에게 착취당하고 있다고 거짓으로 주장한다.

25년 후 호소다 마모루 감독의《용과 주근깨 공주》는 따돌림, 루머, 익명성 등 온라인 괴롭힘을 비판하고 있다. 주인공 벨이 J-POP의 새로운 공주로 떠오를 때, 용은 온라인 이용자들의 지지를 받는 자경단 '저스티스'에 의해 악으로 규정된다. 가상 플랫폼의 아바타 자경단들은 그들만의 질서를 내세워 위세를 부리며 스폰서들의 로고를 띄운다. '전쟁'의 기술처럼 사용되는 온라인상에서의 폭력은 불법체류자의 이야기를 다룬 무라노 유타 감독의《우리들의 7일 전쟁(2019)》에서도 나타난다.

한 무리의 고등학생들이 비밀기지로 삼기 위해 폐쇄된 공장에 침입한다. 그곳에는 불법체류 중인 태국인 아이가 몸을 숨기고 있다. 평소 군사 작전에 관심이 많은 똑똑한 학생이 주도해 아이를 끌고 가려는 출입국관리국 공무원들과 치열한 대치를 벌인다. 어른들은 소동을 끝내기 위해 학생 무리의 연대를 끊어놓을 지시를 내린다. 이들의 사진을 인터넷에 유포하는 것이다. 그러자 익명의 사람들이 이들의 비밀을 폭로하거나 이상한 소문을 퍼트린다.

이시구로 교헤이 감독의《사이다처럼 말이 톡톡 솟아올라(2021)》는 휴대전화 없이 살 수 없는 밀레니얼 세대의 일상 속으로 빠져든다. '스마일'이라는 닉네임을 가진 유키는 쇼핑몰을 돌아다니면서 최신 유행 상품을 촬영하며 여가를 보내는 인플루언서다. 유키는 소셜 네트워크 커뮤니티에 속한 사람들과 귀여운 것을 공유하고자 한다. 하이쿠[42]를 좋아하는 '체리'와의 우연한 만남이 계기가 되어 유키는 잃어버린 레코드판을 애타게 찾는 한 노인을 돕게 된다. 소비의 메카가 되기 전의 쇼핑몰은 레코드 공장이 있던 곳이었다. 그리고 시대에 너무 뒤처진 탓에 문을 닫기 직전인 중고 레코드 가게도 아직 존재한다. 음악과 시를 통해 과거의 풍경이 되살아나면서 겉모습만을 중시하는 현대 사회를 뛰어넘어 청소년들의 시야를 넓혀준다. 다시 말해 추억이 담긴 감정이 일회성 소비와 맞서는 것이다.

42. 일본 정형시의 일종

삶,
바로
지금

138

우리는 모두 원더랜드에 가본 적이 있다

スタジオシ
STUDIO

작은 열도, 거대한 스튜디오

애니메이션의 역사를 만들어 온 스튜디오의 변화에서 일본 경제의 발전을 엿볼 수 있다. 전쟁 이후 1956년 도에이의 자회사로 창립해 애니메이션 업계를 선도한 도에이 동화는 다카하타 이사오와 미야자키 하야오에게 애니메이션을 처음으로 접하게 된 계기였다. 이 둘은 이후 열악한 노동 조건을 개선하기 위해 노조에서 활동하게 된다. 도에이는 해외에 일본의 애니메이션 영화를 수출하려고 했다. 1956~1962년 전성기에는 매년 동화와 아동문학을 각색한 장편 애니메이션 영화를 한 편씩 제작하면서 디즈니와 경쟁하려고 했다. 그러나 이후 10년 동안 TV 애니메이션이 성공을 거두며 업계의 판도가 바뀌었다. 데즈카 오사무가 세운 도에이의 경쟁사 무시 프로덕션은 실험적인 작품들도 제작했지만 1963년 《우주소년 아톰(1963~1966)》을 시작으로 1965년에는 《밀림의 왕자 레오(1965~1966)》를 제작하면서 TV 애니메이션 시리즈를 발전시켰다. 그와 동시에 뱅크 시스템[43]과 초당 프레임 수를 대폭 줄인 리미티드 애니메이션 기법을 사용해 제작비를 줄였다. 도에이는 《늑대소년 켄(1963~1965)》으로 반격에 나섰지만, 빨라진 작업 속도로 인해 애니메이터들의 입지가 악화했고 이에 따라 파업이 확산된다. 특히 1963년과 1971년에 일어난 파업이 심각했다. 다카하타 이사오의 《태양의 왕자 호루스의 대모험(1968)》은 이런 복잡한 상황 속에서 탄생했다. 일정과 예산이 초과한 탓에 제작팀은 일부 장면들을 삭제해 상영 시간을 줄이고 늑대나 쥐떼가 마을을 습격하는 장면처럼 일련의 고정된 짧은 장면을 이곳저곳에 사용해야만 했다. 그런데도 다

43. bank system. 일본 영상 업계 용어로 bank scene이라고도 하며 시간과 제작비 절감을 위해 특정 장면을 미리 제작한 후 반복 사용하는 기법

른 장면들의 역동성, 깊은 심도, 디즈니처럼 수평적인 이동이 아닌 위아래 또는 앞뒤로 이동하는 폭넓은 카메라 움직임이 《태양의 왕자 호루스의 대모험》을 대표적인 애니메이션으로 만들었다.

1970년대 도에이의 장편 애니메이션 영화 제작은 TV 시리즈의 흥행으로 타격을 받았다. 바야흐로 《마징가 Z(1972~1973)》와 《그렌다이저(1975~1977)》 같은 SF 메카물이 유행한 미디어 프랜차이즈의 시대가 온 것이다. 낯설고 파격적이며 독창성이 넘치는 일본 애니메이션이 세계 시장에 진출하면서 애니메이션의 잠재적인 경제 가치가 드러났다. 저렴한 제작비에 만화를 비롯해 스핀오프 작품이나 모든 형식의 영화는 물론 2차 창작물까지 다양한 매체로 제작할 수 있기 때문이다. 때로는 같은 소재가 반복되기도 한다.

두 번째 바람은 지브리와 함께 일어났다. 사하라 사막의 열풍44만큼이나 뜨거운 바람이었다. 제2차 세계대전 당시 이탈리아 군용기의 이름에서 따온 스튜디오 지브리의 작품들은 전 세계의 애니메이션에 새로운 바람을 불러일으킨다. 1984년 만화 출판사 도쿠마 쇼텐의 투자를 받아 톱 크래프트에서 제작한 《바람계곡의 나우시카(1984)》가 흥행에 성공했다. 흥행이 성공했음에도 미야자키 하야오와 다카하타 이사오 감독은 위험을 감수하고 자신들의 작품을 함께 만들어 줄 제작사를 찾는 데 어려움을 겪었다. 수익을 보장하는 TV 시리즈가 주를 이루는 시대였기 때문이다. 하지만 영원한 동반자 스즈키 도시오의 도움과 2005년까지 이어진 도쿠마 쇼텐의 지원으로 두 감독은 톱 크래프트를 인수해 1985년 스튜디오 지브리를 창립한다. 이때 다카하타 이사오는 스튜디오의 각본가를 자처하며 경영에는 관여하지 않으려 했다. 두 감독의 목표는 뚜렷했다. 영화관 상영을 목적으로 하는 품질과 독창성이 뛰어난 '좋은 애니메이션 영화를 제작하는 것'이었다. 《천공의 성 라퓨타(1986)》는 출발부터 조짐이 좋았지만, 《이웃집 토토로(1988)》와 《반딧불이의 묘(1988)》는 상대적으로 대중의 반응이 적었다. 이후 《마녀 배달부 키키(1989)》가 좋은 반응을 얻기 시작했고 《모노노케 히메(1997)》와 무엇보다 2,400만 명의 관객을 모은 《센과 치히로의 행방불명(2001)》에 이르기까지 흥행 기록이 이어졌다. 시간, 돈, 제작자 투입 등의 투자를 아끼지 않았던 스튜디오 지브리는 색다른 방식으로 운영되었다. 작은 회사인 지브리는 애니메이터들을 정규직으로 고용했고 젊은 인재를 키우는 데 굉장한 공을 들였다. 이른바 독창성과 상업적 성공이 서로 균형을 이룬 것이다. 그러나 앞으로 누가 스튜디오 지브리를 이끌어 나갈 것인지에 관한 문제가 제기되고 있다.

스튜디오 지브리가 대대적인 성공을 거두는 동안 다른 스튜디오들도 고유한 미학적 정체성을 내세우고 야심찬 애니메이션 영화들을 제작하면서 성장하고 있었다. 이들은 이름난 감독들을 끌어들이고 신인 감독들을 무대에 등장시켰다. 1972년 무시 프로덕션 출신들이 만든 매드하우스는 1980년대부터 까다로운 작품들을 제작하기 시작했다. 마사키 모리의 《맨발의 겐(1983)》으로 과거의 상처를, 린 타로의 《환마대전(1983)》으로 다가올 미래의 가능성을 망설임 없이 헤집으며 방향을 틀었다. 《카무이의 검(1985)》부터 《메트로폴리스(2001)》에 이르기까지 스튜디오의 선두에 있었던 것은 바로 린 타로 감독이다. 그 이후로는 《퍼펙트 블루(1997)》를 시작으로 모든 애니메이션 영화를 매드하우스에서 제작한 곤 사토시나 《시간을 달리는 소녀(2006)》, 《썸머 워즈(2009)》를 만든 호소다 마모루가 매드하우스에서 커리어를 펼쳤다. 1987년 창립된 프로덕션 I.G는 오시이 마모루의 걸작 《기동경찰 패트레이버 2(1993)》를 제작한 회사다. 초기에는 3D 기술 혁신에 관심을 가지고 서사 중심 작품에 대한 포부를 드러내며 성인을 위한 SF 애니메이션 영화를 전문적으로 제작했다. 가이낙스(1984)의 작품목록은 적지만 첫 작품인 야마가 히로유키의 《왕립우주군: 오네아미스의 날개(1987)》부터 오리지널 작품들을 선보이고 있다. 가이낙스에 있던 시절 안노 히데아키 감독은 《신비한 바다의 나디아(1990~1991)》나 《신세기 에반게리온(1995~1996)》 같은 유명 시리즈들을 만들었다. 4℃에서 물의 밀도가 가장 높다고 해서 이름 붙여진 스튜디오 4℃(1986)는 이야기나 형식에 있어 실험적 시도를 하는 회사다. 유아사 마사아키 감독의 기상천외한 작품 《마인드 게임(2004)》과 공동창립자 중 하나인 가타부치 스나오 감독의 흥미로

운 동화 《아리테 공주(2001)》, 그리고 마이클 아리아스 감독의 도시 이야기 《철콘 근크리트(2006)》가 있다. 호소다 마모루 감독은 2011년 직접 제작사를 창립했는데 바로 스튜디오 치즈다. 요네바야시 히로마사를 포함한 지브리 출신 애니메이터들은 2015년 스튜디오 포녹을 창립했다. 이렇듯 하나의 스튜디오는 언제든 또 다른 스튜디오로 확장될 수 있다.

44. 지브리(ghibli, 맞는 발음은 기블리)는 사하라 사막에 부는 열풍을 가리키는 이탈리아어

우리는 모두 원더랜드에 가본 적이 있다

난폭한 아이들

《하나와 앨리스: 살인사건》, 이와이 슌지

일본 애니메이션은 사실주의를 추구한다. 일본의 변화와 역사를 담아내기 위해서이기도 하고 현대의 사회 문제를 다루기 위해서이기도 하다. 일본 애니메이션의 현실에 대한 애정은 형언할 수 없는 감정이나 찰나의 감각을 몇 개의 선으로 표현할 수 있는 애니메이션만의 특징과 만나 극대화한다. 이론서도 여러 권 써낸 다카하타 이사오는 적절한 거리에서 관찰해 관객들에게 감동을 주고 그들이 세계와 맺는 관계의 재구성을 보여주기 위해 사실주의를 이용했다. 다카하타 이사오 감독은 기존 영화는 배우들과 함께 작품을 재구성해야 하지만 '애니메이션이야말로 현실을 보여주는 최고의 수단'이라고 말했다. 역설적인 것은 예술적 표현을 거침없이 사용하는 애니메이션 영화가 오히려 현실을 드러내는 데 효과적이라는 점이다. 일상을 객관적으로 재구성함으로써 사회 문제들과 연관된 주제를 다루는 사실주의도 있지만, 등장인물을 현실과 비슷한 시공간에 그려 넣고 대중적인 그림체와 움직임으로 표현해 낸 사실주의도 있다. 도에이 동화에서의 수년에 걸친 연수 당시 그는 모든 동료

감독에게 이렇게 조언했다. "현실을 가장 가까이서 관찰하고, 아이들의 마음이나 사랑하는 사람의 반응을 다루는 법을 배우세요(포지티브, 1996년 7-8월호)."

일본 애니메이션은 항상 인간 본성에 대한 깊은 성찰을 다루어 왔다. 대중예술인 애니메이션은 아이와 어른 모두가 공감할 수 있도록 일상적인 삶에 재미를 더하는 극적인 요소와 열정을 다룬다. 그리고 때로는 학교, 스포츠, 직장 등 다양한 사회의 축소판들을 탐구함으로써 사회학적 맥락을 한눈에 파악한다. 현실과 가까운 애니메이션은 순조롭게 작동하는 사회의 메커니즘을 분석하고 사회를 혼란하게 만드는 문제들을 돋보기로 들여다보게 만든다. 소녀, 소년, 학생 또는 청년을 대상으로 한 만화를 각색한 애니메이션은 애절한 사랑을 하거나 꿈을 발견하면서 풍부한 경험을 하게 되는 '성장기'를 조명한다. 통과의례를 담은 성장 이야기들은 젊음의 혈기, 청소년기의 고민, 삐걱거리는 가족의 문제, 나아가 학교 폭력이나 자살 문제까지 담아낸다.

우리는 모두 원더랜드에 가본 적이 있다

《미래의 미라이》, 호소다 마모루

'부모'라는 격투기

성장하는 모든 인간의 첫 번째 둥지인 가정은 좋든 나쁘든 시대를 초월한 보편적인 주제다. 지극히 평범한 일상과 폭발하기 일보 직전의 위기 사이에 놓인 가정은 애니메이션에서 매우 꼼꼼하게 다루어진다. 다카하타 이사오 감독의 《꼬마숙녀 치에(1981)》는 익살스럽고 극적인 그림체로 와해한 가족을 다시 이어 붙이려고 애쓰는 강인한 성격의 한 여자아이의 삶을 그린다. 오사카의 번화가에서 곱창구이 가게를 운영하는 주인공은 어머니가 집에 돌아오길 바라면서 아버지의 게으름을 고쳐 바른길로 인도하려고 한다. "인간이랑 어울리면 고생한다."라는 고양이 코테츠의 말에서 다카하타 이사오 감독의 전형적인 사실주의를 엿볼 수 있다.

《이웃집 야마다군(1999)》은 매우 독특한 작품이다. 다카하타 이사오 감독은 처음으로 컴퓨터 그래픽을 사용해 자신의 예술적인 아이디어를 구현했다. 이 작품은 인생의 대관람차에 올라탄 전통적인 일본 가족의 삶을 익살스럽게 그려낸다. 수채화 배경을 바탕으로 간결하고 단순한 그림을 통해 부부와 두 아이, 할머니로 구성된 가족들의 희로애락이 묘사된다. 신문에 게재되는 코너의 전통적 형식을 따른 히사이치 이시이의 네 컷 만화에서 영감을 얻은 이 작품은 우스꽝스럽거나 시적인 촌극으로 구성된다. '가족의 위기', '남자들의 단결', '야마다 가족 연대기'와 같이 중간에 삽입되는 소제목들이 이러한 상황들을 강조한다. 어떤 순간들은 겨우 웃음을 자아내는 데 그친다. 결혼을 서약하는 젊은 부부가 봅슬레이를 타고 거대한 웨딩 케이크에 몸을 던져 아래로 굽이굽이 내려오는 장면은 앞으로 이들에게 닥칠 돌발적인 사건들을 예상하게 만든다. 장면이 지나갈수록 그림체는 완전히 달라진다. 오토바이를 둘러싼 이웃과의 평범한 갈등을 표현할 때는 갱스터 영화를 차용하고 권위적인 가장의 회한, 가정주부의 권태, 사랑이 필요한 아들의 이야기를 언급할 때는 하이쿠가 섞여 든다.

호소다 마모루는 스튜디오 지브리의 《하울의 움직이는 성》 연출을 미야자키 하야오에게 넘기고 중도 하차했지만 다카하타 이사오와의 만남에서 큰 영향을 받았다. 그의 작품은 현실과 가상 세계가 혼재되어 있지만 다카하타 이사오처럼 아주 소소한 일상들을 작품에 옮겨놓았다. 호소다 마모루 감독은 그가 지속해서 풀어내는 주제인 가족 관계의 복잡함에 커다란 흥미를 느끼고 있다. 그의 작품 《썸머 워즈》는 어린아이부터 권위적인 할머니까지 모든 세대를 한 지붕 아래에 모았다. 그렇게 모인 대가족은 가족의 결집력을 위태롭게 만드는 방탕한 아들이 등장하고부터 디지털 세계의 위험으로 인해 곤경에 처한다. 하지만 여름의 추억은 이들을 단단히 결집시킨다. 《늑대아이》는 남편과 사별한 뒤 늑대 인간의 피를 물려받은 딸과 아들을 홀로 키우는 용기 있는 엄마의 모습을 그렸다. 엄마는 숲에서 살아가길 원하는 아들과 어쩔 수 없이 이별하게 되면서도 아이들의 상황을 있는 그대로 받아들인다. 《괴물의 아이》는 과거와 현재의 부자 관계, 가족 및 사회적 분열에 직면한 어린 시절의 아픔을 다룬다. 《미래의 미라이》는 남매 관계와 새로운 아기의 탄생이 불러오는 즐거운 혼란을 이야기한다. 질투심과 부부 싸움, 건축가인 아빠가 가정주부가 되어 식사를 준비하는 전통적 역할의 반전까지 보여주며 이 애니메이션은 우리가 살아가는 현대 사회 가정의 모습을 대략적으로 나타낸다. 이 밖에도 《용과 주근깨 공주》는 소셜 네트워크 속 위험에 처한 청소년기의 갈등에 대해 질문을 던진다. 면밀한 관찰력을 가진 호소다 마모루 감독은 가장이 된 이후 자신의 어머니와 자식으로부터 영감을 얻어 인물을 만들었다고 한다. 직접 경험한 것보다 더 좋은 영감의 원천은 없는 법이다.

《괴물의 아이》, 호소다 마모루

《신세기 에반게리온》, 안노 히데아키

"나는 가정을 증오한다!"

앙드레 지드의 이 말에는 가정의 역기능이 가져오는 독이 응축되어 있다. 부모의 이기심, 가정의 해체, 노골적인 거부를 경험한 청소년들은 매우 큰 정신적 영향을 받는다. 《신세기 에반게리온》에서 신지의 아버지는 아무런 거리낌 없이 자기 아들을 소년병으로 만든다. 사도들과의 치명적인 전투를 치르기 위해서는 얼마든지 아들을 희생시킬 준비가 되어 있는 것이다. 이들의 관계는 위험하다. 한쪽은 무관심하고 다른 한쪽은 분노를 품고 있다. 콘크리트처럼 단단한 벽이 부자 사이를 가로막고 아들은 고통의 수렁 속으로 던져진다. 아버지의 눈에 들기 위해 로봇처럼 생긴 생체 전투 병기를 탄 신지는 결국 산산조각이 난다.

혼란스러운 어린 시절을 이야기하는 애니메이션 작품도 많다. 《괴물의 아이》에서 주인공 렌의 어머니는 아버지와 이혼한 뒤 주소도 남기지 않고 떠나 렌을 찾으러 돌아오지도 않는다. 렌은 얼음처럼 차가운 집에서 가출해 환상의 세계에서 기존의 가족을 대체할 새로운 가족을 찾는다. 요네바야시 히로마사 감독의 《추억의 마니》에 등장하는 회상 장면은 부모님의 죽음 이후 안나가 느낀 절망을 보여준다. 잔뜩 위축된 안나는 자신을 맡아 키우지 않겠다고 서로 언쟁을 벌이는 어른들의 다툼을 목격하고 큰 상처를 입는다. 이후 의붓어머니가 자신을 맡아 키우는 대가로 양육비를 받는다는 사실을 알게 된 안나는 그 누구도 자신을 원하지 않는다고 결론 내린다. 안나에게는 이제 세상에 대한 반감만이 남았다. 안나는 추억이 가득한 습지에서 젊은 시절의 모습으로 되돌아간 할머니 유령과 환상적인 우정을 쌓으며 자신의 과거를 받아들인다.

대개 부모님의 불륜과 이혼은 아이들의 꿈을 비참한 현실로 탈바꿈한다. 나가이 다쓰유키 감독의 《마음이 외치고 싶어해(2015)》에서 준은

아버지가 다른 여자와 동화 속 성에서 나오는 것을 봤다며 엄마에게 이야기했을 뿐인 어린아이다. 그 성은 실제로는 러브호텔이었다. 잔인할 정도로 이기적인 아버지는 이혼의 책임을 딸에게 돌리며 준이 너무 수다스럽다며 비난한다. 그 말에 준은 침묵을 선택한다. 이후 말을 하려고 할 때마다 찾아오는 복통에 입을 닫게 된다. 그렇게 수년의 세월이 흐른다. 딸이 겪는 어려움을 파악할 수 없는 엄마는 딸을 부끄럽게 여기고 차가운 얼굴로 냉정하게 대한다. 하라 게이이치 감독의 《컬러풀》은 방황하는 영혼이 저승으로부터 천천히 빠져나오는 이야기다. 저승과 이승의 경계에 갇힌 주인공은 자신이 저지른 끔찍한 잘못을 바로잡을 수 있는 두 번째 기회를 얻게 된다. 자신의 죽음과 관련된 이 잘못은 기억하지 못한 채다. 주인공은 스스로 목숨을 끊은 중학생 마코토의 몸으로 환생한다. 마코토는 자신의 어머니가 연인과 함께 있는 모습, 그리고 좋아하는 여자아이가 원조 교제하는 모습을 본 뒤 자살을 선택했다. 천사의 안내를 받으며 주인공의 영혼은 마코토가 어째서 자살하게 되었는지 알아내기 위해 조사를 해나가고 마침내 마코토가 자기 자신이었다는 사실을 깨닫게 된다.

호소다 마모루 감독의 《용과 주근깨 공주》에서 소셜 네트워크와 '용'의 일상은 폭력으로 얼룩져 있다. 상처가 가득한 용은 타인이 가하는 공격을 피부로 모두 흡수하는데, 여기서 공격은 사이버 폭력뿐 아니라 물리적 폭력도 포함된다. 현실에서 소년은 폭력적인 아버지에게 학대당하고 있다. 이처럼 극단적인 예시가 아니더라도 청소년들이 겪는 고통을 파헤치는 작품들은 많다. 가까운 이의 죽음을 다룬 《옷코는 초등학생 사장님!》, 부모님의 이혼을 다룬 《새벽을 알리는 루의 노래》, 불륜을 다룬 《컬러풀》, 부재를 다룬 《은하철도의 밤》, 무책임한 아버지를 다룬 《꼬마숙녀 치에》, 가족의 흔적을 찾는 《추억의 마니》 등이 있다.

삶,
바로
지금

148

우리는 모두 원더랜드에 가본 적이 있다

일본 애니메이션 속 청소년들이 겪는 위기의 중심에는 소통 불능이 있다. 감정의 소용돌이와 말로 표현할 수 없는 정신적 충격에 직면한 청소년들은 자신만의 껍데기 속으로 몸을 숨기고 부모나 친구들과 담을 쌓는다. 이를 보여주는 상징적인 작품이 바로《사이다처럼 말이 톡톡 솟아올라》다. 치아 교정기를 붙인 톡 튀어나온 앞니를 가리기 위해 쓴 마스크와 시끄러운 세상으로부터 자기 자신을 보호하려는 체리의 헤드셋이 이러한 '껍데기'에 해당한다.

《컬러풀》에서 기억을 잃은 주인공의 영혼은 하필이면 학교에서나 집에서나 고통받는 마코토라는 인물의 몸으로 들어온 것이 불만이다. 스스로 목숨을 끊은 마코토는 친구가 없고 어머니의 불륜에 커다란 배신감을 느끼고 있으며, 단 한 번도 승진하지 못한 평범한 샐러리맨인 아버지를 경멸한다. 처음에 주인공은 매우 조심스럽게 행동하는 마코토의 어머니에게 반감을 느낀다. 아무 의미 없는 말이 오가고 고등학교 진학에 관해 서로 언성을 높이는 식사 자리는 차갑기만 하다. 시간이 흐르면서 마코토의 몸을 차지한 주인공의 일상은 그림과 우정 덕분에 다시 '컬러풀'해진다. 삶의 우여곡절을 있는 그대로 받아들이며 살기로 했을 때 세상을 바라보는 주인공의 시각은 부드러워진다. 이는 젊은 관객들에게 감독이 보내는 메시지이기도 하다.

소통 불능은 '달걀의 저주'라는 은유를 통해 나타난다. 이는《마음이 외치고 싶어해》의 주인공 준이 만들어 낸 것이다. 비난이 담긴 아버지의 말에 상처를 입은 준은 자신의 입에서 가시가 나온다고 생각한다. 자신이 내뱉은 말이 다른 사람을 상처 입힌다는 이유로 준은 껍데기 속에 자신을 가둔다. 낼 수 있는 소리라곤 복통으로 인해 배에서 나는 꾸르륵거리는 소리뿐인 준은 친구도 없으며 모두가 자신을 거부한다고 느낀다. 그러다 교사의 결정으로 지역 교류회를 위한 위원으로 선정된다. 노래와 글짓기를 통해 내밀한 상처를 극복하는 준의 재능을 알아본 타쿠미는 뮤지컬 공연을 하기 위해 그룹을 결성한다. 억눌렸던 감정의 소용돌이가 무대 위에서 표출되고 모든 인물의 관계가 회복된다.

《용과 주근깨 공주》에서 벨이 자신의 우울함을 표현하는 방법도 노래다. 소심하고 위축된 벨은 노래를 제대로 부를 수 없게 되었다. 노래는 벨이 세상을 떠난 어머니와 공유했던 열정이었다. 벨은 상처가 너무나

도 깊어 노래를 부르려고 할 때마다 고통을 토로한다. 하지만 가상 세계 U의 알고리즘은 이용자의 숨겨진 재능을 감지한다. 청소년들이 쓰는 가면을 은유적으로 표현한 아바타의 모습 뒤에 숨은 채로 벨은 자신의 예민한 감수성을 아름답게 꽃피워 가상 세계의 팬들을 사로잡는다. 오키우라 히로유키 감독의《모모와 다락방의 수상한 요괴들》은 아버지와 딸이 나눈 마지막 대화의 무게를 낱낱이 파헤친다. "아빠, 정말 미워. 안 돌아와도 돼." 모모는 아버지에게 한 마지막 말 때문에 괴로워한다. 아버지는 항해 중에 갑자기 사망하고 끝마치지 못한 편지 한 장을 딸에게 남긴다. "모모에게…" 이 비참한 공백은 결코 채워지지 못한다. 모모는 죄책감에 몸부림치고 어머니는 불행을 묵묵히 견뎌내다가 결국 천식 발작으로 쓰러져 병석에 눕는다.

야마다 나오코 감독의《목소리의 형태(2016)》도 소통에 대해 다룬다. 귀가 들리지 않는 청각장애인 쇼코가 학교에서 괴롭힘을 당한다. 그리고 쇼코를 괴롭혔다는 이유로 쇼야는 반에서 배척된다. 부끄러움은 느낀 쇼야는 자살을 생각하기에 이르고 누구도 침투할 수 없는 자신만의 세상에 틀어박히게 되면서 사람들의 얼굴이 엑스(X) 자가 그려진 모습으로만 보이게 된다. 이러한 소통 불능을 묘사하기 위해 감독들은 준이 만들어 낸 달걀의 저주부터 쇼야가 인지하는 얼굴 없는 사람들에 이르기까지 은유적이고 양식화된 장면들을 사용한다. 이를 통해 일상의 사실적인 구조를 깨트린다. 최악의 경우 청소년들은 이와이 슌지 감독의《하나와 앨리스: 살인사건(2015)》에서처럼 집안에 틀어박혀 아무런 사회적 생활도 하지 않으려는 히키코모리가 되기도 한다.

질풍노도의 시기

사람들이 일본 애니메이션에 열광하는 이유 중 하나는 사회적 관계에 대한 어려움과 청소년들이 직면한 실존적 문제를 바라보는 시각에 뛰어난 동시대성이 담겨 있기 때문이다.《컬러풀》은 마코토가 겪는 폭력과 자살 문제를 비롯해 예쁜 옷을 살 돈을 마련하기 위해 원조 교제를 하는 청소년의 문제까지 다룬다.《목소리의 형태》는 학교 내 불평등을 예방하는 문제에 초점을 맞추고 있다. 작품은 장애를 집중적으로 조명하고 미수로 끝난 두 건의 자살 시도를 담는다. 또 청각 장애에도 불구하고 평범한 학교생활을 이어가려는 피해자 쇼코가 당한 괴롭힘을 오랫동안 상세히 기록한다. 쇼야는 쇼코의 보청기를 잡아떼면서 괴롭히다 결국에는 반 친구들로부터 외면당한다. 영화의 은유로 담아낸 자업자득인 셈이다. 자신이 했던 행동의 심각성을 인지한 쇼야는 이를 바로잡기 위해 각고의 노력을 한다. 수어를 배우고 쇼코와 깊은 우정을 쌓으며 자신이 부숴버린 관계를 다시 이어 붙이려 노력한다.

다무라 고타로 감독의《조제, 호랑이 그리고 물고기들(2020)》에는 장애가 타인과의 관계를 가로막는 방해물처럼 등장한다. 하반신이 마비되어 할머니의 과보호 속에 살고 있는 조제는 오로지 자신이 사는 아파트 주변만 알고 있다. 자신이 그린 그림 속에서 조제는 풍부한 상상력을 통해 외부의 세계를 그린다. 상상 속에서는 도시 위를 떠다니는 한 마리 인어가 되어 마음껏 돌아다닐 수 있었다. 해양생물학을 전공하는 츠네오와의 만남은 초반에는 순탄하지 않았지만, 점점 조제의 지평을 넓혀준다. 츠네오는 조제가 절망감을 극복하도록 계속해서 자극하고 조제가 그토록 꿈꿨던 바다에 데려가기도 한다. 그렇게 처음 경험한 일들이 늘어나지만 둘 사이는 혼란스럽다. 작품 속에서 다무라 고타로 감독은 사회에서 장애인들이 얼마나 멸시당하고 거부되는지 분석하고 있다.

《하나와 앨리스: 살인사건》은 소외된 청소년의 일대기를 시적인 분위기로 유쾌하게 그려냈다. 당찬 성격의 앨리스는 어떤 상황에도 굴하지 않는 인물이다. 이 작품은 청소년들의 관계를 적나라하게 보여준다. 부모님이 이혼하면서 이사하게 된 앨리스는 전학 간 새로운 반에서 기묘

한 기류를 느낀다. 예전에 그 반의 학생이었던 유다가 죽었다는 소문이 도는 것이다. 공석으로 남아있는 유다의 자리에 앉았다는 이유로 반 친구들에게 따돌림을 당한 앨리스는 저주의 진상을 밝히기 위해 노력한다. 진상을 확실히 파악하기 위해 앨리스는 소문과 관련이 있는 하나를 찾아가 함께 사건을 조사하게 된다. 자신이 유다를 죽였을지도 모른다는 죄책감에 은둔하게 된 하나는 자동차 아래에서 그간 있었던 일들을 고백하고 앨리스는 사실을 알게 된다. 유다가 자신을 포함해 동시에 네 명과 결혼 약속을 했다는 사실을 알게 되어 배신감을 느낀 하나가 복수심에 그의 목뒤로 벌 한 마리를 집어넣었다는 것이다. 벌침 알레르기가 있던 유다는 그 뒤로 학교로 돌아오지 않았다. 그렇게 유다가 죽었을지도 모른다는 소문이 돌기 시작했다. 히키코모리가 되어버린 하나는 집 밖으로 나갈 수 없게 되었다. 90도로 기울어진 화면, 날카로운 얼굴의 그림체, 흔들리는 몸의 움직임은 세상에 대한 혼란한 시각과 변화하는 청춘을 함께 보여준다.

사랑의 고백인 동시에 비문 같은 제목인 우시지마 신이치로 감독의 《너의 췌장을 먹고 싶어(2018)》는 솔직하고 대담한 작품이다. 이 영화는 밝은 여학생과 내향적이고 독서를 좋아하는 남학생의 놀라운 우정과 사랑을 이야기한다. 주인공 사쿠라는 불치병에 걸린 시한부다. 사쿠라는 타인에게 연민을 느끼지 않는 하루키와 일부러 친해지기로 한다. 하루하루를 평소대로 살기로 결심한 사쿠라는 하루키에게 일상의 사소한 일들을 누리는 기쁨을 느끼게 해준다. 아이러니한 것은 사쿠라가 말기 췌장암이 아니라 주변을 어슬렁거리던 살인마 때문에 사망한다는 사실이다. 이 작품은 각종 폭력과 역경에 용기 있게 맞설 힘을 보여준다.

《변덕쟁이 오렌지 로드: 그날로 돌아가고 싶어》, 모치즈키 도모미

《우리들의 7일 전쟁》, 무라노 유타

감정 교육

처음 하는 일들로 넘치는 교실과 교정은 사랑 이야기를 탄생시키는 장소이기도 하다. 1980년대 남녀관계가 자유로워지면서 순정만화가 인기를 얻기 시작했고 본격적으로 영화화되었다. 고등학교와 스포츠에 초점을 맞춘 소년만화도 예외는 아니다. 엄격한 훈련과 권위 있는 선수권 대회에서 시상대의 정상을 향한 노력은 사랑의 계기가 되기도 한다. 여학생들은 대개 챔피언에게 반한다. TV 시리즈로 방영된《어태커 유(1984~1985)》에서 미모의 스파이커는 자신의 열정이 배구를 향한 것인지 배구팀 주장의 환심을 사고 싶은 마음인지 헷갈린다. 로맨스와 야구가 뒤섞인 스기이 기사부로 감독의《터치: 등번호 없는 에이스(1986)》는 일본에서 찬사를 받은 원작 만화를 각색한 TV 애니메이션 시리즈를 영화화한 작품이다. 정반대의 성격을 지닌 쌍둥이 형제는 모두 소꿉친구 미나미를 짝사랑한다. 카즈야는 자신이 속한 야구팀이 일본 고교 야구 전국대회인 고시엔에서 승리를 거두도록 전력을 다한다. 스포츠가 주는 긴장감과 벅찬 감동 그리고 비극적인 사고까지, 배움에 관한 이야기를 자유자재로 섬세하게 다루고 있다.

사랑 이야기를 매우 중요시하는 로맨틱 코미디에는 반드시 거쳐야 하는 관문이 있다. 바로 당혹스러운 고백과 이성의 놀림에 대한 두려움, 피할 수 없는 삼각관계, 실연 또는 첫 키스와 같은 것들이다. 이 세 가지는 모치즈키 도모미 감독의《변덕쟁이 오렌지 로드: 그날로 돌아가고 싶어(1988)》에서 핵심을 이루는 요소들이다. 동명의 원작 만화를 애니메이션 영화로 제작한 이 작품은 쿄스케의 어릴 적 중요한 순간들을 담고 있다. 대학 입학시험 결과를 초조하게 기다리는 도중 일촉즉발의 위기가 닥친다. 주인공은 자신을 상처 입힌 사람을 사랑하는 순진한 히카루와 성숙하고 고민 많은 마도카 사이에서 어려운 선택을 내려야 했던 기억을 떠올린다. 감정의 엇갈림을 다루는 작품들은 매우 많다. 자신의 감정을 드러내지 않으려 하는 청소년들 사이의 혼란을 담은《마음이 외치고 싶어해》의 준은 타쿠미를 좋아하며 그런 타쿠미는 거절당할 것이 두려워 서먹하게 지냈지만 중학교 때부터 나츠키를 좋아해 왔다. 이들은 뮤지컬 속 인물들을 통해 자신들의 마음을 고백한다.

과거에 비해 최근 작품들은 다양한 이야기와 사회 문제를 다루며 발전했다. 호소다 마모루 감독의《시간을 달리는 소녀》속 마코토는 절친한 친구인 치아키의 사랑 고백이 불편해 그것을 막기 위해 시간을 되돌린다. 그 결과 치아키는 마코토의 친구와 가까워지는데, 그것 역시 불편하다. 마음에는 다 이유가 있는 것이다.《펭귄 하이웨이》는 치위생사를 향한 조숙한 아이의 성적 호기심을 언급한다. 아이는 치위생사 누나에게 호감을 느끼고 그녀가 떠나버리자 크게 상심한다.《조제, 호랑이 그리고 물고기들》과 마찬가지로《목소리의 형태》는 장애를 뛰어넘은 사랑 이야기를 다룬다. 무라노 유타 감독의《우리들의 7일 전쟁》은 여성들의 동성애를 다룬다. 마모루가 마침내 아야에게 고백할 용기를 냈을 때 아야는 가장 친한 친구인 카오리를 좋아한다고 고백한다. 같은 마음을 가지고 있던 두 소녀는 친구들의 애정 어린 시선 속에 서로의 품에 안긴다.

삶, 바로 지금

154

우리는 모두 원더랜드에 가본 적이 있다

마음의 수확

일본 애니메이션의 현실성이 높아지면서 얼굴, 풍경, 감정을 나타나는 데 도움이 되는 영상 기술 또한 발전했다. 수많은 미묘한 차이를 표현하는 애니메이션은 마음의 동요까지 포착해 낼 수 있다. 풍부한 디테일로 현실을 재현할 수 있게 되면서 애니메이션은 세상과의 섬세한 관계를 구현하기 위해 현실을 양식화하고 대비를 만들어 내는 것도 가능해졌다. 애니메이션은 마음의 상태를 표현하기 위해 물리적 세계를 초월하기도 한다. 그리고 매우 쉽게 객관성에서 주관성으로, 사실성에서 서정성으로, 충만함에서 공허함으로 미끄러지듯 나아간다. 다양한 특색, 양식의 변화, 서로 다른 차원의 감각이 뒤섞여있는 장면들 사이에서 애니메이션은 때로 현실과 환상, 그리고 과거와 현재가 겹쳐지도록 한다. 군중이 등장하는 장면에서 두드러지는 일상을 사실적으로 나타낸 그림부터 인물들의 정서를 표현하는 시적이면서 내밀하고 추억을 불러일으키는 그림에 이르기까지 다카하타 이사오는 이러한 장면의 변화를 표현하는 데 있어 독보적인 감독이다. 이러한 그래픽 변화는 내면 깊숙한 곳으로부터 사건이 일어나는 현실의 순간을 포착해 낸다.

이것이 애니메이션이 마음의 풍경과 연결된 사랑의 감정을 탐구하는 이유다. 그림의 유연성은 심리적인 굴곡부터 불규칙한 마음에 이르기까지 인물의 변화무쌍한 내면을 담아낸다. 광적인 사랑이나 사랑하는 이의 상실은 세월의 흐름과 솟아오르는 추억들로 표현되면서 자연의 서정성으로 전환된다. 이 시적인 장면에서 자연 요소들은 애절한 몽상을 담고 있고 덧없음에 대한 은유를 표현한다. 자연은 신카이 마코토 감독의 작품에서처럼 아주 예민한 감수성을 드러내며 내밀한 것을 친근한 것으로 승화한다.

미각뿐만 아니라 후각이나 촉각적 상상력을 자극하는 또 다른 감각의 증폭기는 바로 음식이다. 일본의 전형적인 음식부터 세계적으로 널리 알려진 음식의 구현에 이르기까지 재료, 색감, 질감의 향연과 함께 애니메이션에 등장하는 음식은 미식에 대한 갈망을 일으킨다. 썰기의 기술과 담음새의 예술이 돋보이는 요리는 하나의 은유로써 각각의 재료들을 공들여 다듬어 관객을 군침 돌게 만든다. 음식이야말로 인간과 세상과의 미학적 관계를 드러내기 때문이다.

모든 차원에 존재하는 본질을 포착하려면 가장 인지하기 어려운 미궁 속에 갇힌 무의식을 드러내야만 가능하다. 초현실적인 이미지와 기상천외한 서사를 만들어 내는 무의식이라는 놀라운 공장은 인물이 가진 내밀한 질문들을 환상적인 방법으로 변형시킨다. 또한 무의식은 예술적 창작물과도 연관이 있다. 천재 애니메이션 감독인 유아사 마사아키가 대표적인 예다.

155

《알프스 소녀 하이디》, 다카하타 이사오

《초속 5센티미터》, 신카이 마코토

거대한 우주와 하찮고 작은 것들

다카하타 이사오 감독은 언제나 현실로부터 출발한다. 일상의 상상력에서 출발하지만 미야자키 하야오 감독처럼 판타지적 영감은 중시하지 않는다. 스토리보드를 제외하고 직접 그림을 그리지 않는 다카하타 이사오는 최고의 애니메이터들과 함께 작업하며 자신의 예술적인 경향에 따라 스타일을 바꾸는 것을 주저하지 않는다. 작품에서 그는 매번 젊은이들의 평범한 삶을 매우 정교하게 묘사한다. 어린이를 위해 서양의 고전 동화와 청소년 소설을 각색하는 닛폰 애니메이션의《세계 명작 극장》에 참여했을 때 다카하타 이사오 감독은 TV 애니메이션의 수준을 한 단계 끌어올렸다. 제작상의 한계에도 불구하고 그는 TV 시리즈《알프스 소녀 하이디(1974)》속 산에서 살아가는 하이디라는 인물을 상세하게 그려냈다. 거칠지만 정다운 할아버지와 함께 사는 소녀 하이디는 염소들을 산꼭대기로 데려가 풀을 뜯게 하면서 계절의 변화에 감탄한다. 들꽃들의 이름을 익히고 치즈 만드는 일을 도우면서 진정한 농부로 거듭난다. 19세기 말 고아인 앤이 커스버트 남매에게 입양되어 캐나다 동부의 프린스 에드워드 아일랜드의 한 마을로 가게 되면서 적응해 나가는 성장 서사를 다룬《빨강머리 앤(1979)》도 마찬가지다.

다카하타 이사오는 특히 사회의 정교한 축소판 같은 군중 속 인물들을 묘사하는 것에 커다란 애정을 느꼈다. 곤들매기를 잡고 철을 단련하는《태양의 왕자 호루스의 대모험》속 마을 주민들의 일상이나《가구야 공주 이야기》속 답답한 저택의 삶과 대비되는 숲속 소년들의 평온한 삶이 그 예다. 객관성에 대한 감독의 추구는 관객이 주인공들의 여정에 동행하고 그들의 시선으로 주인공의 경험을 이해하도록 만든다. 감독은 지각의 영역을 넓히고 이 세상의 모든 존재들의 미묘한 다양성을 포용하기 위해 이러한 중립적인 접근 방식과 주관성의 심화 사이의 적절한 균형점을 찾고자 한다.

작품의 배경, 풍경, 기술을 정확하게 재현해 내기 위해 다카하타 이사오는 철저한 고증과 사전 조사를 거친다. 한마디로 디테일에 매우 집착하는 감독이다.《반딧불이의 묘》에서는 고베시를 폭격하기 전 연합군의 전투기들이 어느 방향에서 날아오게 그릴지 고민했다.《추억은 방울방울》에서는 제작팀과 야마가타 시에서 오랫동안 거주하며 홍화꽃을 염료로 만드는 전통 방식을 제대로 그려내기 위해 수십 권의 서적을 읽고 농민들을 만났다. 작품 속 인물들의 얼굴과 몸짓에 묻어나는 진정성은 농민들과 꽃밭에 대한 구체적인 관찰에서 탄생한 것이다. 다카하타 이사오는 꽃의 색감부터 이파리의 우아한 곡선, 숲과 산이 펼쳐진 배경은 물론 새벽에서 황혼까지 시간에 따라 변하는 빛과 그림자의 질감에도 집착했다. "하나의 이미지를 구성하는 수많은 작은 요소(포지티브, 1996년 7-8월 호)"에 관심을 기울이는 그는 이 세상의 아름다움에 찬사를 보내며 자연과 동화되는 것 같은 감각을 불러일으켰다. 현실을 세심하게 포착하는 것은 창작 과정의 핵심이자 그가 수년 동안 미야자키 하야오에게 전수한 것이다.《이웃집 토토로》속 일본 농촌 지역을 생생하게 표현하기 위해 미야자키 하야오 감독은 시간대와 계절에 따라 달라지는 다양한 꽃의 색감을 표현했고 1950년대 오래된 버스의 소리까지 재현하려고 노력했다.

계절의 이어짐, 자연 요소들의 속삭임, 흔들리는 꽃잎의 촉감, 기온의 변화 등 모든 것은 인물이 성장해 가는 시간의 흐름을 생동감 있게 보여준다. 이와 같은 것들은 작품 속에서 꽃이 피어나고 감정이 변화하는 구체적인 기간을 담아낸다. 일본 애니메이션은 신카이 마코토의《초속 5센티미터(2007)》부터 하라 게이이치의《백일홍: 미스 호쿠사이》를 지나 호소다 마모루의《늑대아이》에 이르기까지 전체적으로 자연 요소들의 순환 리듬과 여름에 핀 라일락의 우아함 같은 자연의 아름다움을 예민하게 다루어 낸다.

세상을 아름답게 바라볼 줄 아는 다카하타 이사오 감독은《알프스 소녀 하이디》와《빨강머리 앤》을 연출할 때부터 고된 삶에 던져진 고아 소녀들을 일상의 가장 사소한 부분들까지 예찬하는 매력적인 모습으로 그려냈다. 앤은 가족의 사랑과 사회적 관습을 배우는 동시에 계절의 반짝이는 색채에 사로잡힌다. 어떤 나무를 봐도 누구를 만나도 앤은 서정적인 소통의 충동을 느낀다. 찰나의 순간을 시적으로 표현할 줄 아는 순수한 소녀 앤은 자연과 교감을 나눈다. 이때 다카하타 이사오는 현실적인 장면에서 주관적인 시점으로 미끄러지듯 전환하는 시도를 통해 금세 희미해지는 감정들을 가장 중요한 장면으로 구체화했다. 이러한 시적인 전환은 특별한 색채로 빛나는 감정의 영향 속에서 현실의 변화를 구현해 낸다.

도시에서 농촌에 이르기까지《추억은 방울방울》의 타에코는 추억 속으로 여행을 떠난다. 타에코는 자연과 교감하며 깊이 파묻혀 있던 감정의 파도에 휩쓸리고 과거의 어린아이를 끄집어낸다. 유년기의 추억을 다룬 만화를 각색한 이 애니메이션 영화는 상반된 분위기의 그림을 통해 과거와 현재를 서로 뒤섞어 놓았다는 점에서 차별성을 지닌다. 과밀한 도시의 장면과 달리 농부의 일상을 담은 장면들은 다큐멘터리라고 할 만큼 정교하게 표현되었다. 이와 대조적으로 과거를 회상하는 장면은 파스텔 배경에 둥글고 단순한 스케치를 통해 시간의 흐름으로 반쯤 희미해진 기억을 포근하게 담아낸다. 다카하타 이사오는 기억의 안개 속에서 떠오르는 사소한 순간들과 인상적인 순간들을 옮겨놓았다. 삭막한 수도에서 보내는 권태로운 연휴 대신 농촌에서 머무르며 썩 맛은 없지만 이국적인 파인애플을 맛보던 즐거움을 기록한다. 또한 은유적인 장면들이 작품의 줄거리를 장식하고 있다. 남자아이와 풋풋한 첫사랑을 경험하며 행복해하는 타에코가 말 그대로 하늘로 날아오르는 장면이 그것이다. 타에코의 내면적 성장을 보여주기 위해 때로는 어린 시절의 모습과 성인이 된 현재의 모습을 같은 장면 속에서 감동적으로 연결하기도 한다. 결말에서는 마치 과거와 화해한 현재의 타에코가 삶의 두 갈래 길에서 선택을 내리는 순간을 어린 시절의 타에코와 학교 친구들이 함께 응원해 준다.

베토벤의 교향곡 6번에 찬사를 보내는 작품《첼로 켜는 고슈》에서 양식적인 변화는 음악의 탁월함을 나타낸다. 이는 제5악장 목가에서 음악의 고조가 불러일으키는 감정들과 일치한다. 고슈가 실내에서 연습하는 장면은 오버랩을 통해 험악하거나 낭만적인 하늘 아래에서 펼쳐지는 세심하고 거침없는 연주로 바뀐다. 강인하고 이상적인 그림체의 인물들과 달리 수채화처럼 그려진 풍경은 첼로의 선율과 얽히며 예술적 감정에 힘을 실어준다. 이러한 차이로부터 낯설고 모호한 이중적인 매력이 솟아오른다.

가상의 요소가 결합된 자전적 영화《바람이 분다》는 미야자키 하야오의 작품 중에서 가장 사실적인 작품으로 손꼽히지만, 꿈꾸는 듯한 순간도 담아내고 있다. 지로는 끊임없이 계산하고 계획을 세우는 공학자다. 지로가 비행기 날개를 설계하는 동안 머릿속에서 이미지가 오버랩되면서 비행기의 완성된 모습을 플래시포워드로 보여준다. 모호한 공식들이 지로가 꿈꾸던 비행기의 생생하고 감각적인 형태로 구체화된다. 창조적 영감에 사로잡힌 지로의 머릿속에는 비행기와 하늘이 하나가 된다. 바람의 압력에 의해 비행기가 종이 쪼가리처럼 망가지면서 작업대 위로 비행기를 스케치한 종이들이 흩날린다. 동료가 지로를 현실로 불러내자 하늘이었던 배경이 다시 작업 공간으로 바뀐다. 지로와의 재회에서 나오코의 파라솔이 운명의 소용돌이처럼 하늘로 날아올라 지로를 덮친다. 결말에서 파라솔은 결핵으로 사망한 나오코의 부재에 대한 상징으로 쓰인다. 나오코는 지로의 꿈에 등장해 그래도 살아가라고 당부한다.《바람이 분다》는 하늘을 날고자 하는 광적인 열정과 잔혹한 세상을 향한 조용한 절규 사이에 있는 작품이다.

지브리의 축음기

지난 20여 년 동안 스튜디오 지브리 애니메이션의 오리지널 사운드 트랙은 관객들의 기억 한 편에 남아 있게 되었다. 이는 미야자키 하야오 영화의 음악 감독을 맡은 히사이시 조라는 인물의 천재성 덕분이었다. 그의 본명은 후지사와 마모루로 오케스트라 지휘자이기도 하다. 1970년대 전성기를 맞으며 미국 트럼펫 연주가이자 프로듀서인 퀸시 존스에 대한 경외를 담아 히사이시 조라는 가명을 쓰기 시작했고 이는 스튜디오 지브리 음악의 상징이 되었다. 그가 지휘하는 오케스트라 없이 제작되는 미야자키의 새로운 작품은 상상할 수 없을 정도였다. 명성을 얻은 그는 프랑스를 포함해 여러 나라에서 수많은 연주회를 열었다. 미국 영화감독 존 카펜터의 표현을 빌리자면 히사이시 조는 단순히 영화음악 작곡가가 아닌 '태피스트리 제작자'라고 할 수 있겠다. 그는 현대

음악의 유명한 인물 중 하나로 떠올랐고 이제는 그의 이름을 모르는 사람이 거의 없게 되었다.

일본 애니메이션에서 종종 그렇듯이 모든 것은 한 장의 이미지로부터 시작한다. 1982년 미야자키 하야오는 만화『바람계곡의 나우시카』를 일본의 월간 잡지 '아니메주'에 발표했다. 초고를 그릴 때부터 애니메이션 영화로 제작하기를 원했던 작품이었다. 미야자키 하야오는 1960년대 중반《태양의 왕자 호루스의 대모험(1968)》을 제작할 때부터 알고 지내던 다카하타 이사오의 소개로 히사이시 조를 만나 그에게 장편 영화의 배경음악을 만들어 달라고 요청했다. 당시 젊은 히사이시 조는 구로사와 아키라 감독과 주로 작업한 작곡가 사토 마사루의 밑에서

《바람계곡의 나우시카》, 미야자키 하야오

《소나티네》, 기타노 다케시

보조로 일하던 재능 있는 작곡가였다. 1950년 출생인 그는 어려서부터 바이올린을 연주했으며, 숙련된 피아니스트다. 여가 시간에 틈틈이 쓴 책을 출간한 작가이자, 《콰르텟(2001)》이라는 장편 영화를 발표한 영화감독이기도 하다. 당시 TV에서 방영된 여러 작품으로 많은 사람에게 알려져 있었다. 1974년부터 그는 애니메이션 시리즈, 광고, 다큐멘터리의 음악을 만들기 시작했는데 스티브 라이히나 필립 글래스의 미니멀리즘 영향을 받았다는 느낌을 주기도 했다. 교향곡을 작곡하고 신시사이저를 완벽하게 다루는 모습도 선보였지만, 무엇보다도 음악적 기교와 멜로디의 선명함으로 더 유명하다. 영화 음악이라는 제작 조건으로 인해 작품의 수는 아직 그리 많지 않지만, 그의 선명한 선율은 이미 빛을 발하고 있다. 이러한 선율은 듣자마자 《이웃집 토토로(1988)》의 평화로운 숲속이나 《모노노케 히메(1997)》의 비극적인 운명을 떠올리게 만든다.

그의 인생을 바꾼 것은 누가 뭐라고 해도 《바람계곡의 나우시카(1984)》의 흥행일 것이다. 미야자키 하야오는 당시 시험 삼아 히사이시 조에게 작곡을 맡겼는데, 그 뒤로는 거의 모든 작품을 함께 작업하고 있다. 히사이시 조는 스튜디오 지브리의 공식적인 첫 장편 영화인 《천공의 성 라퓨타(1986)》의 곡처럼 현악기 연주가 뒷받침하는 웅장하고 애절한 테마곡을 주로 작곡했다. 그는 《하울의 움직이는 성(2004)》에서 되풀이되는 라이트모티프처럼 귓가에 쏙쏙 박히는 선율을 만들어 냈다. 그 외에도 어린이를 위한 파스텔 색감의 《벼랑 위의 포뇨(2008)》와 같은 미야자키 하야오의 작품과 조화를 이루는 단순하고 천진난만한 곡들

《가구야 공주 이야기》, 다카하타 이사오

《마루 밑 아리에티》, 요네바야시 히로마사

163

도 만들어 냈다. 일부 비평가가 지적하는 것처럼 그의 어떤 곡들은 서로 유사하지만, 이는 뛰어난 유사성과 일관성을 가지고 있으며 무엇과도 비교할 수 없는 독창성을 보여준다. 하지만 히사이시 조의 명성은 단지 미야자키 하야오와 《가구야 공주 이야기(2013)》의 다카하타 이사오를 위한 작업에만 국한된 것은 아니었다. 기타노 다케시 감독과 마지막으로 작업한 《돌스(2002)》에서는 야쿠자 영화에 음악적 세계를 그려냈다. 《소나티네(1993)》에서는 단순한 라단조 리토르넬로로 작품의 심오한 이야기를 완벽하게 포현했다. 이 작품은 어린 시절로 돌아간 듯 장난을 치는 야쿠자들의 이야기로 터무니없으면서 향수를 불러일으키는 해변에서의 놀이를 보여준다. 어쩌면 기타노 다케시 감독의 대표작이라고도 할 수 있는 《하나-비(1997)》에서 히사이시 조는 서글픈 음악을 작곡했는데 이 음악은 영화 속 이곳저곳에 슬그머니 자리 잡은 기타노 다케시 감독의 그림들을 조명하고 결말의 화면에 보이지 않는 자살 장면에서 감정의 무게를 더욱 강조한다. 음악이 멎고 엔딩 크레디트가 올라오자 현악기가 이들의 죽음을 기리듯 다시 연주를 시작한다. 히사이시 조는 미야자키 하야오 감독을 위한 작업 외에도 일본 현대 영화의 역사에 자신의 흔적을 깊게 새겨놓았다.

이 밖에도 프랑스에 잘 알려진 또 다른 곡이 있다. 2010년 브르타뉴 출신의 하프 연주자이자 싱어송라이터 세실 코르벨이 《마루 밑 아리에티(2010)》의 주제곡을 불렀다. 어렸을 때부터 지브리 작품의 팬이었던 세실은 2009년에 자신의 앨범 중 하나를 스튜디오로 보냈다. 당시 스튜디오 지브리의 수석 프로듀서이자 전 대표이사였던 스즈키 도시오가 그것을 요네바야시 히로마사 감독에게 들려줬다. 그 결과 세실은 오래된 저택의 마루 밑에 살고 있는 어린 소인과 병약하고 외로운 소년의 만남을 장식하게 되었다.

삶,
바로
지금

164

우리는 모두 원더랜드에 가본 적이 있다

마음의 기상학

멀리 떨어져 있어 가로막힌 사랑, 결핍과 부재, 찰나뿐이거나 좌절된 재회는 침묵과 시적인 아름다움이 돋보이는 작품들을 발표한 신카이 마코토 감독이 반복해서 사용하는 주제들이다. 그는 서로 떨어진 등장인물들의 내면에서 울리는 목소리에 주목한다. 이들은 때로 별의 거리만큼 멀리 있어도 결국 이어지게 된다. 이러한 달콤한 슬픔은 마음의 미묘한 기상학을 표현하는 비, 구름, 태양, 그리고 자연의 순환에 대한 경외로 변한다. 수수께끼 같은 제목의 《초속 5센티미터》는 벚꽃이 떨어지는 속도를 뜻한다. 이사로 인해 서로 멀어지게 된 두 중학생의 감정은 이와 같은 벚꽃 덕분에 구체화된다. 눈이 내리는 날, 길고 긴 기차 여행 끝에 재회한 두 사람은 첫 입맞춤을 하고 이별을 피할 수 없다는 사실을 확인한다. 몇 년이 흘러도 서로에 대한 기억은 여전히 남아 새로운 사랑이 꽃피는 것을 가로막는다. 총 3부로 구성된 이 작품의 결말에서 삶의 의미를 잃어버린 타카키와 결혼을 앞둔 아카리는 뭔지 모를 아련한 추억에 이끌려 우연히 건널목에서 마주친다. 그때 기차가 지나가면서 시야를 가리고 기차가 지나간 뒤 아카리는 사라지고 없다. 서정적인 중편영화 《언어의 정원》은 비가 오는 날 수업을 빼먹은 한 남자 고등학생과 무기력한 연상의 낯선 여성이 만나면서 이루어지지 않을 사랑의 가능성을 다룬다. 신주쿠 공원에서 우연히 마주친 두 사람은 점점 그곳에서 만나는 데 익숙해지고, 비가 오는 날마다 함께 앉아 찰랑거리며 떨어지는 빗방울을 바라본다. 계절의 순환과 흐름에 따라 중간중간 검은 화면으로 강조되는 이 작품은 오감을 자극하며 찰나의 감각에 집중하고 있다. 잔잔한 분위기 속에서 열다섯 살 소년 타카오는 세상의 비밀 그 자체로 보이는 유카리에게 푹 빠진다. 우울한 유카리는 그와 만난 이후 다시 나아갈 수 있게 되었지만, 곧 정체가 밝혀진다. 바로 학생들에게 괴롭힘을 당한 고등학교 교사였다. 고층 건물들 한가운데 있는 이 평화로운 안식처에서는 마치 시간이 멈춘 것만 같다. 반복적으로 등장하는 지하철, 교실, 가족 식사 장면들이 내포하는 사회적인 제약과 일상의 지루함은 멀게만 느껴진다. 간간이 들려오는 내면의 독백은 두 사람의 불안정한 관계를 드러낸다.

독창적으로 장르를 혼합하는 신카이 마코토 작품 속 사랑의 거리는 때론 은하계 또는 평행 세계와 같이 우주적 차원에서 펼쳐진다. 특히 운명의 인연이 같은 시공간에 속하지 않을 때 판타지나 SF의 분위기가 사실적인 감정 표현을 더욱 다채롭게 만든다. 단편 《별의 목소리(2002)》는 지구와 우주에 걸쳐 서로 떨어져 있는 인물들의 은하계 모험에 사랑 이야기를 포개어 놓았다. 태양계 너머에서 한없이 깊은 고독에 빠지게 된 미카코가 보내오는 메일이 노보루에게 도착하기까지 걸리는 시간은 점점 늘어나다가 장장 8년까지 이른다. 《구름의 저편, 약속의 장소(2004)》에서는 제2차 세계대전 이후 둘로 분단되어 '미일 연합군'과 '유니온'이라는 나라의 통치를 받는 일본을 배경으로 평행우주의 상상력을 더한 대체 역사 작품이다. 세 명의 청소년은 수수께끼의 탑에 커다란 관심을 가지는데, 그 탑은 사유리가 3년 동안 깊은 잠에 빠지는 것과 관련이 있다. 오래전부터 사유리를 좋아해 왔던 히로키는 사유리가 자신의 목소리가 닿지 않는 꿈속에 갇혀 있다는 사실을 받아들이지 못한다. 《너의 이름은.》의 열린 결말은 《초속 5센티미터》의 결말보다 더 많은 희망을 타키와 미츠하에게 남겨두고 있다. 눈에 보이지 않는 끈으로 연결된 두 사람은 죽음을 이겨내고 서로가 살아가는 세계를 하나로 잇는 데 성공한다. 그리고 마침내 계단 한가운데에서 실제로 만나게 된다. 이야기는 불가능을 가능으로 만드는 황혼 무렵에 끝이 난다.

삶,
바로
지금

166

우리는 모두 원더랜드에 가본 적이 있다

라멘의 맛

일본에 관해 쓰인 롤랑 바르트의 저서 『기호의 제국』은 포크와 나이프처럼 자르고, 움켜쥐고, 절단하고, 관통하는 것을 거부하면서 각각의 요소를 우아하게 잡아내는 젓가락의 섬세함을 강조하고 있다. 삶의 예술로서의 요리는 인물들이 세상을 바라보는 시각을 여실히 드러내는 감각적인 미학과 같다. 이는 미야자키 하야오 감독의《벼랑 위의 포뇨》에서 성장을 거듭하는 포뇨가 양동이에서 튀어 올라 소스케의 샌드위치 안에 들어 있는 햄을 통째로 빼앗아 먹는 장면에서 증명된다. 포뇨의 식욕은 삶의 기쁨과 새로운 경험에 대한 욕망을 상징한다. 식욕을 드러내며 식탁에 앉은 소녀는 김이 모락모락 나는 그릇 속 인스턴트 라멘의 변화에 감탄한다. 면은 몇 분이 지나고 계란, 햄, 파가 올려진 맛있는 라멘이 된다.《하울의 움직이는 성》에서 할머니가 된 소피는 새로운 가족의 일원으로 받아들여지기 위해 하울의 명령만을 따르는 불의 악마 캘시퍼를 길들여야 한다. 소피는 더러운 그릇들과 식재료가 쌓여 있는 식탁에서 베이컨을 썰어 넣은 푸짐한 오믈렛을 만들기 위해 재료를 끌어온다. 치즈, 빵 덩어리, 구겔호프까지 프랑스 알자스와 유럽에서 보낸 미야자키 하야오 감독의 추억이 담긴 음식이다. 캘시퍼는 결국 소피에게 항복하고 불을 내어준다. 흘러가는 대로 살던 하울의 가족은 소박한 요리가 부리는 마법으로 온기를 되찾고 이 이상한 집은 봄맞이 대청소를 앞두게 된다.

육체와 영혼의 결합인 음식은 육체의 생리학적 욕구를 충족해 주고 타인과의 유대감을 형성하게 한다. 관계의 지표인 식사는 일종의 의식처럼 작용하는데 때로는 어긋난 관계를 나타내기도 한다. 하라 게이이치 감독의《컬러풀》에서 가족의 식사는 엄마와 아들 사이의 억압적인 갈등을 드러낸다. 반면 미야자키 고로 감독의《코쿠리코 언덕에서》의 우미는 하숙생들에게 아낌없는 배려를 보여준다. 매일 아침 우미는 하숙생들을 위한 아침 식사와 도시락을 정성 들여 준비한다. 고사카 기타로 감독의《옷코는 초등학생 사장님!》의 옷코는 자신처럼 가까운 이를 잃

고 슬픔에 빠져 있는 한 소년을 위해 온천 푸딩을 만들며 슬픔을 잊는다. 음식을 만드는 행위는 상실을 극복하고 죽은 사람들과 산 사람들 사이의 관계를 재구성한다. 음식과의 민감한 관계는 때로 산산조각 나며 삶에 대한 거부로 이어지기도 한다.《언어의 정원》속 무기력에 빠진 젊은 여성은 교사로 일하던 고등학교에서 도망친 이후로 식욕을 잃는다. 아침부터 공원에서 유일하게 맛을 느낄 수 있는 맥주를 홀짝거리는 모습은 생명력을 상실했음을 상징적으로 보여준다. 오로지 타카오와의 만남만이 그녀가 일상의 사소한 경험을 다시 즐길 수 있게 해준다.

음식과의 관계는 세상을 살아가는 다양한 방법을 보여주는 동시에 꼭 기근까지는 아니더라도 부족함과 넘침이 혼재하는 사회의 상황을 고발한다. 가타부치 스나오 감독의《이 세상의 한구석에》에서 전쟁이 한창이지만 스즈는 보잘것없는 양의 배급을 정성스럽게 끓여 먹는다. 사무라이의 생존 요리법을 담은 책 덕분에 그녀는 식량을 크게 부풀릴 수 있었고 잔치나 다름없는 한 상을 완성한다. 다카하타 이사오 감독의《반딧불이의 묘》에서 신맛이 나는 사탕 몇 알을 너무나도 맛있게 음미하는 어린 세츠코의 기쁨과 대조적으로 굶주린 채 죽어가는 세츠코가 정신착란에 빠져 구슬을 우물거릴 때 관객들은 애처로운 감정을 느낀다. 다른 한편으로는 폭식을 불러오는 소비 사회의 풍족함이 있다. 미야자키 하야오 감독의《센과 치히로의 행방불명》에서 절망한 치히로의 앞에는 그야말로 돼지처럼 음식을 게걸스레 먹고 있는 부모님이 있다. 그들은 곧 저주에 걸려 돼지로 변하게 된다. 쩝쩝거리는 소리를 내며 입 밖으로 소스를 흘리면서 치히로의 부모님은 산더미 같은 닭고기, 소시지, 생선 대가리를 먹어 치운다. 온천 직원들은 가오나시가 가진 금 조각에 굶주려 있고 가오나시는 이들이 그를 유혹하기 위해 준비한 음식들을 탐한다. 전통 음식부터 패스트푸드에 이르기까지 요리는 마음의 상태, 인물의 성격, 전통과의 관계, 사회적 지위를 드러낸다. 어떤 음식을 먹는지 보면 어떤 사람인지 알 수 있다는 말처럼 말이다.

달의 저편

SF 영화감독들은 본질적으로 인식할 수 없는 무의식의 굴곡들을 구현해 냈다. 환각과 같은 이미지의 압박 속에서 일상은 수많은 형태와 색채, 초현실적인 이야기의 홍수로 변한다. 인물들은 꿈과 현실, 악몽과 환상, 삶과 죽음 사이에 있는 미장아빔 속으로 빨려 들어가거나 여러 차원의 경계 안에 갇힌다. 곤 사토시 감독은《퍼펙트 블루》에서 정신을 지배하는 사이코패스에게 괴롭힘을 당하는 미마의 인지 능력에 균열을 일으키는 환각을 연출했다.《천년여우(2001)》는 나이가 들어 은퇴한 여배우의 기억 속으로 여행한다. 여배우와의 인터뷰 중에 그녀의 팬인 다큐멘터리 감독은 카메라맨과 함께 과거의 촬영장으로 들어간다. 여배우의 기억은 서로 구분되지 않는 현실과 영화 이미지의 혼란 속에서 영화의 역사 그리고 일본의 역사와 뒤섞인다.《파프리카》의 심리치료는 뒤죽박죽으로 변한다. 과대망상증 환자가 타인의 꿈속으로 침투하고 사람들은 집단적 망상에 빠진다. 현실 세계를 무너뜨리는 환상을 통해 거대한 혼란을 일으킨다.

유아사 마사아키 감독은《새벽을 알리는 루의 노래》와 포스트 아포칼립스 시리즈인《일본 침몰 2020(2020)》처럼 더욱 대중적인 작품들도 연출하긴 했지만 대체로 실험적인 작품들을 선호하는 것으로 알려져 있다. 감독은 '이상한 장면'들과 파격적인 스타일 변화의 대명사다. 제목에서 알 수 있듯 로빈 니시의 자전적 만화를 애니메이션 영화로 각색한《마인드 게임》은 용기가 부족해 인생이 꼬이기 시작한 청년 니시의 다양한 무의식 속으로 빠져든다. 그는 유명한 만화가가 되어 고등학교 때 사랑했던 상대를 쟁취하기를 원했지만, 용기를 내지 못한다. 그러다 야쿠자가 쏜 총알에 맞아 죽게 된다. 천국과 지옥의 경계에서 만난 신은 다양한 모습으로 변하더니 니시의 비겁함을 조롱하며 게임을 리셋할 기회를 준다. 총에 맞기 직전으로 되돌아온 니시는 야쿠자를 죽여 상황을 바꾼다. 그렇게 영웅이 탄생한다. 자동차 추격전에 휘말린 니시와 친구들은 다리 밑으로 추락해 고래 배 속으로 삼켜진다. 환상적인 모험담인《마인드 게임》은 시작도 끝도 없는 작은 이야기들이 연거푸 이어지며 갱스터 영화, 성경 이야기, SF 애니메이션, 우주 사이의 진창을 둘러싼 정신없는 디스토피아를 비롯한 모든 장르를 활용하고 있다. 그래픽 또한 독특하고 감각적인 불꽃놀이 속에서 2D 이미지, 종이로 만든 애니메이션, 실사 장면의 삽입 등 다양한 유형의 이미지를 혼합했다.

《다다미 넉 장 반 세계일주(2010)》시리즈에서 힌트를 얻은 유아사 마사아키 감독은 모리미 도미히코의 소설도 애니메이션 영화로 제작했다. 바로《밤은 짧아, 걸어 아가씨야》다. 초현실주의 작가들의 계보를 그대로 이은 이 영화는 19세기 프랑스 시인 로트레아몽의 시에서 말하는 "해부대 위에서의 우산과 재봉틀의 우연한 만남"처럼 아름다운 작품이다. 장르의 규범을 비웃는 환상적인 로맨틱 코미디 작품 속에서 이야기는 비현실적인 야경의 교토 거리를 방황하는 인물들처럼 혼란스럽게 진행된다. 첫눈에 반한 이후 운명에 도전장을 내밀어 보기로 결심한 대학생은 밤을 즐기는 검은 머리의 아가씨를 뒤따라간다. 이야기는 술집을 돌며 춤을 추고, 술 대결을 벌이다 바지와 속옷을 빼앗기고, 헌책시장에서 매운 음식을 먹는 대회에 참가해 춘화나 어릴 적에 읽던 그림책을 얻고, 대학 축제에서 게릴라 연극을 하는 등 모험에 모험을 거듭한다. 그래픽은 계속해서 변화한다. 과장된 그림부터 인체의 왜곡, 기울어진 각도와 비틀비틀한 움직임, 간결하고 주관적인 장면이나 예상치 못한 색채 변화에 이르기까지 다양하다. 유아사 마사아키 감독은 모든 서사와 미학적 관습을 무시하고 상상력과 창의력에서 기인한 환상에 빠져드는 감각적 난센스를 우선한다.

우리는 모두 원더랜드에 가본 적이 있다

《밤은 짧아, 걸어 아가씨야》, 유아사 마사아키

"나는 타자다"

프랑스 상징파 시인 아르튀르 랭보는 늘 자신을 타자로 바라보고자 했다. "바람이 분다……살아야겠다!" 폴 발레리의 「해변의 묘지(1920)」에 나오는 이 시구를 자신의 마지막 작품의 제목으로 삼으면서 미야자키 하야오는 시적이고 철학적인 방식으로 관객들에게 작별 인사를 고했다. 이는 파란만장한 역사에도 불구하고 생명력을 잃지 않은 창조적 영감에 대한 찬사다. 지로의 발명품을 전쟁 목적으로 사용하려는 사람들도 있지만, 그는 가장 가벼운 비행기를 설계하기 위해 최선을 다했다. 새처럼 하늘을 날고 싶다는 꿈을 좇기 위해서다.

애니메이션의 시야에서 삶이 완전히 제외될 수는 없다. 삶을 초월하는 애니메이션은 예술적 창작물로서 모든 상태 및 형태로 나타난다. 현실의 단편을 포착하게 해주든 마음에 위안을 주든 아름다움에 열광하게 하든 애니메이션은 그것이 가진 모든 능력을 사용하며 작업에 몰두한 예술가들의 존재에 의해 끊임없이 주목을 받는다. 백지에 대한 강박이 있고 발전하기 위해 부단히 노력하며 계속해서 솟구치는 영감을 얻는 화가, 만화가, 음악가, 시인, 소설가들은 예술을 표현하는 다양한 방식을 사유하도록 초대한다. 선, 색, 움직임, 음표, 단어를 통해 세상을 바꾸는 수많은 방식이다. 일부 작품들의 중심에 있는 이러한 예술가들은 무수한 형식적 실험을 위한 단초가 된다. 이들

은 애니메이션 작품 속에서 가상의 캐릭터로 등장하며 감독은 장인이나 마법사처럼 대상과 사물에 생명력을 불어넣는다. 이러한 자기성찰적인 측면은 다른 장르와 비교해 애니메이션의 특이성을 드러내 보인다.

그렇게 애니메이션은 때로 오마주, 패러디, 혹은 명작의 재해석을 통해 관객들이나 감독들을 초대한다. 영화 제작의 배경 뒤에서 일어나는 이면을 보여줌으로써 실사 영화와 차이점을 살펴보기도 한다. 이렇게 대화가 끝없이 이어지기 때문에 애니메이션은 일본 만화와 마찬가지로 긴 역사를 지닌 일본의 그림 예술과의 깊은 연결성을 강조하기도 한다. 음악은 애니메이션과 어우러지며 장면을 한층 아름답게 만들어 주고 주인공들의 내밀한 감정들을 극대화한다. 하이쿠와 같은 문학과 시는 더욱 강렬한 효과를 낸다. 무엇보다 시가 등장하는 영화는 본질적으로 단어, 소리, 그림 사이를 이어주는 역동적인 관계를 생각할 수밖에 없다. 이는 중국 표의문자에서 유래한 한자와 표음문자 가나가 섞인 일본 문자의 중심에 있는 상호관계이기도 하다. 민감한 감정들을 구현해 낼 수 있는 예술 작품은 대개 한눈에 보이지는 않지만, 매우 중요한 존재론적 측면을 드러낸다. 또한 예술 작품은 이러한 다양한 미학적 재창조를 통해 또 다른 색채를 띠는 현실을 인상적으로 포착하게 해준다.

마법사의 예술가적 면모

"마녀의 피, 화가의 피, 요리사의 피! 신이나 누군가가 준 힘의 능력이지. 그 덕분에 고생도 좀 하지만." 미야자키 하야오의《마녀 배달부 키키》에서 키키의 화가 친구가 한 말이다. 그녀의 관점에서 마법사, 장인, 예술가는 공통점을 가진다. 이들은 세상에 울림을 주는 진정한 예술 작품을 만들어 내기 위해 끊임없이 작업에 매진한다. 빗자루를 타고 날지 못하게 된 키키가 능력을 상실한 것에 대해 침울해하자 화가 친구는 모든 창작 과정에서 찾아오는 위기를 언급한다. 자신의 수많은 분신 중 하나인 이 인물을 통해 미야자키 하야오는 배움과 끈기에 대한 생생한 찬사를 보내면서도 때로는 내려놓을 줄도 알아야 한다고 말한다. "그럴 때는 미친 듯이 그릴 수밖에 없어. 계속 그리고 또 그려야지!" 그래도 할 수 없다면? "그리는 걸 포기해. 산책이나 경치 구경. 낮잠을 자거나 아무것도 하지 다. 그러다가 갑자기 그림이 그리고 싶어지지." 창작 욕구를 되살리기 위해서는 모방을 멈추고 자신만의 방식을 만들어 고유한 스타일을 단련해야 한다. 그렇게 키키는 다른 예술과 마찬가지로 마법 역시 누군가가 만들어 놓은 주문을 외우기만 하는 게 아니라 동작 하나하나에 자신만의 감성을 불어넣어야 한다는 걸 깨닫게 된다.

이처럼 장인으로 등장하는 인물들은 애니메이션 감독들의 자화상과 같다. 이들은 모두 그들의 손으로 만든 사물에 생명을 불어넣기 위해 마법을 부린다.《귀를 기울이면》에서 시즈쿠는 낡고 깨진 시계를 고치는 골동품 상점의 주인 할아버지의 모습에 홀린다. 오랜 작업 끝에 그는 부족한 부품을 끼워 넣고 태엽을 감아 시계를 다시 작동시킨다. 장난꾸러기 드워프들이 보석을 캐고 12시 정각이 되면 드워프 왕을 만나기 위해 양의 모습에서 엘프로 변한다. 하지만 이러한 연금술적 변신에 성공하기 위해서는 '자기 속의 원석을 갈고 다듬어야' 한다. 이것은 노력이 많이 드는 일이다. 할아버지가 움트기 시작한 재능을 발전시키기 위해 소설을 쓰기 시작한 시즈쿠에게 전해준 교훈이다. 시즈쿠가 영감을 얻는 대상에는 무한한 끈기로 바이올린 장인이 되기를 꿈꾸는 세이지도 있다. 세이지는 예술의 원칙에 따라 바이올린을 만들기 위해 노력한다. 첫 번째이자 유일한 영화에서 곤도 요시후미는 겸손함을 담아 애니메이션과 스튜디오 지브리의 신비로운 생명체의 관계를 보여준다. 장인의 손길로 탄생한 예술적 창작물은 은총과 마법, 환상의 순간들을 만들어 내는 애니미즘이다. 고양이 남작 조각상의 두 눈은 햇빛에 반사되어 언뜻 보면 보석처럼 빛난다. 이러한 반짝임은 시즈쿠에게 글을 쓰고 싶다는 욕망을 불러일으킨다. 시즈쿠는 자신의 소설에 "마법사의 후예들이 장인이 되어 있었어."라는 문장을 적는다. 사물에 생명력을 불어넣는 마법은 애니메이션의 정수이다. 움직임 없는 사물이었다가 문학 속 주인공이 된 고양이 남작이 소설을 영상으로 그려낸 장면에서 살아 움직인다. 그리고 몇 년이 지난 뒤에는 모리타 히로유키의《고양이의 보은》에서 주인공이 된다.

공예와 공학 사이, 과학과 마법 사이 어딘가에서《바람이 분다》의 비행기 설계자는 미친듯이 설계도를 그리고, 형태의 공학적 설계를 계산하고, 비행기의 금속 몸체가 공중으로 날아오를 때 움직임을 예측한다. 작품 속에서 그의 기계들이 하늘을 날게 되기까지 제작에 걸리는 수많은 단계는 미야자키 하야오의 셀 수 없이 많은 스케치를 떠올리게 한다. 미야자키 하야오는 종종 자신이 만들어 낸 장인들에게 경의를 표한다.《천공의 성 라퓨타》의 어린 광부부터《붉은 돼지》의 비행기 정비소를 지나《모노노케 히메》의 대장간에서 일하는 여성 노동자들에 이르기까지 그들의 공동작업을 예찬한다. 이 작은 손들은 스튜디오 지브리의 느린 준비 과정의 치열한 노력과 협력을 가리키기 때문이다.

우리는 모두 원더랜드에 가본 적이 있다

《백일홍: 미스 호쿠사이》, 하라 게이이치

마법의 붓

애니메이션에는 붓질 몇 번으로 세상을 담아내려는 화가와 만화가들이 많이 등장한다. 이들의 열정이 어떤 인물들에게는 일상을 바꿀 수 있게 해준다. 가타부치 스나오의 《이 세상의 한구석에》에서 전쟁이라는 잔혹한 현실이나 하라 게이이치의 《컬러풀》에서 청소년의 불안감이 그것이다.

가상의 예술가들은 무엇보다도 감독이나 캐릭터 및 배경의 제작을 도맡아 하는 그래픽 디자이너들의 아바타다. 이들은 본격적인 애니메이션이 제작되기 이전에 이 작품에 유희적인 방식으로 미장센을 제공한다. 얼굴이나 풍경을 표현하려고 시도하면서 감독과 제작진의 동작을 떠올린다. 스케치북에 키키를 그리는 화가 친구는 스토리보드를 암시한다. 이 단계는 수없이 많은 사전 스케치가 필요한 장편 영화를 제작하는 데 있어 필수 단계다. 그림으로 표현된 소녀의 모습은 여기서 같은 장면 속에 삽입된다. 《바람이 분다》에서 지로와 두 번째로 만났을 때 나오코가 그리고 있던 농촌의 풍경도 마찬가지다. 소녀는 주변을 둘러싸고 있는 꽃밭을 화폭에 생생하게 담기 위해 열중한다. 작업의 중심에 움직임이 있다는 사실을 강조하기 위해 미야자키 하야오 감독은 풍경 속에 격렬한 돌풍을 불어닥치게 한다. 돌풍은 풍경을 사실주의적 골조에서 인상주의적인 느낌으로 전환했다가 이후에는 점묘화처럼 보이게 만든다. 《천공의 성 라퓨타》의 한 장면은 명시적으로 그림과 애니메이션을 충돌하게 만든다. 파즈의 작업실에서 새를 닮은 비행기 모형, 미완성된 비행선의 나무 골조, 비행선 크로키, 죽기 전 아버지가 찍은 라퓨타의 사진을 찾아볼 수 있다. 벽에 걸린 이 사진은 라퓨타를 발견했을 당시의 기억을 떠올리게 하며, 아버지의 카메라를 통해 영원히 존재하게 만든다. 요네바야시 히로마사 감독의 《추억의 마니》 속에서도 그림과 애니메이션이 어우러진 장면의 이 같은 의미를 찾을 수 있다. 바로 노부인이 습지 저택을 계속해서 스케치하다가 안나 가족의 비밀에 얽힌

퍼즐 한 조각을 발견하는 장면이다. 한편 《가구야 공주 이야기》는 애니메이션과 일본 회화 예술 사이의 중간 다리를 놓아준다. 이는 다카하타 이사오 감독이 그의 이론서인 『12세기 애니메이션(1999)』에서 다루었던 주제다. 이 시기의 에마키는 장면마다 거대한 이야기를 담고 있는 두루마리 그림이다. 가구야를 가르치러 온 선생님은 두루마리 그림을 가져와 이야기가 흘러가는 것을 보여주고자 하는데 가구야는 그걸 대번에 굴려서 두루마리가 전부 펼쳐지게 만든다. 이후에는 붓글씨를 쓰는 것 대신에 토끼 한 마리를 그리는데 이는 도바 소조의 에마키에 등장하는 동물 그림을 연상시키고 그림체는 만화처럼 보인다. 이 밖에도 다카하타 이사오는 헤이안 시대의 서예 양식을 떠올리게 하는 오프닝부터 저택의 모습을 비롯해 달나라 행렬에 이르기까지 영화 장면을 구성하기 위해 중세의 두루마리 그림들을 참고했다.

《백일홍: 미스 호쿠사이》는 자신만의 방식으로 대작과의 유사점을 연결한다. 이 작품은 19세기 일본 미술계에 한 획을 그은 〈후가쿠 36경(1831~1833)〉으로 유명한 가쓰시카 호쿠사이의 생애를 에둘러 그려냈다. 이 작품은 하라 게이이치 감독의 관심을 끈 호쿠사이의 딸 오에이의 눈으로 본 과묵하고 엉뚱한 아버지의 이야기를 담고 있다. 자유로운 영혼을 가진 여성이자 뛰어난 화가인 오에이는 아버지와 예술에 대한 깊은 열정을 공유했고 판화, 춘화, 풍자화, 괴물 또는 지옥을 그린 그림과 같이 다양한 스타일과 장르를 시도했다. 화폭에서 구현된 그림들은 수도 없이 생명력을 얻고 영화의 미학에 영향을 줬다. 이는 예술가가 몇 번 휘두른 붓으로 영속성을 얻은 눈에 보이지 않는 환상적인 힘이 얼마나 그림과 밀접한 연관을 가지는지 강조한다. 역사적인 환경, 그림이 그려진 화폭, 환상적이거나 주관적인 이탈 사이의 불균형으로 《백일홍: 미스 호쿠사이》는 그림 작품의 중심에서 현실이 어떻게 예술적으로 변화하는지 보여준다.

《파프리카》, 곤 사토시

플라톤의 동굴

애니메이션 감독들은 영화의 새로운 형식을 작품에 담으면서 영화 업계를 사로잡았다. 이러한 접근 방식은 다양한 표현을 통해 세계에 질문을 던질 수 있게 한다.

미장아빔의 대가인 곤 사토시는 관객들에게 끊임없이 미끼를 던진다. 그는 현실과 환상을 넘나들며 서로 다른 위치에 놓인 장면들을 연결하는 데 능숙하다. 촬영장에서 대사를 주고받는 장면, TV 화면에 투영된 영화, 서커스 공연처럼 등장인물이 실제로 경험한 것처럼 보이는 풀 프레임 장면들은 이후 정체가 드러난다. 《퍼펙트 블루》의 뒤를 이은 《천년여우》는 관객의 눈을 속이는 방식으로 연출된 영화에 대한 찬사다. 이 작품의 서사와 미학적 퍼즐은 환상 세계와 현실 세계, 과거와 현재, 이야기와 역사 사이의 경계를 모호하게 만든다. 자신을 인터뷰하러 온 다큐멘터리 감독의 부탁에 은퇴한 여배우 치요코는 자신의 필모그래피를 되돌아본다. 이는 그녀의 추억과 긴밀하게 포개지는데 그 추억은 실제 기억과 영화 장면들로 왜곡되어 있다. 심지어 다큐멘터리 감독과 카메라맨은 시공간을 아무렇지 않게 뛰어넘어 치요코와 함께 과거의 영화 촬영장 속으로 던져진다. 하지만 이 미궁 속에도 아리아드네의 실이 존재한다. 치요코는 일본이 만주에서 전쟁을 벌이고 있을 때 잠시 만났던 누군가의 흔적을 정신없이 뒤쫓는다. 그는 사상운동가로 활동하다 경찰에 쫓기던 화가였다. 치요코는 이 화가의 이름도 모르지만 첫사랑이 준 약속의 증표인 열쇠를 소중히 간직한다. 지진으로 잃어버렸던 이 열쇠는 마침내 그녀의 품으로 돌아온다. 치요코의 일생에서 스크린에 이르기까지, 그녀가 연기하는 모든 역할은 다양하게 변형되어 그려진다. 이는 3부작 실사 영화로 제작된 오바 히데오 감독의 《당신의 이름은(1953~1954)》에서 영향을 받은 것이다. 《천년여우》는 시간과 허구의 세계를 뛰어넘으며 천 년의 일본 역사와 백 년의 영화사를 훑는다. 이 '메타 영화'[45]는 인용, 오마주, 패러디로 가득하다. 주인공은 일본의 여러 스타 배우를 모델로 삼았고, 포스터는 과거 영화 포스터를 모방했으며, 은영 영화사의 촬영장 철거는 거대 제작사의 황금기와 쇠퇴

를 보여준다. 치요코가 연기한 영화들은 구로사와 아키라부터 오즈 야스지로에 이르기까지 시대를 넘어서는 거장들의 미학적 특징을 모방한다. 물론 서양 영화를 참고한 장면도 있다. 우주 SF 영화, 전쟁을 위한 선전 영화, 봉건시대의 참바라[46]와 사무라이 영화 등 작품에 등장하는 다양한 장르들은 과거에서 현대에 이르기까지 모두 살펴보게 한다.

기상천외하면서 성찰적인 작품 《파프리카》는 꿈을 영화의 은유로 묘사한다. 여자 주인공의 말에 의하면 "한밤중 꿈이 예술적인 단편영화라고 한다면 새벽에 꾸는 꿈은 블록버스터"다. 이후 도난당하지만, 기계 장치 덕분에 환자들의 꿈을 기록하고 영화처럼 들여다보는 게 가능해진다. 심지어 신경정신과 의사인 치바 아츠코는 '꿈속의 여배우'라고 불리는 자신의 아바타 '파프리카'를 통해 환자들의 꿈에 직접 개입할 수도 있다. 코나카와 토시미 경시감은 한 살인 사건의 수사나 억압되는 상황과 연관해서 반복적으로 꾸는 악몽이 어떤 무의식적 의미를 지녔는지 파악하기 위해 이 놀라운 치료를 받게 된다. 그는 불안감의 근원이 지금은 사망한 절친한 친구와 함께 영화감독이 되겠다는 어릴 적 꿈을 잊고 살았기 때문이라는 사실을 깨닫게 된다. 이 작품은 제임스 본드, 타잔 등 유명한 캐릭터들을 모방하고 《지상 최대의 쇼(1952)》나 《잃어버린 아이들의 도시(1995)》 등의 영화를 인용하고 있다. 이외에도 꿈의 다양한 장면들은 모험, 로맨스, 스릴러와 같이 부호화된 장르들을 떠올리게 한다. 관객인 동시에 배우인 등장인물들은 상영관 속으로 이동하거나, 화면을 통과하거나, 장면 연결 기술이나 카메라 렌즈에 관한 이야기를 늘어놓는다. 마지막으로 《크리스마스에 기적을 만날 확률》, 《천년여우》, 《퍼펙트 블루》와 같은 곤 사토시 영화 포스터를 스쳐 지나면서 끝난다. 이러한 미장아빔은 영화의 시작부터 고유한 이미지와의 관련성을 얼마나 고심했는지 강조하고 있다.

45. 영화 자체에 관한 이야기를 다룬 영화
46. '칼싸움'이라는 뜻으로 일본의 사무라이 관련 영화나 게임을 말함

애니메이션 감독들은 자신의 영화들을 서로 연결하는 데서 즐거움을 찾는다. 모치즈키 도모미의《변덕쟁이 오렌지 로드: 그날로 돌아가고 싶어(1988)》속 젊은 커플은 스기이 기사부로의《터치: 등번호 없는 에이스(1986)》를 보기 위해 영화관에 간다. 이는 삼각관계로 괴로워하는 고등학생 로맨스 애니메이션의 주요 작품을 암시한다.《은하철도 999(1979)》와《우주해적 캡틴 하록(1978)》의 이야기가 겹치는 순간은 만화가 마쓰모토 레이지의 작품 세계를 넘나드는 거대한 분기점으로 강조된다. 감독들은 연결된 세계 속에서 다양한 모습으로 등장하는 주인공들을 통해 즐거움을 이어 나간다.《은하철도 999》에서 토치로의 엄마로부터 토치로가 쓰던 총과 모자를 건네받은 테츠로는 죽어가는 토치로를 만나게 되고 그에게 걸맞은 묘지를 만들어 준다. 뒤이어 하록과 에스메랄다는 테츠로와 메텔과 함께 안드로메다를 공격하고 위험에 처한 인류를 구원하기 위해 힘을 합친다. 비슷한 방식으로 다카하타 이사오의《폼포코 너구리 대작전(1994)》에 나오는 기괴한 행렬에서도 스튜디오 지브리의 주요 캐릭터들이 느닷없이 등장한다. 토토로, 키키, 포르코,《추억은 방울방울(1991)》의 어린 타에코가 요괴들 사이에 재치 있게 자리를 차지하고 있다. 이런 즐거운 깜짝 등장은 애니메이션을 비롯한 예술의 힘이 상상 속의 존재들을 관객의 기억 속에 남아 있는 실질적인 존재로 전환했다는 데에 있다는 사실을 강조한다. 여기서 인용된 영화들의 미학이 사실주의적인지 환상주의적인지에 상관없이 영화 속 캐릭터들은 자율적으로 가상 세계 속에서 삶을 얻었다.《폼포코 너구리 대작전》의 또 다른 장면에서는 두 요괴가 사람들을 놀라게 하기 위해 자동차 극장에 불쑥 나타난다. 영화는 눈에 보이지 않는 존재들의 빛과 그림자를 포착할 뿐만 아니라 관객들의 마음에 두려움, 놀라움, 웃음과 같은 구체적인 효과를 불러올 수도 있다.

애니메이션은 때로 실사 영화와의 차이점을 살펴보기도 한다. 특히 몽환적 영화를 통해 현실과 환상의 경계를 흐릿하게 만드는 것을 좋아하는 곤 사토시 감독이 대표적인 예다.《천년여우(2001)》에서 그는 실사 영화의 대작들을 그림이나 애니메이션으로 재해석해 나타냈다. 그렇게 오즈 야스지로의《만춘(1949)》이나《동경 이야기(1953)》, 혼다 이시로의《고질라(1957)》, 혹은 구로사와 아키라의《거미의 성(1957)》등의 작품이 명시적으로 드러나는 장면들이 이곳저곳에서 등장한다. 은퇴한 여배우의 팬인 다큐멘터리 감독은 일본의 유명 배우 미후네 도시로에게서 사무라이 의복을 빌려 입고 봉건시대 액션영화 장면에 끼어든다. 이러한 형식상의 이동은 애니메이션의 특수성에 의문을 제기한다. 다큐멘터리가 픽션이 아니듯 애니메이션은 장르가 아닌 특정한 기술인 것이다. 이를 통해 애니메이션은 일본이나 서양의 명장면들을 그래픽으로 변형시킨 다양한 볼거리를 제공한다.

《파프리카》, 곤 사토시

끝없이 이어지는 애니메이션

우리는 모두 원더랜드에 가본 적이 있다

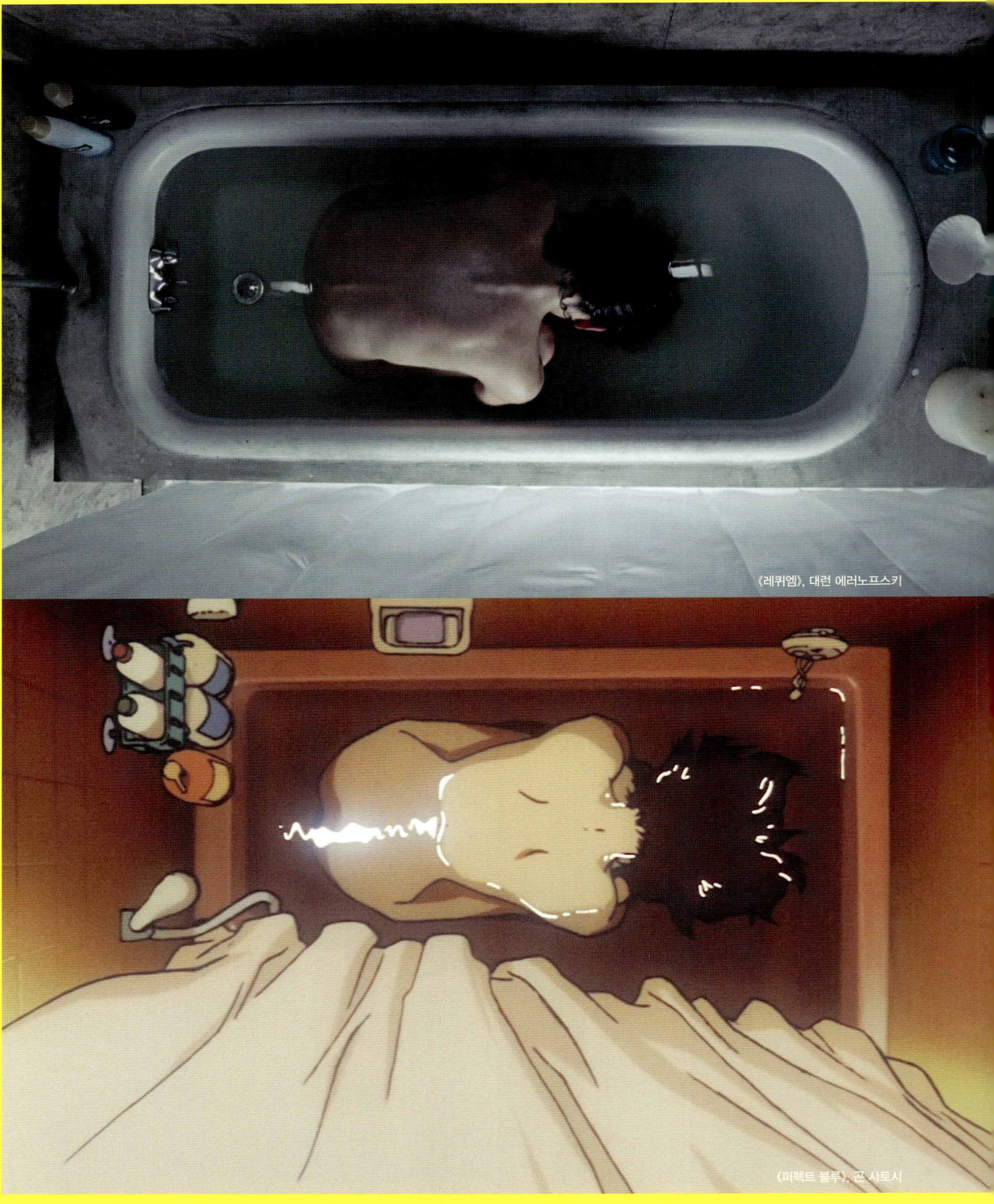

《레퀴엠》, 대런 에러노프스키

《퍼펙트 블루》, 곤 사토시

«인셉션》, 크리스토퍼 놀란

«파프리카》, 곤 사토시

반대로 실사로 촬영한 영화가 애니메이션을 오마주하면서 경의를 표하기도 한다. 이는 애니메이션의 풍부한 예술적 잠재력을 증명한다. 크리스토퍼 놀란 감독의 《인셉션(2010)》은 여럿이서 꿈을 공유한다는 설정이나 무중력 상태의 복도에서 수수께끼의 적을 뒤쫓는 장면 등 곤 사토시 감독의 《파프리카(2006)》에서 일부나마 분명하게 영향을 받은 것으로 보인다. 대런 에러노프스키의 경우에는 마찬가지로 《퍼펙트 블루(1997)》를 연출한 곤 사토시에 대한 존경을 조금도 숨기지 않았다. 심지어 그는 자신의 작품 《레퀴엠(2000)》에서 여자 주인공이 욕조에서 몸을 웅크리고 있는 장면을 오버헤드 숏으로 촬영해 그대로 옮기기도 했다. 그리고 《블랙 스완(2010)》 또한 미마를 무용의 세계로 옮겨 재해석한 영화가 아닌가? 나탈리 포트만이 연기한 니나라는 인물은 질투심과 절박함에 사로잡히고 그녀의 현실은 불안과 환각 속에서 균열이 일어난다.

마지막으로 갑작스레 애니메이션으로 전환되는 영화들도 있다. 《킬 빌: 1부(2003)》가 대표적인 예다. 9살에 야쿠자 두목에게 부모님이 무참히 살해당하는 장면을 목격한 오렌 이시이의 트라우마를 더욱 생생하게 표현하기 위해 쿠엔틴 타란티노 감독은 애니메이션을 선택했다. 이 장면은 프로덕션 I.G가 맡아 작업을 했는데 쿠엔틴 감독은 프로덕션 I.G의 작품 중에서도 특히 오시이 마모루의 《공각기동대(1995)》와 기타쿠보 히로유키의 《블러드: 더 라스트 뱀파이어(2000)》를 좋아했다고 한다. 애니메이션을 통해 장면의 폭력성을 극대화하고 상상을 뛰어넘는 차원을 보여준다. 순수한 유년기의 세계가 공포와 두려움에 의해 급격히 피로 얼룩지며 멈출 수 없는 복수의 고리가 만들어진다. 그렇게 '코튼마우스'라는 코드명의 무시무시한 살인 기계가 탄생했다. 빌의 명령을 받는 암살자 집단 '데들리 바이퍼스(죽음의 독사)'의 일원인 그녀는 사막 한가운데의 교회에서 운명적인 싸움에 뛰어든다. 임신한 신부는 겨우 살아남아 복수를 다짐한다. 쿠엔틴 감독은 이 중요한 장면을 애니메이션과 실사 장면으로 모두 보여준다. 애니메이션과 실사 영화를 이처럼 유기적으로 뒤섞기 위해 서는 쿠엔틴 감독처럼 포스트모더니즘이 필요하다. 이 영화는 그 자체로 동양과 서양의 교차점에 있다.

«킬 빌: 1부》, 쿠엔틴 타란티노

삶,
바로
지금

182

우리는 모두 원더랜드에 가본 적이 있다

월광

다카하타 이사오 감독에 의하면 '음악은 사람들의 마음을 하나로 연결하는 최고의 무기'다. 음악에 조예가 깊은 그는 《마녀 배달부 키키》의 음악 감독을 맡기도 했다. 《태양의 왕자 호루스의 대모험》에서 중세와 르네상스 시대의 유럽에서 영향을 받아 탄생한 힐다의 노래는 애절한 슬픔을 담고 있다. 마을 사람들이 부르는 노래는 동유럽의 민속음악을 빌렸고 공동체를 결속시키는 춤과 함께 어우러진다. 곤도 요시후미 감독의 《귀를 기울이면》은 서정적인 제목처럼 즉흥적이고 우아한 음악으로 세대 간 화합의 순간을 제공한다. 세이지의 바이올린 연주에 맞춰 시즈쿠는 미국 가수 존 덴버의 '컨트리 로드'를 부른다. 첼로, 탬버린, 만돌린을 꺼내온 골동품 상점의 주인 할아버지와 친구들도 합류한다. 유아사 마사아키 감독의 《새벽을 알리는 루의 노래》에서 소년과 인어의 우정을 이어주는 것 또한 음악이다. 단 이번에는 전자 음악이다. 음악이 지닌 마법 같은 힘은 초자연적 생명체에게 춤을 추는 다리를 만들어 주고 이는 화려한 그래픽의 빌미가 되어준다. 음악은 완전히 다른 차원으로 우리를 데려다주기 때문에 일상은 환상적인 색채를 띠고 모든 규범에서 벗어난다. 고지마 마사유키 감독의 《피아노의 숲(2007)》에서 사회적 갈등은 음악에 의해 사라진다. 음악이 퍼트린 마법은 숲 속에서 발견된 그랜드피아노의 신비한 존재로 묘사된다. 그 피아노를 연주할 수 있는 사람은 오로지 카이뿐이다. 유흥업소에서 일하는 어머니에게 길러진 가난한 장난꾸러기 소년 카이는 한 번도 레슨을 받아본 적 없지만 베토벤의 교향곡, 모차르트의 피아노 소나타 8번, 쇼팽의 강아지 왈츠와 같은 유명한 곡들을 귀로 듣고 그대로 연주한다. 그와 정반대 인물인 슈헤이는 유복한 가정에서 자라 훌륭한 피아니스트가 되고자 콩쿠르에서 우승하기 위해 쉬지 않고 연습한다. 클래식 명곡들에 대한 찬가인 《피아노의 숲》은 2019년 TV 시리즈로 각색되기도 했다.

음악은 사람들을 하나로 만드는 것을 넘어 일부 작품들의 구조를 정하기도 한다. 미야자와 겐지의 소설을 각색한 《첼로 켜는 고슈》는 이미 월트 디즈니의 《환타지아(1940)》에서 나온 적이 있는 베토벤 교향곡 6번의 주요 테마를 담아냈다. 햇볕이 내리쬐다가 폭풍이 오고, 마침내 인간과 세상이 화합에 이르는 자연에 대한 찬가인 '전원'은 때론 목가적이고, 괴롭기도 하고, 카타르시스를 불러일으키는 작품의 움직임과 그림에 리듬을 불어넣다. 짙은 눈썹의 초상화 속 베토벤의 시선 아래 내향적인 성격의 고슈는 파란만장한 음악적 여정을 겪는다. 리허설 당시 감정 표현이 부족하다며 오케스트라 지휘자에게 질책을 받은 서툰 첼리스트 고슈에게 밤이 되면 말을 할 수 있는 동물들이 찾아온다. 음정, 박자, 음색을 다시 느낄 수 있도록 도와주고 마침내 고슈는 악보 속에서 섬세한 울림에 빠져든다. 자연과의 주관적 교감을 표현하는 마지막 콘서트에서 진술하게 자신의 감성을 연주해 낸 고슈는 만족한 관객들과 동료들로부터 박수갈채를 받는다.

독특한 감각적 경험을 선사하는 《인터스텔라 5555(2003)》는 두 예술적 세계의 결합을 기념한다. 프랑스 일렉트로닉 그룹 다프트 펑크와 《우주 해적 캡틴 하록》, 《우주전함 야마토》, 《은하철도 999》를 만든 마쓰모토 레이지의 그래픽이 뒤섞인 작품이다. 다프트 펑크의 앨범 '디스커버리(2001)'에 수록된 곡들이 유명 만화가에 의해 애니메이션 영상 속에서 대사가 없는 SF 줄거리와 함께 울려 퍼진다. '원 모어 타임'이 군중에 울려 퍼질 때는 새로운 스타를 만들어 무슨 짓을 해서든 이윤을 챙기려는 양심 없는 레코드 컴퍼니에 납치당해 세뇌된 외계인 밴드가 인간의 모습으로 바뀐다. 음악 산업을 열광시킬 미장센이 뒤섞이며 눈과 귀가 모두 즐거운 애니메이션 교향곡인 셈이다.

雷鳴や
伝えるためにこそ
言葉

애니메이션 영화는 고유한 형식적 특징을 통해 문학적 이미지에서 영화 그래픽, 만화에서 애니메이션에 이르기까지 소설이나 만화의 줄거리 속에서 영감을 끌어내 변형시킨다. 《귀를 기울이면》은 이러한 각색의 과정을 반영한 작품이다. 그양이 남작 조각상은 시즈쿠의 소설 속에서 상상력을 통해 생명을 얻고, 나중에는 애니메이션 영화 속에서 살아 움직인다. 이러한 변형은 《마인드 게임》에서도 나타난다. 유아사 마사아키 감독은 그래픽적, 문학적, 신화적 기억들이 넘치는 자신의 무의식 속에 빠진 만화가의 이야기를 다룬 만화를 각색했다.

어떤 책들은 여러 세대의 독자들에게 너무나도 많은 영향을 미쳐서 수많은 애니메이션을 통해 마치 실타래처럼 이어진다. 미야자와 겐지의 『은하철도의 밤』은 하라 게이이치의 《갓파 쿠와 여름방학을》에 나오는 청소년들에게 존재론적 이정표로 등장한다. 1985년 스기이 기사부로가 장편 애니메이션으로 각색한 이 소설은 《은하철도 999》나 니시쿠보 미즈호의 《은하철도의 꿈》을 비롯한 많은 작품에 깊은 영향을 줬다. 유아사 마사아키의 《밤은 짧아, 걸어 아가씨야》의 초현실적인 밤을 나타낸 주요 장면들은 헌책시장에서 오래된 책을 열심히 찾는 데 할애되기도 했다. 검은 머리의 아가씨는 문득 어릴 적에 읽던 그림책을 떠올리면서 화려한 그래픽의 플래시백을 통해 유년기로 빠져든다. 신비한 아가씨의 마음을 사로잡기 위해 그녀를 따라다니며 페터 니클의 그림책 『라타타탐(1975)』을 구하려 노력하는 대학생은 자신의 '흰수염고래'를 찾기 위해 혈안이 되어 있는 애서가들과 대립한다. 이는 허먼 멜빌의 소설 『모비딕』에서 아하브 선장이 모비딕을 쫓는 집착과 열정을 떠올리게 한다. 책은 강력한 기억을 지니고 있으며 문학을 사랑하는 사람들의 정신에 깊은 흔적을 남긴다. 대학생의 실루엣은 순간적으로 한자, 가나, 알파벳, 수식이 어우러진 잉크로 채워진 푸른 페이지의 평면 형태로 변한다. 그가 책의 신에게 간청하는 것은 지식이 아니라 재능과 매력이다. 《밤은 짧아, 걸어 아가씨야》는 상호텍스트성에 대한 유쾌한 성찰을 제시한다. 이는 인용, 모방, 반복을 통해 소설 작품들을 연결하는 무한한 갈래를 만들어 낸다. 소설을 재해석한 애니메이션이 작품을 확장하기도 한다. 영화화가 불가할 거라고 생각했던 쓰쓰이 야스타카의 작품을 각색한 《파프리카》가 그 예다.

다카하타 이사오의 《첼로 켜는 고슈》나 신카이 마코토의 《초속 5센티미터》와 같이 작품 속에서 명시적으로 시를 빌려온 영화들도 있다. 《이웃집 야마다군》은 마쓰오 바쇼(1644~1695)나 다네다 산토카(1882~1940)의 하이쿠에 많은 부분을 내어주면서 간결한 그림과 함께 여백을 강조했다. 마쓰오 바쇼는 5, 7, 5음절의 구조를 고수했다면 다네다 산토카는 그보다는 더 자유로운 형식을 추구했다. 하이쿠의 간결성은 찰나의 순간 또는 자연의 아름다움이나 덧없는 감정을 예찬하기 위해 현실을 세줄로 압축한다. 회화 작품에 가까운 일본의 전통 시 하이쿠는 섬세한 이미지에 바탕을 두고 있기에 애니메이션과도 자연스럽게 어울린다. 야마다 가족의 단편적인 일상에 흩어져 있는 하이쿠는 "그 뒷모습에 / 눈물만 / 흘리누나"라는 영화의 시적인 표현을 압축적으로 보여준다. 영혼을 파도처럼 요동치게 만드는 사소한 감정들을 몇 번의 붓질로 풀어내며 일상을 바꾼다. 이시구로 교헤이 감독의 《사이다처럼 말이 톡톡 솟아올라》가 지닌 독창성은 이러한 전통 시와 현대 팝아트의 융합에 있다. 소극적인 체리가 자신의 감정을 표현하기 위해 쓴 하이쿠를 그의 친구 중 한 명이 쇼핑몰 주변에 낙서로 남긴다. 나이에 비해 성숙한 체리는 유키에게 가장 독창적인 고백을 한다. 바로 세상을 향해 사랑의 하이쿠를 외치는 것이다. 이로써 제목의 의미가 드러나며 영화는 끝을 맺는다. "사이다처럼 / 말이 톡톡 / 솟아올라"

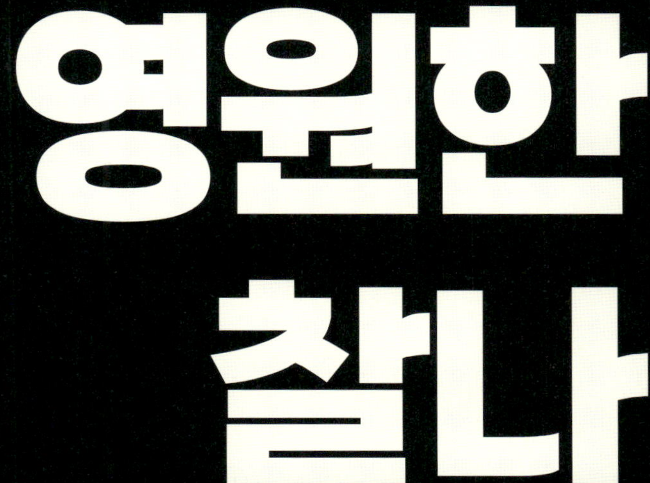

찾아보기

ㄱ

가구야 공주 이야기 92, 108–109, 112–113, 157, 162–163, 175

갓파 쿠와 여름방학을 113–115, 185

거꾸로 된 파테마 24

걸리버의 우주여행 92

게드전기: 어스시의 전설 96–97

고래 104

고양이의 보은 94–95, 98–99, 172–173

공각기동대 5, 32, 38, 45, 50–51, 54–55, 57–59, 61, 181

공각기동대: 고스트 인 더 쉘 58–59, 61

공사 중지 명령 44–45

괴물의 아이 118–119, 134, 145–147

구름의 저편, 약속의 장소 165

귀를 기울이면 99–101, 132, 173, 183, 185

그렌다이저 5, 23, 140

기동경찰 패트레이버 40–42, 46–47

기동경찰 패트레이버 2 42–43, 141

기동전사 건담 22–23, 27, 86

꼬마숙녀 치에 145, 147

ㄴ

나루토 5, 76–79

나루토 질풍전 79

나무를 심은 사람 108

낙원추방 65

날씨의 아이 110–111, 117, 130, 134

너의 이름은. 5, 110, 117, 121–125, 130, 132, 165

너의 췌장을 먹고 싶어 151

노인 Z 45

늑대소년 켄 139

늑대아이 95, 116–117, 130, 145, 157

ㄷ

다다미 넉 장 반 세계일주 169

달리는 남자 36–37

대포도시 20–21

더 콕핏 19

드래곤볼 5, 76, 79–80, 83

드래곤볼 슈퍼: 슈퍼 히어로 70

드래곤볼 에볼루션 31

드래곤볼 Z 27, 77–79

들장미 소녀 캔디 5

디 그레이맨 76

디지몬 어드벤처 66

ㄹ

라비린스 라비린토스 102–103

라이온 킹 59, 95

레드라인 37

로봇 카니발 23, 35, 40–41

루팡 3세 80, 83

루팡 3세: 더 퍼스트 83

루팡 3세: 칼리오스트로의 성 82–83

ㅁ

마녀 배달부 키키 96, 132, 141, 160, 172–173, 183

마루 밑 아리에티 102–103, 162–163

마음이 외치고 싶어해 147–149, 153

마이 마이 신코 이야기 118, 128–129

마인드 게임 89, 134, 141, 168–169, 185

마징가 Z 23, 140

맨발의 겐 16–17, 141

메리와 마녀의 꽃 98–99

메모리즈 20

메트로폴리스 32, 34–35, 38–39, 41, 45, 72, 141

모노노케 히메 27, 72–73, 75, 141, 161, 173

모모와 다락방의 수상한 요괴들 120–121, 130, 149

모모타로: 바다의 신병 14–15

목소리의 형태 149–151, 153

무타푸카즈 88–89

뮬란 59

미궁 이야기 36–37, 44–45, 102–103

미녀와 야수 66

미래소년 코난 24

미래의 미라이 122, 144–145

밀림의 왕자 레오 72, 95, 139

ㅂ

바람계곡의 나우시카 24–25, 70, 75, 113, 140, 161

바람이 분다 18–19, 158–159, 173, 175

반딧불이의 묘 12–16, 32, 105, 126, 141, 157, 167

밤은 짧아, 걸어 아가씨야 132–133, 168–171, 184–185

백사전 12, 29, 92–93, 95

백일홍: 미스 호쿠사이 126, 157, 174–175

버블검 크라이시스 45

버스데이 원더랜드 99, 116–117

베르세르크 27

벨빌의 세 쌍둥이 107

벼랑 위의 포뇨 100, 113, 161, 166–167

변덕쟁이 오렌지 로드: 그날로 돌아가고 싶어 152–153, 179

별의 목소리 165

북두의 권 5, 16, 38

불새 2772 사랑의 코스모존 72

붉은 거북 105, 107

붉은 돼지 18–20, 85, 173
붓다: 싯다르타 왕자의 모험 96–97
붓다: 위대한 여정 96
블러드: 더 라스트 뱀파이어 181
블레임! 44–45
블리치 79
비너스 전기 36–37
빨강머리 앤 157, 159

ㅅ

사이다처럼 말이 톡톡 솟아올라 137, 148–149, 184–185
사이코패스 64–65
상상 속 살상 기계의 발명 19
새벽을 알리는 루의 노래 118–119, 130, 147, 169, 183
세기말 하모니 64–65
세인트 세이야 5
센과 치히로의 행방불명 50, 99–101, 110, 112–113, 132, 141, 167
소드 아트 온라인 66
스카이 크롤러 20–21
스트리트 파이터2 극장판 28–30
스팀보이 20, 22–23, 74
슬픔의 벨라돈나 104–107
시간을 달리는 소녀 122–123, 141, 153
시끌별 녀석들1: Only You 96
시끌별 녀석들2: Beautiful Dreamer 96
시리얼 익스페리먼츠 레인 56–57, 62
신들의 봉우리 88–89
신비한 바다의 나디아 141
신세기 에반게리온 23, 26–27, 52, 56–57, 141, 146–147
썸머 워즈 66–67, 141, 145

ㅇ

아니메라마 105
아더왕의 검 72
아리온 96
아리테 공주 92–93, 141
아키라 5, 10–12, 32–34, 37, 45
안녕, 은하철도999: 안드로메다 종착역 52
알라딘 59
알리타: 배틀 엔젤 38, 60–61

알프스 소녀 하이디 156–157, 159
양치기 소녀와 굴뚝 청소부 83, 87
애플시드 38
어떤 거리 이야기 105
어태커 유 153
언어의 정원 132–133, 164–165, 167
에르고 프록시 45
엔드 오브 에반게리온 52–53
웃코는 초등학생 사장님! 120–121, 147, 167
왕과 새 83, 87
왕립우주군: 오네아미스의 날개 141
용과 주근깨 공주 66–67, 136–137, 145, 147, 149
우리들의 7일 전쟁 137, 152–153
우주소년 아톰 32, 34, 72, 139
우주전함 야마토 183
우주해적 캡틴 하록 70, 84, 179, 183
울고 싶은 나는 고양이 가면을 쓴다 95
원피스 5, 70, 76, 80, 82–83
은발의 아기토 27
은하철도 999 52–53, 80, 84, 179, 183, 185
은하철도의 꿈 16, 185
은하철도의 밤 29, 94–95, 147
이 세상의 한구석에 16–17, 167, 174–175
이노센스 50, 52, 54–55, 62–63
이웃집 야마다군 144–145, 185
이웃집 토토로 14, 68–69,, 86, 90–91, 102, 110, 141, 157, 161
인랑 42–43
인터스텔라 5555 183
일본 침몰 2020 169

ㅈ

자화상 105
장화 신은 고양이 83, 92
전람회의 그림 105
정글북 59
조제, 호랑이 그리고 물고기들 150–151, 153
진격의 거인 27
진격의 거인: 홍련의 화살 26

ㅊ

천공의 성 라퓨타 19, 24, 41, 72, 74–75, 110, 141, 161, 173, 175

천공의 에스카플로네 27
천년여우 169, 176–177, 179
천사의 알 24–25, 41
철인 28호 23, 34, 45
철콘 근크리트 89, 134–135, 141
첼로 켜는 고슈 95, 159, 182–183, 185
초속 5센티미터 154–157, 164–165, 185
초시공요새 마크로스 23, 27
총몽 38, 60–61
추억은 방울방울 128–132, 157–159, 179
추억의 마니 122, 147, 175

ㅋ

카무이의 검 76, 80–81, 141
카우보이 비밥 70–71, 80–81, 83–85
컬러풀 126, 147, 149, 151, 167, 175
코쿠리코 언덕에서 126–127, 129, 167
크리스마스에 기적을 만날 확률 134–135, 177

ㅌ

태양의 왕자 호루스의 대모험 12, 72–73, 95, 139–140, 157, 160, 183
터치: 등번호 없는 에이스 153, 179

ㅍ

파프리카 62–63, 115, 169, 176–179, 181, 185
퍼펙트 블루 57, 136–137, 141, 169, 177, 180–181
펭귄 하이웨이 99, 153
폼포코 너구리 대작전 95, 114–115, 121, 130–132, 179
프랑켄의 톱니바퀴 40–41
프랙탈 65
피아노의 숲 182–183
피카돈 16

ㅎ

하나와 앨리스: 살인사건 142–143, 149, 151
하울의 움직이는 성 19–20, 72, 86–87, 96, 99, 111, 145, 161, 166–167
헌터×헌터 79
환마대전 141
환타지아 183

우리는 모두 원더랜드에 가본 적이 있다

현실과 환상이 만나는 일본 애니메이션

초판인쇄 2024년 09월 30일
초판발행 2024년 09월 30일

글쓴이 나탈리 비팅거
옮긴이 이수진
발행인 채종준

출판총괄 박능원
국제업무 채보라
책임편집 권새롬 · 김민정
디자인 서혜선
마케팅 전예리 · 조희진 · 안영은
전자책 정담자리

브랜드 크루
주소 경기도 파주시 회동길 230 (문발동)
투고문의 ksibook13@kstudy.com

발행처 한국학술정보(주)
출판신고 2003년 9월 25일 제406-2003-000012호
인쇄 북토리

ISBN 979-11-7217-433-0 03680

크루는 한국학술정보(주)의 자기계발, 취미 등 실용도서 출판 브랜드입니다.
크고 넓은 세상의 이로운 정보를 모아 독자와 나눈다는 의미를 담았습니다.
오늘보다 내일 한 발짝 더 나아갈 수 있도록, 삶의 원동력이 되는 책을 만들고자 합니다.